病院
管理会計の
効果検証

質が高く効率的な医療の実現に向けて

荒井　耕 [著]
Arai Ko

Effectiveness
Evaluations of
Management Accounting
in Hospitals

中央経済社

ま え が き

　超高齢社会の到来と高度高額な医療技術の登場を背景に医療費の高騰が続いており，長期的な日本経済の停滞による税収減と相まって，国家の財政は悪化し続けている。一方で，日本社会の成熟化とともに国民の医療の質や安全性に対する関心も高まっている。そのため，医療を提供する各機関には，質が高く効率的な医療の提供が求められている。また地域としての質が高く効率的な医療の実現が期待される中，各機関は自身の強みと地域からの役割期待を熟慮して，自身が提供する医療機能を選択し，自身が提供しない機能は他の機関と連携することが強く求められている。そのため，各機関は自らのビジョンと戦略を策定し，その戦略を迅速かつ確実に遂行していくために，組織内に戦略を浸透させる必要性が高まってきた。

　こうした経営環境の変化から，現在，各種の管理会計手法を適切に活用することが課題となっており，実際，大規模病院中心に，また全般に民間病院中心に，ある程度活用されつつある。しかしながら，一般産業界中心に発展してきた管理会計が，非営利セクターである病院界においても有効であるか，これまで十分に明らかにされてきていない。病院では財務業績の向上に主眼があるわけではなく，またそこで働く職員の経営管理意識も営利企業の従業員のそれとは異なる可能性が高い中，病院においても管理会計が効果を有しているのか，またどのような実践が病院での管理会計の効果を高めるのか，検証を行う必要がある。

　筆者は，これまでに，『医療バランスト・スコアカード：英米の展開と日本の挑戦』（日本原価計算研究学会・学会賞受賞），『医療原価計算：先駆的な英米医療界からの示唆』（日本会計研究学会・太田黒澤賞受賞），『病院原価計算：医療制度適応への経営改革』（日本管理会計学会・文献賞受賞），『医療サービス価値企画：診療プロトコル開発による費用対成果の追求』，『病院管理会計：持続的経営による地域医療への貢献』（日本公認会計士協会・学術賞―MCS賞受賞）という５つの著書などを通じて，病院を中心とした医療界における管理会計の実践を詳細に明らかにしてきた。しかしながら，こうした既存の管理会計実践

が，採算改善や医療の結果（質）の向上などに効果をもたらしているのかの検証は，十分に行ってこなかった。そこで本書では，病院における管理会計実践の効果の検証を試みる。

　なお本書では，病院で現在行われている管理会計実践の効果を検証しており，既存の実践でも効果を有することが明らかにされている。しかしながら，病院における管理会計の効果をより高めるためには，より適切な実践（運用）へと実務を改善していく必要がある。そしてその実現のためには，病院において管理会計を適切に活用できる人材を育成することが，大きな課題である。

　筆者は，この課題にも，ここ十数年取り組んできた。2004年度から取り組んできた東京医科歯科大学大学院・医療管理政策学コースでの講義をはじめとして，病院団体である日本病院会の病院経営管理士通信教育講座，日本赤十字看護大学大学院・看護管理学コース，関西学院大学大学院・医療経営プログラム，東京大学大学院・医療価値評価の胎動プログラム，北海道大学大学院・病院経営アドミニストレーター育成プログラム，本学の社会連携プログラム（医療経済短期集中コース）など，大学院レベルでの病院勤務者を中心とした医療関係者への経営管理教育研修を長年にわたり多数実施してきた。

　本書の研究は，こうした医療関係者との講義・演習等を通じた「縁」に多くを依存している。こうした「縁」がなければ，多くの病院へのインタビュー調査の実現や，質問票調査に際する調査票作成段階での病院内の回答想定者からの適切なコメントの反映など（研究内容の実務との適合性の強化）は，困難であった。また，筆者が医療分野の管理会計研究に携わって今年でちょうど四半世紀になるが，この間，中央社会保険医療協議会の公益委員／「費用対効果評価専門部会」会長や「医療機関のコスト調査分科会」委員，「医療機関等における消費税負担に関する分科会」会長など，厚生労働省保険局中心に中央省庁の各種会議に参加する機会を得た。そうした会議で得た知見や示唆も，研究方法の精緻化などに有益であった。この場を借りて，医療界の関係者の皆様に，深く感謝申し上げたい。

　また，大学院のゼミナール等を通じていつも研究上の刺激を与えてくれた，荒井研究室の大学院生及び卒業生の皆様にも感謝したい。特に，現在は他大学で研究者をしている阪口博政氏（金沢大学准教授），渡邊亮氏（神奈川県立保健

福祉大学講師），尻無濱芳崇氏（山形大学准教授），古井健太郎氏（松山大学講師）には，とても感謝している。

　なお本調査研究の一部に対しては，日本学術振興会科学研究費補助金をいただいた。また本書の公刊に際しては，中央経済社の小坂井和重氏を始めとして編集の方々にお世話になった。心より感謝申し上げたい。

　最後に，家族のいつも変わらぬ深い理解と支えに感謝したい。ありがとう。

令和元年7月

磯野研究館の研究室にて

荒　井　　　耕

目　　次

まえがき

第1章　管理会計の必要性の高まりと効果検証の必要性
　　　　　──本書の背景と目的──————————————————————— 1

　　1　本書の背景：管理会計の必要性の高まり・1
　　2　本書の目的：管理会計の効果の検証の必要性・5
　　3　本書の構成・8

第2章　責任センター別損益業績管理の採算改善効果の検証
　　　　　──医療法人での有効性評価──————————————————— 17

　　1　問題意識・17
　　2　研究方法・18
　　3　分析結果・20
　　　　3.1　基本統計量及び相関係数／20
　　　　3.2　分散分析の結果／23
　　　　3.3　重回帰分析の結果／25
　　4　考察とまとめ・28

第3章　損益業績評価に対する責任センター管理者の受容性を高める管理会計実践の検証——————— 31

　　1　問題意識・31
　　2　研究方法・32
　　3　分析結果・34
　　4　考察とまとめ・35

補論1　病院内の部門の財務的業績による部門長評価・報酬連動の実態―――――――――― 37

1　問題意識・37

2　研究方法・39

3　調査結果・41

　　3.1　部門長財務評価無法人／41

　　3.2　非医師部門長のみ財務評価有法人／42

　　　　(1)　概　要・42

　　　　(2)　B法人・44

　　　　(3)　C法人・46

　　　　(4)　D法人・48

　　3.3　医師部門長のみ財務評価有法人／50

　　　　(1)　概　要・50

　　　　(2)　E法人・51

　　　　(3)　F法人・53

　　3.4　両部門長財務評価有法人／56

　　　　(1)　概　要・56

　　　　(2)　G法人・57

　　　　(3)　H法人・59

4　考察とまとめ・61

第4章　医療法人内の施設事業別損益計算管理の効果を高める実践の検証―――――――――― 67

1　問題意識・67

2　研究方法・68

　　2.1　分析対象法人群／68

　　2.2　分析内容／69

3　分析結果・71

　　3.1　損益計算管理の目的別の効果／71

　　3.2　損益計算管理の効果を高める実践の検証／73

4　考察とまとめ・75

目　次　Ⅲ

第5章　部門別損益計算管理の効果の検証
——DPC対象病院での有効性評価—— 79

　1　問題意識・79
　2　部門別損益計算管理の目的別効果と効果を高める
　　　活用担当管理職種・81
　　　2.1　研究方法／81
　　　2.2　分析結果／84
　　　2.3　考察とまとめ／87
　3　部門別損益計算管理の効果の客観的実績データに基づく
　　　検証・88
　　　3.1　研究方法／88
　　　　⑴　業績データの収集方法・88
　　　　⑵　分析対象業績指標の選択と基本統計量・89
　　　　⑶　分析内容・91
　　　3.2　分析結果／93
　　　3.3　考察とまとめ／99

第6章　部門別損益計算管理の効果の経年的検証
——公立病院での有効性評価—— 105

　1　問題意識・105
　2　研究方法・106
　3　分析結果・109
　4　考　　察・113
　5　ま と め・115

第7章　予算管理の効果の検証
——部門別及び病院全体の予算管理の有効性評価—— 119

　1　問題意識・119
　2　DPC関連病院における部門別収益予算管理の効果・120
　　　2.1　研究方法／120
　　　　⑴　業績データの収集方法・121
　　　　⑵　分析対象業績指標の選択と基本統計量・122

IV

　　　　⑶　分析内容・*127*

　　2.2　分析結果／*127*

　　2.3　考察とまとめ／*129*

　3　DPC対象病院における病院全体予算管理の効果・*130*

　　3.1　研究方法／*130*

　　　　⑴　分析対象病院群・*130*

　　　　⑵　分析に用いる各種管理機能の利用度・*130*

　　　　⑶　分析に用いる予算管理実務・*131*

　　　　⑷　分析に用いる業績指標・*133*

　　3.2　分析結果／*134*

　　3.3　考察とまとめ／*138*

第8章　病院全体予算管理による業績評価に対する病院長の受容性を高める予算管理実践の検証—— *143*

　1　問題意識・*143*

　2　先行研究・*144*

　3　研究方法・*147*

　4　分析結果・*149*

　5　考察とまとめ・*151*

第9章　DPCサービス別管理会計の効果の検証 ——サービス別損益管理及び価値企画の有効性評価——— *155*

　1　問題意識・*155*

　2　DPCサービス別損益計算の効果・*156*

　　2.1　研究方法／*156*

　　2.2　分析結果／*158*

　　2.3　考察とまとめ／*158*

　3　DPCサービス別採算改善活動の効果・*160*

　　3.1　研究方法／*161*

　　　　⑴　質問票調査の概要・*161*

　　　　⑵　分析に用いる採算データ・*161*

　　　　⑶　分析に用いる採算管理活動の活発度区分・*162*

　　　　⑷　分析に用いる医療の結果に関連する指標・*163*

目　次　Ｖ

　　　　3.2　分析結果／163
　　　　3.3　考察とまとめ／165
　　4　DPCサービス価値企画の効果・166
　　　　4.1　研究方法／166
　　　　4.2　分析結果／168
　　　　4.3　考察とまとめ／172

第10章　バランスト・スコアカードの効果を高める
実践の検証 ―――――――――――――― 177

　　1　問題意識・177
　　2　病院経営医療法人におけるBSCの効果を高める実践・178
　　　　2.1　研究方法／178
　　　　2.2　分析結果／182
　　　　2.3　考察とまとめ／182
　　3　DPC対象病院におけるBSCの効果を高める実践・185
　　　　3.1　研究方法／185
　　　　3.2　分析結果／189
　　　　3.3　考察とまとめ／191

第11章　事業計画の効果を高める実践の検証 ――――― 197

　　1　問題意識・197
　　2　研究方法・198
　　　　2.1　業績データの収集と業績指標の選択／198
　　　　2.2　分析内容／199
　　3　分析結果・202
　　4　考察とまとめ・209

補論2　業務実績指標管理の採算改善効果の検証
──事業計画等での管理事項の適切性の検証────── 213

　　1　問題意識・213
　　2　先行研究・214

3　研究方法・216
　　　　　3.1　分析対象病院群／216
　　　　　3.2　分析対象指標／217
　　　4　分析結果・220
　　　5　考察とまとめ・224

終　章　管理会計の有効性
——本書の検証結果のまとめ———————————— 229

■参考文献・237
■索　　引・245

第1章

管理会計の必要性の高まりと
効果検証の必要性
——本書の背景と目的

1 本書の背景：管理会計の必要性の高まり

　超高齢社会の到来と高度高額な医療技術の登場を背景に医療費の高騰が続いており，長期的な日本経済の停滞による税収減と相まって，国家の財政は悪化し続けている。国の財政難は，「病院」[1]における以下の具体的な経営環境変化のすべてに共通する背景となっている。病院での管理会計活用に直接的に関係する環境変化として，以下本節では，①診療報酬の継続的抑制政策，②診断群分類の開発と新たな診療報酬制度，③激しい技術革新，④財政難下での医療の質への国民の関心の高まり，⑤各自の機能選択と連携による戦略的経営の必要性の高まり，⑥経営多角化による現場への権限委譲，を取り上げる。

　まず，財政難を背景として，政府は医療サービス（医薬材含む）の公定価格である診療報酬（薬価等含む）を継続的に抑制せざるをえない状況に置かれている。政府は，中央社会保険医療協議会を通じて，2年に一度，各種医療サービスの価格及び保険請求要件を改定するが，特に21世紀以降は強い価格抑制と保険請求（算定）要件の厳格化[2]が継続している。こうした診療報酬抑制策の下では，個々の医療サービスの価格設定の自由度が病院にはないため，各医療サービスの費用にも着目して，採算を確保（赤字を回避）する必要に迫られる。また，個々の医療サービスの集積としての各患者に対する総サービスの価格（患者診療単価[3]）を管理しつつ，病棟・手術室・医療機器（及び医療職員）の稼働率を高めて，採算性を向上させる必要がある。そのため，責任センター（病院内の各部門など）別やサービス別の原価計算（以下，損益計算）に基づく管

理という管理会計実践の必要性が高まってきた（荒井，2009）。

　２つ目に，国家財政の悪化が１つの背景となっている，診断群分類の開発とその分類を用いた新たな診療報酬制度の導入という経営環境の変化がある。医療費の適正化（医療財政の悪化抑制）目的と医療の透明化・標準化・質向上目的を背景に，21世紀に入って診断群分類（DPC）が開発され[4]，さらにこの分類を用いた日別包括（定額）払い制度（DPC/PDPS：Diagnosis Procedure Combination/Per-Diem Payment System，以下ではDPC別包括払い制度と呼称）が特定機能病院（大学病院など）から順次導入され，現在では急性期病床の過半を占める病院群で適用されている[5]。

　DPCとは，膨大な症例データの解析を通じて開発された患者単位の疾病と治療プロセスに基づいた分類のことであり，同じ分類区分内では資源消費額がある程度類似する医療サービス単位となっている。このDPCの開発により，経営管理に有用なアウトプット単位が誕生し，病院においても患者に対する包括的な医療サービスを対象とした経営管理（DPCサービス別の損益計算管理や組織間ベンチマーキング，費用対成果の高いDPCサービス設計）が技術的に可能となった。そして，それまでの個別診療行為ごとの出来高払い制度から，このDPCというサービス単位を用いた入院１日当たり定額支払い制度の導入により，DPCサービス単位の経営管理は技術的に可能であるだけでなく，病院の経営にとって不可避的な実践となりつつある。

　なぜなら，従来の出来高払い制度の下では，どんなに多く診療したとしても個別行為ごとに報酬が支払われていたため，病院にとっては基本的に採算割れリスクは小さく，抑制的・効率的に医療サービスを提供する動機が働かなかった。しかし，DPC別包括払い制度の下では，原則として，どのような種類及び量の個別行為を提供したかに関係なく，患者が分類されるDPC単位別の１日当たり定額の支払いとなるため，従来のように採算性を意識せずに実施したいだけ医療サービスを提供すると，採算割れするリスクが大きくなったからである。医療財政の悪化抑制を１つの目的とするDPC別包括払い制度の導入という経営環境の変化により，病院はかつてないほど大きな採算割れリスクに直面することになり，サービス別の損益計算管理や価値企画[6]，また責任センター別の損益計算管理が必要となってきた。

3つ目に，高度高額な医療技術の絶え間ない登場[7]という経営環境の変化が挙げられる。激しい技術革新の中，病院は，競合病院との患者獲得及び医療職確保の競争や，患者・地域住民の期待（地域自治体からの要望含め）に対応するため，新たな技術環境に対応した医療水準への向上のために，投資が必要となる。ところが，現代では医療技術の進歩が極めて速く，革新が頻繁に発生しているため，また国民の期待する医療水準（療養環境も含め）がどんどん高まるため，機器設備や病棟などへの既存投資の減価償却が完了する前に，新たな投資が必要になることもあり，また減価償却が完了しても，次の投資ではより高額な機器設備・病棟への投資が求められることがほとんどである。そのため，減価償却の範囲内での再投資は困難であり，利益を蓄積しておく必要がある[8]。そこで，各医療サービスから確実に利益を確保するために，サービス設計段階で利益の作り込みをする重要性が高まっており，医療サービス価値企画に本格的に取り組む必要性が生じてきた。また，責任センター（部門）単位での採算性向上も重要となり，部門別損益計算管理の本格化や損益による業績評価といった実践の必要性も高まっている。

4つ目として，国家の財政難が進む一方で，経済社会の成熟化に伴い，医療の質や納得感への国民の関心が高まってきたという経営環境変化がある。そのため，質が高く効率的な医療が強く求められてきている。その結果，費用対成果の高い医療サービスを設計する重要性が高まり，医療サービス価値企画の本格化の必要性が高まっている。また，効率・採算・質・安全性・納得（満足）などを含む多面的な業績の管理の必要性が高まり，バランスト・スコアカード（以下，BSC）や多面的な業績を管理する事業計画を活用する必要が高まっている。

5つ目として，医療財政が悪化する一方で国民の医療の質への関心が高まっているため，地域提供システム（医療圏）として質が高く効率的な医療を提供できるように，国家として，病院等の各施設に対する「機能の分化と連携」政策を推進するようになってきた。伝統的には各施設で広範囲の医療機能を提供し，施設内で患者への一連の医療を完結させる傾向が強かった。しかし新たな政策は，各施設に自らが得意とする（あるいは地域で自らが担当することが期待される）医療機能に特化し，それ以外の機能については各機能をそれぞれ得意

とする他施設と連携を図ることにより，患者に対する一連の医療が完結する医療圏全体としての医療の質と効率性を高めようという政策である[9]。そのため，自らの強みと地域での役割期待に基づき各施設は自身が担う医療機能を選択し，自施設では提供しない医療機能はその機能を担う他施設と連携する，という各自の戦略に基づいて経営していくことが求められる時代となった。そのため，病院においても，使命・ビジョンに繋がる戦略目標間の因果連鎖を明確にし戦略を現場に浸透させるためのツールが必要となり，そのような戦略遂行のための管理会計手法であるBSCの活用の必要性が高まってきた。

　6つ目として，医療法人中心に，経営多角化[10]による現場（各施設・各事業・施設内各部門）管理職への権限委譲の進展という変化がある。「機能の分化と連携」政策の下で採算性を向上させるためには，急性期病院，回復期リハビリテーション病院，慢性期病院，介護老人保健施設（以下，老健）など，各施設が担う機能を明確にして特化すると同時に，迅速かつ柔軟に他の機能を担う施設と連携する必要がある。こうした機能の分化と連携を最も効果的に実施する方法の1つとして[11]，同一法人において機能を異にする複数の施設及び事業を経営し，同一法人内のこれら各種施設・事業間で連携を図るという方法がある。また患者及び家族としても，同一法人で多様な医療機能（段階）に対応してもらえることは便利で安心感にもつながるため，患者及び家族のニーズへの対応としても，経営多角化と同一法人内連携を推進している。

　このように政策と患者・家族ニーズへの対応として経営多角化が進んだことにより，経営が複雑化し，また組織規模が大規模化して，トップ経営者による集権的経営が以前よりも困難となってきた。一方，迅速に制度環境（保険請求要件の変更など）に適応しつつ，患者・家族ニーズに柔軟に対応する必要からも，現場各管理者によるある程度自律的な経営が重要になってきている。その結果，トップ経営者から現場各管理者への権限委譲が進展しつつある。それに伴い，各現場の損益業績等を把握・評価したり，経営者として目指す方向に現場が自律的に動くように働きかけたりする必要性が増加し，責任センター別の損益計算管理及び業績評価やBSCが重要となってきている。

　以上で述べてきたように，各種の病院経営環境の変化により，病院界でも管理会計の必要性が高まっている。そして荒井（2013a）ほかで明らかにしてき

たように，大規模病院中心に，また全般に民間病院中心に，各種の管理会計手法が課題を抱えつつも実際にある程度活用されつつある。

2 本書の目的：管理会計の効果の検証の必要性

　前節で述べたように，病院経営環境の変化によって，病院でも採算確保・利益獲得の重要性が高まり，病棟等の生産性の向上による採算の改善や，サービスごとの採算管理の必要性が高まってきた。しかも効率的な経営による採算管理と同時に，医療の質を維持・向上することも求められている。そしてこうした質が高く効率的な医療の推進のために，管理会計の活用が考えられ，実際に，一定程度活用が始まっている。伝統的には，診療報酬のプラス改定を要望することにより厳しい経営環境を改善しようという試みに大きな力がそそがれてきたが，国家財政の悪化という根本的な経済環境の変化の下では，その試みには限界がある。そのため，21世紀に入った現在においては，管理会計を通じた質を維持・向上した上での効率化・採算改善に，いよいよ取り組まざるをえない状況にある。

　しかしながら，非営利性を有する病院[12]では，財務業績を向上させることに主眼がなく，またそこで働く職員の経営管理意識も営利企業における従業員の経営管理意識とは異なる可能性が高い。そのため，管理会計が営利企業で積極的に活用され財務業績の向上に有効であっても，非営利性を有する病院でも有効であるとは限らない。にもかかわらず，産業界中心に発展してきた管理会計が非営利セクターである病院界においても有効であるかは，以下で述べるように，これまで十分に明らかにされてきていない。そこで，本書では，管理会計が病院界でも効果を有しているのかどうかの検証を試みる。本書は，質が高く効率的な医療の実現に向けて，病院でも必要性が高まりつつある管理会計が病院でも本当に有効なのかどうか，またより有効にする実践はあるのかどうか，評価することを目的としている。

　営利企業を対象とした研究では，管理会計が組織業績に与える影響が研究対象となってきた。例えば特定の管理会計技法と組織業績との関係について，Cagwin and Bouwman（2002）は，単にABC（Activity Based Costing）を導入

することがROIの向上につながるわけではなく，より複雑な業務を行い，他の管理システムとABCを併用している企業がABCの導入によりROIを向上させていることを発見した。また，業績評価と組織業績の関係について，Govindarajan（1984）やGovindarajan and Gupta（1985）が存在する。Govindarajan（1984）では，業績評価スタイルと組織が置かれている環境の不確実性の組み合わせによって，主観的な組織業績が変化することを明らかにしている[13]。さらに近年では，BSCを代表とする包括的業績測定システムが組織業績や組織内の個人の心理に与える影響を調査した研究が進められており，Franco-Santos et al.（2012）によると，包括的業績測定システムが営利企業の客観的業績に与える影響を検証した研究では，正の影響があるという研究，影響がほとんどないあるいは非常に弱いという研究，そして調整変数の影響によりまちまちの結果を示している研究があるという。

　また日本を対象にした研究では，例えば岡田（2010）が，日本の全上場第三次産業企業において，高いコスト意識に基づく綿密な損益計算・原価管理が，高業績と関連していることを発見している。また，福嶋ほか（2013）は，東証一部上場製造業を対象に経営計画と企業業績の関係を検証している。彼らの分析により，経営計画の策定目的や更新方法が総資産利益率に有意な影響を与えていることが明らかにされた。

　このように，管理会計と組織業績の関係を検証する研究は，営利企業を対象としたものは一定数存在し研究の蓄積が行われている。しかし非営利組織である病院を対象とした研究は少ない。例外的にAberneathy and Stolewinder（1991）及び（1995），荒井（2011a）及び（2011b）などでこの関係の検証が行われている。Aberneathy and Stolewinder（1991）では，予算管理，業務の不確実性と病院内の管理者の組織目標に対する意識がうまく対応することで，業績が改善することが示されている。Aberneathy and Stolewinder（1995）は，コントロール手法の種類と役割葛藤の関係を検証し，その上で役割葛藤と主観的組織業績・従業員満足度との関係を検証している。ただしこれらの研究はオーストラリアの病院を対象とした研究であり，ガバナンスや組織文化や医療制度などを異にする日本の病院においても同様の関係性があるとは限らない。

　荒井（2011a）は，日本の病院を対象として，主要な診断群分類（DPC）サー

ビスへの価値企画活動の実施病院群と未実施病院群の間で，プロセス効率性及び採算性には有意な差が認められないものの，医療の質には有意な差が見られ，実施病院群の方が質が高いことを明らかにした。また荒井（2011b）は，部門別損益目標管理の有無により，質及びプロセス効率性には有意な差が認められないが採算性には有意な差が見られ，部門別損益目標管理実施病院群の方が採算性が良いことを明らかにした[14]。ただしいずれの研究も，データ量などの限界もあり，諸要因が十分に統制された分析とはなっていない。

このように，管理会計が病院界でも効果を持っているかどうかの先行研究は極めて限定されている。そのため日本の病院界を対象に，各種の管理会計手法が有効性を持っているかを検証することは，極めて意義が高いといえる。

管理会計の活用が病院界でも有効であるならば，国の財政難の下でのその活用は，病院の経営持続性を高め，地域医療の崩壊を防ぐことに貢献する。また，管理会計を活用した質を維持しつつの採算性の改善は，診療報酬水準を維持したままでの継続的な医療提供と医療技術水準向上への対応を可能とし，公的医療・介護保険制度の破綻を避けることにつながる。そのため，管理会計の活用が病院界でも有効ならば，その活用は，病院にとって必要なだけではなく，国民にとっても必要であるといえる。

なお本書は，①管理会計は，現場の組織成員を組織目標の達成に向けて動かすための仕組みでもある，②非営利性を有する病院でも，利益を獲得し蓄積する必要がある，との基本的な考え方（前提）に立っている。管理会計は，経営管理者層に対して資源の最適配分等の経営管理実践において役立つ情報を提供するだけでなく，経営層が望む方向（組織目標）に向かって現場職員が努力するように働きかける手段でもある（荒井，2013a，第7章，第8章）。また，利益獲得を主眼（最大の目的）とするわけではない病院でも，昨今問題となってきた未収金問題などの事業上のリスクや，より高価な技術への頻繁な革新[15]に対応するために，ある程度の利益を獲得し蓄積しておく必要があるとの前提に立っている。公立病院などでは，高額な投資の必要性が生じた際にはその都度補助金等に頼ればよいとの考え方もありうるが，国や地方公共団体の財政難という経済環境の変化を考慮すれば，現在においては妥当な考え方とはいえないだろう。

3 本書の構成

　本書では，以上のような背景と目的から，病院における管理会計の効果の検証，すなわち病院での管理会計の有効性評価を試みる。

　その際，病院における管理会計は，上述のように，採算改善だけを目的としているわけではなく，医療の質（結果）を向上させつつも採算性を維持し，費用対成果としての医療サービスの価値を向上させることを目的としたり，採算改善と同時に医療の結果や患者満足度の向上，職員の能力向上も実現したりすることを目的としている。また採算改善に主たる目的がある管理会計手法（損益計算管理や予算管理）でも，当該組織（病院）の主目的である組織成果（医療の結果など）を犠牲にすることは基本的に[16]想定しておらず，組織成果を少なくとも現状で維持させつつ採算改善を図ることを前提としている。現状では，医療の質・成果と採算・費用・効率とは常に二律背反関係にあるわけではなく（荒井，2013a，補論2；荒井，2015a；荒井・古井・渡邊ほか，2016），質を維持しつつ採算を改善させたり，質と採算を同時に改善させたりする余地はまだあり，荒井（2013a，第6章）や本書の各章で明らかにするように，管理会計などを通じて，実際にそれを実現している病院が見られる。

　そこで，本書における病院での管理会計の有効性評価に際しては，採算改善という効果だけではなく[17]，同時に，医療の結果（質）やその実現に至るプロセスに関わる効果（影響）についても，データ入手が可能な限り評価対象とする。今日では，限定的ながら，DPC対象病院ではこうした側面の効果に関するデータも公表されていて分析可能となっている。そこでDPC対象病院を分析対象としている本書の第5章～第7章及び第9章～第11章では，医療の結果やそれに至るプロセスに関わる効果についても検証する。

　本章に続く各章の構成は，以下のとおりとなっている。

　まず第2章では，病院を経営している医療法人における各施設階層と施設（病院）内の各部門（各診療科，各病棟など）階層の両階層の責任センターを対象とした損益把握と損益業績による責任センター管理者の評価という管理会計が，採算改善効果を有しているかを検証する。そこでは，施設階層や施設内部

門階層での損益結果による施設管理者や部門管理者の業績評価により，単に責任センター別の損益把握をする場合よりも，損益改善効果が高いことが示唆される。

　しかし現状では，損益計算結果の管理者業績評価での利用は十分にはなされていない（荒井，2013a，第4章ほか）。こうした現状の背景の一つには，自律性の高い医療職管理者の財務的業績による評価への受容性の低さがあると考えられる。そこで第3章では，損益計算結果の管理者業績評価での利用を促進する（管理者の受容性を高める）と考えられる管理会計実践についてその有効性を検証する。

　また，第2章の検証結果からは，病院内の各部門の階層で損益を把握し，その損益業績により当該部門の管理者を評価する管理会計の仕組みが，採算改善に特に有効であることも示唆される。しかしながら，病院内の部門の財務的業績が具体的にどのように部門管理者の業績評価（人事考課）に利用され，また部門管理者の金銭的報酬に具体的にどのように連動しているのかに関する実態は，これまで不明である。そこで補論1として，その実態の解明も試みる。

　次に第4章では，医療法人の経営多角化に伴い重要になってきた法人内の各施設事業別の損益計算管理という管理会計が，この経営手法に一般に期待される各種の事項（目的）に対して，それぞれどの程度効果を持っているのかを明らかにする。また，その各種目的ごとの効果は，各種管理会計実践（法人トップ層による利用度，損益目標設定の有無，損益結果の管理者業績評価での活用の有無，損益分岐分析実施の有無）の違いに影響を受けるのかどうか，効果を高める管理会計実践はあるのかどうかも検証する。

　第4章までの研究は病院を経営する医療法人群を対象とした研究であるが，第5章では，国公立から医療法人までの多様な開設者からなるDPC対象病院群を研究対象として，まず第2節において，病院内の部門別損益計算管理という管理会計が，この手法に期待される各種事項（目的）に対してそれぞれどの程度効果を持っているのか，当該管理会計担当者の認識を通じて検証する。また，どのような管理職種が損益計算結果情報の活用担当者となっているかにより，この管理会計手法の主要な目的ごとの効果の程度は影響を受けるのかも検証する。次いで第5章第3節では，部門別損益計算管理（損益計算及び損益分

岐分析）の実施やこれらの手法に関わる諸実践（計算頻度や利用度）の違いが，まず採算性に違いをもたらしているのかどうか，この手法の財務面の効果を客観的な実績データに基づき検証する。その上で，この研究では，部門別損益計算管理がもたらす医療の結果やそれに至るプロセスに関わる効果（影響）の検証も試みる。

続く第6章では，部門別損益計算の導入（開始）年度が質問票調査から明らかになっているDPC関連病院群の中で，数年間にわたる経年的な財務データが公表されていて利用可能な公立病院群を対象として，部門別損益計算管理の導入前後の経年的な採算性（及び医療結果）の変化を分析することにより，この管理会計手法の経年的な効果を検証する。第5章の部門別損益計算管理の効果検証は，一時点における病院群間の違いから検証するクロスセクション分析に基づく効果検証であるのに対して，第6章での効果検証は，同一病院における経年的な変化から検証する時系列分析に基づく効果検証となっている。

次に第7章では，DPC対象病院を対象として，予算管理という管理会計手法の採算改善効果と医療結果及びプロセスへの影響を検証する。まず第2節では，病院内の部門別の収益予算管理が採算改善などの効果をもたらすのか検証する。次に第3節では，分析対象病院のすべてが実施していた病院全体を編成対象とする病院全体予算における管理実務の違いが，採算改善などの効果に違いをもたらすのかを検証する。具体的には，病院全体予算管理における予算管理機能種類別の利用度の向上や，予算実績差異管理の高頻度化や病院長業績評価での予算利用などの実務が，採算改善などの効果を生むのか検証する。

第7章第3節では，病院長業績評価に予算を利用することにより，病院全体予算管理による採算改善効果が高まることなどが示唆される。しかし現状では，病院全体予算の病院長業績評価での利用は十分にはなされていない（荒井，2016a）。そこで第8章では，病院長の予算管理業績による評価の受容性を高め，病院全体予算管理の病院長業績評価での利用を促進すると考えられる，管理会計実践について検証する。

第9章では，DPC対象病院が提供するDPC種類ごとのサービスを対象とした管理会計の損益改善及び医療結果等への効果を検証する。まず第2節では，DPCサービス別損益計算の実施が採算改善等の効果をもたらしているかを検

証する。ついで第3節では，DPCサービス別損益計算によって促進される DPCサービス種類ごとの採算改善策への取り組み度の向上が，採算改善等の 効果を生んでいるのかを検証する。さらに第4節では，事前のサービス価値の 作り込み活動であるDPCサービス別価値企画の効果を検証する。

第10章では，BSCという管理会計手法の各種効果を検証する。まず第2節で は，病院を経営する医療法人を対象として，BSCに一般に期待される各種事項 （戦略等の浸透などの組織目標への現場の方向づけ，医療の質向上などの組織成果， 職員間の対話促進などの組織成果向上に重要な職員関連の各種事項）に関する効果 の程度を検証し，また戦略マップ活用への積極性や対策検討会の高頻度開催， BSC結果の管理者業績評価での利用というBSC実務が，これら各種事項の効果 を高めるのかどうかも検証する。ついで第3節では，国公立から医療法人まで 含むDPC対象病院を対象として，BSCに期待される各種事項の効果の程度を検 証し，また積極的な戦略マップ活用やカスケードの徹底，因果関係考慮の徹底 というBSC実務が，各種事項の効果を高めるのかも検証する。

第11章では，DPC関連病院を対象として，ほとんどの病院が実践している 事業計画について，どのように運用すると採算性や医療結果などの業績により 効果がもたらされるのかを検証する。具体的には，事業計画上の各種計画事項 間の因果関係考慮度の向上や病院トップ経営層による利用度向上，事業計画の 事業管理者業績評価での利用という実践は，採算改善などの効果を高めるのか 検証する。

補論2では，第11章の事業計画や第10章のBSCなどにおいて目標値を設定さ れて管理されることの多い業務実績指標のうちで，公開データから利用可能な ものに限定して，それらの業務実績指標（病床利用率，平均在院日数，病床当た り手術有患者数）の向上が採算改善という効果をもたらすのか検証する。すな わち，採算改善を1つの重要な目的としている事業計画等において，これらの 業務実績指標に目標を設定して管理することの適切性（妥当性）を検証する。

最後に終章では，以上の各章での効果検証の分析結果及び考察を簡単に整理 し，本書を総括する。

以上の各章において効果検証を試みる各種の管理会計実践を，筆者のこれま での著書（荒井，2005；2011a；2013a）で提示してきた病院を対象とした管理会

計の体系との関係で整理するならば，第2章から第8章は，基本的に責任セン
ターという部分組織単位をマネジメントしていく上での管理会計実践に関する
効果の検証を試みた章である。一方，第9章は，サービス提供プロセスに沿っ
たマネジメントをしていく上での管理会計実践に関する効果の検証を試みてい
る。そして第10章と第11章では，戦略遂行マネジメントに関わる管理会計実践
の効果の検証を試みている。

　なお，各章及び補論における病院での管理会計の効果検証のための具体的な
研究方法（分析対象とする病院や依拠データなど）は，各章及び補論で詳述する。
基本的に，各章の研究は，DPC対象病院（第5章～第7章・第9章・第10章第3
節・第11章）か病院経営医療法人（第2章～第4章・第8章・第10章第2節）を分
析対象として，各章で扱う管理会計手法の実践状況に関する質問票調査データ
や，別途公表資料等から得た財務等のデータを質問票調査データに連結した統
合データに基づいている。また補論1は病院経営医療法人等へのインタビュー
調査データ，補論2はDPC対象病院を経営する医療法人を対象に各種公表資
料データの統合データに基づいている。

　最後に，本書の各章及び各補論は，筆者がすでに公表してきた複数あるいは
単一の論文に加筆修正したり，公表論文に大幅な加筆をしたり，まったく新た
に執筆したりした章及び補論からなる。その対応関係を以下に記載しておくの
で，参照されたい。

　　第1章第1節：荒井耕（2018a）の一部を加筆修正

　　第2章：荒井耕・尻無濱芳崇・岡田幸彦（2014）を加筆修正

　　第3章：新規執筆

　　補論1：荒井耕（2016h）を基に大幅加筆

　　第4章：新規執筆

　　第5章第2節：荒井耕（2017c）の一部を加筆修正

　　　　　第3節：荒井耕（2019b）を加筆修正

　　第6章：荒井耕（2017e）を加筆修正

　　第7章第2節：荒井耕・阪口博政（2015）の一部を加筆修正

　　　　　第3節：荒井耕（2017f）を加筆修正

　　第8章：荒井耕・尻無濱芳崇（2015）の一部を加筆修正

第9章第2節：荒井耕・阪口博政（2015）の一部を加筆修正

第3節：荒井耕（2018b）を加筆修正

第4節：荒井耕（2015b）を加筆修正

第10章第2節：荒井耕（2016g）を加筆修正

第3節：荒井耕（2017d）を加筆修正

第11章：荒井耕（2015c）の一部を加筆修正

補論2：荒井耕（2018d）を加筆修正

（注）

1　今日では，「病院」という用語よりも「医療機関」という用語の方が一般的であることは承知している。しかし「医療機関」といった場合には，通常，「診療所」（19床以下でほとんどは無床の医療機関）も含むことになるが，筆者のこれまでの研究は，すべて，入院機能を有する一定規模（20床）以上の「病院」を対象としたものである（ただし「病院」を経営する医療法人を含む：以下同様）。そのため，少なくとも本書では，あえて，可能な限り「病院」という表現を用いている。また筆者は，「病院」における管理会計を論じている著書においては，可能な限り「医療界」という表現も避けている。それは，「医療界」における管理会計を論じる場合には，「病院」における管理会計のほかに，医療圏などの地域の医療提供システムを経営するための管理会計や，一国の医療提供システムを経営するための管理会計も，研究対象に含めて論じることにしているからである（荒井，2013a，まえがき）。

2　価格自体は据え置かれたとしても，保険請求できるための要件が厳しくなると，そのことにより通常はより費用が掛かることになるため，採算確保が以前よりも困難になる。

3　患者1人1日当たり診療報酬額のことで，多くの病院で入院・外来別に管理されている。

4　これに先立ち，90年代末には，アメリカの公的医療保険制度で用いられている診断群分類（DRG）を日本において活用するための研究もなされていたが，日本により適合した診断群分類を独自に開発することとなった。

5　DPC別包括払い制度が導入されている病院をDPC対象病院と呼ぶ。またDPC対象病院になるためには，しっかりとしたDPCデータを提出できることが必要であり，その準備期間として通常2年間，DPC準備病院として扱われる。本書では，DPC対象病院とDPC準備病院の両者を合わせて言及する際には，DPC関連病院と呼ぶ。

6　医療分野におけるサービス別の価値企画とは，各DPCサービスなどの医療サービスの設計・開発に際し，公定価格を前提として利益を確保するための原価水準を意識しつつ，多職種共同で，医療の質・収支・安全性・在院日数等を同時に考慮して費用対成果としての価値の向上を図る活動である（荒井，2011a）。

7　この環境変化は，超高齢社会の到来とともに，国の財政難の背景でもある。

8　なお，より高度な医療技術・療養環境に見合った診療報酬が設定されるならば，事後的な資金回収を期待して借入等により投資することも考えられるが，医療財政が悪化する中，必ずしも十分な価格が設定されるわけではなく，また価格設定の自由が病院には

ない。

9 この提供体制では，各施設が得意分野に特化することや，類似医療機能を必要とする諸患者が特定の施設に集中することになるため，多くの類似患者を診ることによる習熟効果が働き，医療の質が高まると考えられている。また，特定の医療機能に特化するため，各施設が多様な機器設備・職員を整備・確保する必要がなくなることや，類似医療機能を必要とする類似患者が各施設に集中するために稼働率が高まっていわゆる規模の経済が働き，効率性が高まると考えられている。加えて，各施設が適切に連携することによって，各患者が各段階で必要とする医療機能に適合した医療機能を提供する各施設に各患者が配置され，必要機能と提供機能のミスマッチが回避できれば，必要以上に高い医療機能が提供されることによる資源の浪費を避けることができ，医療圏全体としての効率性が高まると考えられている。

10 医療法人が提出する事業報告書等の分析に基づけば，病院のみを経営し附帯業務も実施していない非多角経営の病院経営医療法人は2013年度時点で36％のみである（荒井，2017a；荒井，2017g）。

11 同一組織内での連携では，診療情報や各施設の稼働状況・対応能力といった情報の共有が容易であり，また人事交流により施設間の信頼関係を強化することも比較的容易である。

12 日本の病院の中心的存在は医療法人であり，既存のほとんどの医療法人は，利益分配に制約があるものの持分があり，退社時や解散時には剰余金の分配を得ることができる。そのため，厳密に非営利組織とは言い難いが，特別な場合を除けば利益の分配を受けられないため，部分的には非営利性があるといえるだろう。また管理会計は，組織業績の向上に向けて現場組織成員に働きかける仕組みでもあるため，法規定の次元とは別に，非営利事業のために働いているという病院の現場職員の意識の次元にも留意する必要がある。現場医療職員は医療界という事業セクターへの帰属意識を強く持っており，奉職する医療界は非営利セクターであるという強い意識を持っている。

現場医療職は今勤務する特定組織への強い帰属意識を持っているわけでは必ずしもなく，医療界という事業セクター及び自らの職種集団への帰属意識を強く持っている。また医療職員は基本的に医療界で勤務しつづけるが，彼らの特定の組織での勤続年数は必ずしも長くない。医師の場合，大学医局による人事の仕組みもあり病院を異動することが多く，看護師の場合も勤続年数5年未満が約4割，10年未満が約6割とされている（日本医療労働組合連合会，2014，p.31）。そのため，現在勤務している組織が法的に厳密に非営利組織かどうかよりも，奉職する医療界は非営利セクターであるという強い意識が重要な意味を持っている。

そのため，病院の実際の経営でも，財務・非財務の多様な業績要素を取り込んだ事業計画やBSCが多くの組織で用いられ，非財務的な成果にも目標が設定されて積極的に測定管理されている。

13 管理会計と組織業績についての従来の研究成果は，加登ほか編（2010）で紹介されている。

14 荒井（2011b）は，この他にも，部門長業績評価を実施している際に各種業績指標をどの程度重視しているのかの違いによる組織業績への影響を検証している。

15 前述のように，このような環境下では減価償却の範囲内での再投資は困難であり，利益を蓄積しておく必要がある。

16 倒産の危機に際する一時的で部分的な副作用の容認はありうるかもしれない。

17 病院における管理会計の財務面での効果の検証に関しても，採算改善（採算性）に焦点を当てすぎているとのご指摘もありうる。確かに管理会計の財務面の効果には，採算

第1章　管理会計の必要性の高まりと効果検証の必要性　15

改善以外にも，資産利用の効率性向上や財務健全性の向上といった効果もある。医療法人の多角経営類型により資産利用の効率性（荒井，2019a）や財務健全性（荒井，2018c）に有意差があるといった研究も現になされており，こうした財務的側面への管理会計の効果も今後検証するに値すると考えている。しかしながら，一般に資産の利用効率性が向上すれば採算性は改善するし，採算改善が継続すれば財務健全性は高まるため，採算改善という財務的効果にまずは焦点を当てて効果検証することは，妥当な研究アプローチであると考えている。

第2章

責任センター別損益業績管理の採算改善効果の検証
―医療法人での有効性評価

1 問題意識

　第1章で詳述した病院経営環境の変化を背景として，法人本部の経営層ではなく，実際に医療を提供している病院などの各施設事業（以下，施設と略称）の現場で経営を担当している，病院長や病院内の各部門長（診療科長など）という施設内管理責任者が主体となった，本格的な経営管理の重要性が極めて高くなってきた。また，特に医療法人では，経営多角化が進んでいるため，経営の複雑性が増し，従業員規模も大きくなり，トップによる集権的経営が困難となって権限委譲を進めざるをえない。各施設側の管理職への権限委譲に伴い，トップは各施設の業績を把握・評価し，また各施設に自律的な経営改善を働きかける必要性が増している。そのため，多角化した医療法人にとって，こうした法人内の各責任センター別の損益計算やその損益結果に基づく各責任センター管理者の業績評価を実施することが，大きな課題となっている。すなわち，医療法人内の各施設（病院・老健など）や各施設内の各部門（診療科など）という両組織階層の責任センターを対象とした管理会計を適切に利用することが，経営上重要になっている。

　しかし，責任センター別管理会計が非営利組織である病院においても財務業績に貢献しているのかは，従来の研究では必ずしも明確でない。そこで本章では，責任センター別損益業績管理の実践を異にする各医療法人群[1]の財務業績を分析することにより，病院でのその効果を明らかにする。

　なお類似する先行研究として，病院における部門別損益目標管理の有無によ

り採算性に有意な差が見られることを明らかにした荒井（2011b）がある。しかし荒井（2011b）は，データ量などの限界もあり，諸要因が十分に統制された分析とはなっていない。また荒井（2011b）は，病院内の各部門という責任センターの損益目標管理を検証対象としているが，本章の研究は医療法人内の各施設（病院・老健など）と施設内各部門の二階層の責任センターに関する業績管理会計を検証の対象とする。さらに荒井（2011b）は，部門別損益計算を実施しかつ損益に目標を設定し管理している病院群かどうかに焦点があり，必ずしもその部門別損益目標管理により部門長の業績評価をしているかどうかは問うていない。一方，本章の研究は，責任センター別損益計算の実施の有無と，その損益結果に基づく責任センター管理者の業績評価の有無に焦点を当てている。

　本章では，責任センター別損益計算の有無とその損益計算結果に基づく責任センター管理者の業績評価の有無ならびに業績評価する責任センターの階層の高低（施設階層か施設内の部門階層か[2]）という観点に注目して，責任センター別損益業績管理の財務業績に与える影響を評価する。

2 研究方法

　管理会計の実践度水準を表す以下の4つの法人群に各法人を分類し，4群間の分散分析と多重比較を実施し，さらに分析結果の頑健性を重回帰分析で確認する[3]。

　分類1：法人全体採算管理

　　責任センター別損益計算をまったくしていない法人群

　分類2：責任センター別採算把握

　　何らかの責任センター別（施設別か部門別あるいは両者）損益計算のみを実施しており，その損益計算結果を活用した責任センター管理者の業績評価までは実施していない法人群（トップ経営層による各責任センターの採算状況の把握のみにとどまっている法人群）

　分類3：施設別採算業績管理

　　施設別損益計算を実施しその結果を施設長の業績評価に活用しているが，

施設内部門別損益計算を実施しその結果を部門長の業績評価に活用すること
まではしていない法人群（法人組織内の上位の責任センター階層の管理者別損
益業績評価のみにとどまっている法人群）[4]

分類4：施設内部門別採算業績管理

施設別及び部門別損益計算を実施しその結果を施設長及び部門長の業績評
価に活用している法人群（法人組織内の上位及び下位の両責任センター階層の
管理者別損益業績評価を実施している法人群）

この4分類モデルは，分類1から分類4へと，損益管理という観点からの管
理会計の実践度水準の高まりを表していると理論的には考えられる。そのため，
分類1よりも分類2，分類2よりも分類3，分類3よりも分類4と，管理会計
実践度のより高い分類の方が，採算性がより良くなっているのではないかと考
えられる。つまり管理会計実践度の高さは採算性という組織業績に良い効果を
もたらすのではないかと考えられる。本研究では，この仮説を検証するために，
病院経営医療法人（事業収益[5]10億円以上）に対する管理会計に関する郵送質問
票調査データ[6]と医療法人の公表財務諸表データの2つのデータ源からのデー
タを結合して得られた151法人のデータセットを用いた。

郵送質問票調査では，責任センター別損益計算及びその計算結果の業績評価
利用に関して質問をしており，施設別損益計算は93.9%，施設内部門別損益計
算は44.9%の法人が実施していた。また，施設事業別に関しては47.3%，部門
別に関しては44.4%の法人が，責任センター別損益計算の結果（単純な利益額
ばかりではなく，利益の改善幅や改善率，目標利益達成度などの結果）を責任セン
ター管理者（施設事業長，部門長）の業績評価に利用していた。

一方，公表財務諸表からは，本来業務事業利益率，病床当たり本来業務事業
利益額，総資産本来業務事業利益率の3種類の採算指標を算出した。本来業務
事業利益率はフローとしての医療サービスの採算性を総合的にみる最重要指標
であり，病院においてよく注目されている採算指標である。また病床当たり本
来業務事業利益額もよく注目される指標である。しかし今回の研究では経営多
角化が進みつつある医療法人を対象としているため，医療法人が経営する病院
のみの規模を表す病床数は十分に法人規模を表しておらず，病床当たり本来業

務事業利益額は医療法人間の採算性を必ずしも適切に比較できる指標ではないことに留意が必要である。さらに，総資産本来業務事業利益率は，投下資本額との兼ね合いにおいてどの程度利益を上げているのかをみる指標であり，一般産業界では利用される指標の1つであるが，病院は非営利組織として，投下した資本に対する収益性という発想になく，この指標を重視していないため，参考指標とした。

3 分析結果

本節では，前節で示した本来業務事業利益率を中心とする採算性に対して管理会計実践度が与える影響を検証する。まず基本統計量等を示し，次いで分散分析と重回帰分析の結果を示す。

3.1 基本統計量及び相関係数

変数の基本統計量と相関係数は**図表2-1**及び**図表2-2**のとおりである。後述する重回帰分析で用いる変数の基本統計量もここに示した。本研究の分析対象法人群の母集団である2,285の病院経営医療法人における本来業務事業収益の平均値は2,636,044千円，標準偏差は2,708,346千円であり，分析対象法人群と母集団のばらつきはほぼ同じであった。

管理会計実践度ごとの採算性の値は，**図表2-3**のとおりである。管理会計実践度が高くなるに連れ，採算性が高くなる傾向が見て取れる。また，視覚的にわかりやすいように，管理会計実践度ごとの本来業務事業利益率の散らばりを箱ひげ図として示したのが**図表2-4**である。管理会計実践度が低い法人群では，本来業務事業利益率が赤字の方向に歪んで散らばっている一方，管理会計実践度が4と高い法人群では，黒字の方向に歪んで散らばっている様子が窺える。

第2章　責任センター別損益業績管理の採算改善効果の検証　21

図表2-1　変数の基本統計量

基本統計量	n	平均値	標準偏差	中央値
本来業務事業利益率	151	0.04	0.07	0.04
病床あたり本来業務事業利益額（千円）	151	690	1,084	574
総資産本来業務事業利益率	151	0.04	0.06	0.04
管理会計実践度2ダミー	151	0.52	0.5	1
管理会計実践度3ダミー	151	0.23	0.42	0
管理会計実践度4ダミー	151	0.19	0.4	0
本来業務の事業収益（千円）	151	3,090,497	2,811,332	2,460,896
一般病床8割ダミー	151	0.3	0.46	0
療養病床8割ダミー	151	0.14	0.35	0
精神病床8割ダミー	151	0.14	0.35	0
都道府県別病床あたり65歳以上人口数×平均在院日数	151	611.4	60.4	617.7
都道府県別調査産業計現金給与総額（千円）	151	334	42	325
都道府県別本来業務事業利益率の中央値	151	0.04	0.01	0.04
都道府県別病床あたり本来業務事業利益額の中央値（千円）	151	418	94	407
都道府県別総資産本来業務事業利益率の中央値	151	0.04	0.01	0.04

図表2-2　変数の相関係数

相関係数		(1)	(2)	(3)	(4)	(5)	(6)	(7)	(8)	(9)	(10)	(11)	(12)
管理会計実践度2ダミー	(1)	1.00											
管理会計実践度3ダミー	(2)	-0.58	1.00										
管理会計実践度4ダミー	(3)	-0.51	-0.27	1.00									
本来業務の事業収益（千円）	(4)	0.04	0.00	-0.03	1.00								
一般病床8割ダミー	(5)	0.08	-0.02	-0.07	-0.03	1.00							
療養病床8割ダミー	(6)	-0.04	0.10	0.00	-0.18	-0.27	1.00						
精神病床8割ダミー	(7)	0.04	-0.13	0.05	-0.09	-0.27	-0.16	1.00					
都道府県別病床あたり65歳以上人口数×平均在院日数	(8)	-0.09	0.11	-0.06	0.05	-0.09	0.03	-0.02	1.00				
都道府県別調査業計現金給与総額（千円）	(9)	-0.03	0.00	0.10	0.19	0.00	-0.06	0.02	-0.14	1.00			
都道府県別本来業務事業利益率の中央値	(10)	0.05	-0.03	-0.02	0.05	-0.07	0.08	0.03	0.28	-0.23	1.00		
都道府県別病床あたり本来業務事業利益額の中央値（千円）	(11)	-0.02	0.01	-0.01	0.21	0.02	0.01	-0.09	0.20	-0.02	0.75	1.00	
都道府県別総資産本来業務事業利益率の中央値	(12)	0.00	0.01	-0.07	0.07	0.07	-0.01	0.04	0.06	-0.18	0.80	0.68	1.00

※(10)－(12)は重回帰分析時に同時に利用することはない。

図表2-3 管理会計実践度ごとの各採算性の基本統計量

	管理会計実践度	n	平均値	標準偏差	中央値	最小値	最大値	歪度
本来業務事業利益率	1	8	−1.0%	7.2%	0.9%	−12.6%	6.3%	−0.452
	2	79	3.3%	8.7%	4.3%	−60.3%	15.0%	−4.849
	3	35	4.7%	5.0%	4.5%	−9.7%	13.7%	−0.243
	4	29	6.5%	4.8%	5.1%	−0.8%	17.3%	0.510
病床当たり本来業務事業利益額（千円）	1	8	−95	1,107	232	−2,017	1,105	−0.622
	2	79	606	1,168	534	−5,502	5,470	−0.695
	3	35	842	960	664	−662	4,066	1.236
	4	29	952	881	693	−100	3,112	0.799
総資産本来業務事業利益率	1	8	0.7%	5.2%	0.3%	−7.4%	6.5%	−0.159
	2	79	3.0%	6.2%	3.5%	−37.8%	14.5%	−3.482
	3	35	4.6%	4.4%	4.2%	−5.2%	13.9%	−0.099
	4	29	5.6%	4.4%	4.3%	−0.8%	16.0%	0.582

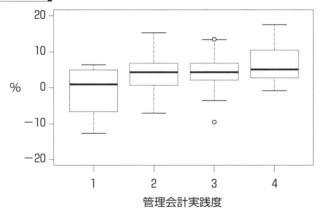

図表2-4 管理会計実践度ごとの本来業務事業利益率の散らばり

3.2 分散分析の結果

　管理会計の実践度と採算性の関連を検証するために，分散分析を行った。すでに述べたように，管理会計実践度は4つの水準がある。そのため，1要因4

水準の分散分析を行った。分散分析の結果を**図表2-5**に示す。

　図表2-5に示したように，管理会計実践度の本来業務事業利益率に対する効果は有意であった。

図表2-5　**本来業務事業利益率に関する分散分析の結果**

要　因	自由度	平方和	平均平方	F　値
管理会計実践度	3	0.0427	0.0142	2.69
残　差	147	0.7785	0.0053	p値
全　体	150	0.8212		0.049

　そしてTukeyの方法を用いて多重比較を行ったところ（**図表2-6**），管理会計実践度1と4のグループの本来業務事業利益率の間に，有意な差があることが示された。

図表2-6　**Tukeyの方法の結果**

実践度比較	平均値の差	90%信頼区間の下限値	90%信頼区間の上限値	p値
2-1	0.043	−0.020	0.105	0.391
3-1	0.056	−0.010	0.122	0.202
4-1	0.074	0.007	0.142	0.055
3-2	0.014	−0.021	0.048	0.796
4-2	0.032	−0.005	0.068	0.193
4-3	0.018	−0.024	0.060	0.756

　病床当たり本来業務事業利益額及び総資産本来業務事業利益率についても同様の分析を行ったところ，管理会計実践度の効果はどちらに対しても有意であった（病床あたり本来業務事業利益額：F値2.41，p値0.069，総資産本来業務事業利益率：F値2.81，p値0.041）。Tukeyの方法で多重比較を行った結果，病床あたり本来業務事業利益額については管理会計実践度1と4のグループの間に有意な差があることが示された（p値0.072）。

3.3 重回帰分析の結果

　分散分析に続いて，分析結果の頑健性を検証するために重回帰分析を行った。管理会計の実践度はダミー変数としてモデルに組み込んだ。また，医療法人の採算性に大きな影響を与えると考えられる変数として，事業規模，事業内容，地域の競争の強さ，地域の物価水準などが考えられる。これらの変数の影響を統制するために，統制変数をモデルに組み込んだ。

　事業規模の変数としては，本来業務の事業収益を統制変数として用いた。今回の分析対象は，病院以外の各種施設事業も同時に経営していることの多い医療法人を対象としているため，病院界で伝統的な病床数という規模変数は必ずしも適切ではないからである。

　事業内容の変数としては，一般病床が8割以上であることを示すダミー変数，療養病床が8割以上であることを示すダミー変数，精神病床が8割以上であることを示すダミー変数を利用し，これに該当しない病院はケアミックス病院となる。この8割以上基準による病院の類型化は，厚生労働省医政局の『病院経営管理指標』調査の定義によっている。こうした病床構成の違いは，同じ医療事業であってもその内容を大きく異にする急性期医療・慢性期医療・精神医療という事業内容の違いを代理している。これらの変数をモデルに組み込んだのは，一般に，療養病床中心の病院の方が採算がよく，一般病床中心の病院の方が採算が悪い傾向があるとされるからである[7]。

　地域の競争の強さを示す変数としては，都道府県別の病床あたり65歳以上人口数に都道府県別の平均在院日数を乗じた値を用いた。郵送質問票調査時点における，都道府県別病院病床数総数（厚生労働省，2011），都道府県別の65歳以上人口数推計データ（総務省，2012），都道府県別推計平均在院日数データ（厚生労働省，2013）を利用して算出した。病床当たり高齢者人口が少なくかつ平均在院日数が短い地域は入院医療の需要が少ないため競争が激しく，逆に病床当たり高齢者人口が多くかつ平均在院日数が長い地域は入院医療の需要が多いため競争が厳しくないと考えられるため，この数値が小さいほど競争が激しいことになる。ただし都道府県による高齢者の疾病発生確率の違いや外来医療への需要は考慮していないし，そもそも競争圏として都道府県区分を用いること

自体にも一定の限界はある。

　また地域の物価水準の変数としては，2010年度労働統計年報における都道府県別の調査産業計現金給与総額を用いた（厚生労働省，2010）。病院界では，各種サービスの提供に対する収益は公定価格であり，基本的に全国一律で設定されているが，その各種サービスを提供するための費用はその病院が経営されている地域の物価に影響を受けている。とりわけ病院の費用の過半を占める職員給与の水準は，病院の採算性に大きな影響を与えていると考えられることから，地域の給与水準を統制変数に加えることにした。

　以上の諸変数に加えて，地域の競争状況や物価水準などの要素も含みつつ，各地域の疾患特性（疾患による採算性の違いによる影響）や，各地域の患者・家族の受療行動特性（長期入院志向や頻繁な来院などの病院への依存度の違いによる影響）など，地域の特性による採算性への影響を総合的に統制するために，都道府県別の本来業務事業利益率（もしくは病床あたり本来業務事業利益額，総資産本来業務事業利益率）の中央値も統制変数に加えた。

　多重共線性の有無を判断するために分散拡大係数（VIF）を計算したが，どの説明変数についてもVIFは10未満であった（**図表2-7**）。したがって，多重共線性があるとはいえない[8]。

図表2-7　本来業務事業利益率を被説明変数とする重回帰分析における説明変数の分散拡大係数

説明変数	分散拡大係数
管理会計実践度2ダミー	5.38
管理会計実践度3ダミー	4.30
管理会計実践度4ダミー	3.89
本来業務の事業収益	1.12
一般病床8割ダミー	1.25
療養病床8割ダミー	1.24
精神病床8割ダミー	1.20
都道府県別病床あたり65歳以上人口数×平均在院日数	1.13
都道府県別本来業務事業利益率の中央値	1.15
都道府県別調査産業計現金給与総額	1.14

本来業務事業利益率を被説明変数とした重回帰分析の結果を**図表2-8**に示す。モデル全体は有意水準5％で有意だった。管理会計実践度2・3・4は本来業務事業利益率に対して有意な正の影響を与えていた。特に，管理会計実践度4は，1％水準で有意であった。また，管理会計実践度が高いほうが，偏回帰係数の大きさも大きかった（実践度4ダミー：実践度3ダミー：実践度2ダミー=0.080 > 0.055 > 0.047）。統制変数の中では，療養病床8割ダミーが本来業務事業利益率に対して有意な正の影響を与えていたほかに，都道府県別の給与水準が有意な負の影響を与えていた[9]。

| 図表2-8 | 本来業務事業利益率を被説明変数とする重回帰分析 |

本来業務事業利益率を被説明変数とする重回帰分析	偏回帰係数	標準誤差	t 値	p 値
（定数項）	0.041	0.089	0.47	0.642
管理会計実践度2ダミー	0.047	0.027	1.74	0.084
管理会計実践度3ダミー	0.055	0.029	1.93	0.056
管理会計実践度4ダミー	0.080	0.029	2.74	0.007
本来業務の事業収益（千円）	0.000	0.000	0.84	0.403
一般病床8割ダミー	−0.015	0.014	−1.04	0.302
療養病床8割ダミー	0.033	0.019	1.75	0.083
精神病床8割ダミー	−0.003	0.018	−0.18	0.856
都道府県別病床あたり65歳以上人口数×平均在院日数	0.000	0.000	1.01	0.314
都道府県別本来業務事業利益率の中央値	−0.727	0.669	−1.09	0.278
都道府県別調査産業計現金給与総額（千円）	−0.0003	0.000	−1.89	0.061
決定係数	0.124	F 値		1.98
自由度調整済み決定係数	0.061	p 値		0.040

病床あたり本来業務事業利益額および総資産本来業務事業利益率についても同様の分析を行ったところ，総資産本来業務事業利益率についてはモデル全体が有意水準10％で有意だった（病床あたり本来業務事業利益額：F値1.45，p値0.165，総資産本来業務事業利益率：F値1.65，p値0.0997）。管理会計実践度4が総資産本来業務事業利益率に有意な正の影響を与えており（偏回帰係数0.049，

t 値2.22, p 値0.028), 地域の給与水準は有意な負の影響を与えていた（偏回帰係数 − 2.1*10^{-4}, t 値 − 1.86, p 値0.066)。

4 考察とまとめ

　本研究により，病院においても，責任センター別損益業績管理は，公開財務諸表上の本来業務事業利益率という客観的な財務業績に良い効果をもたらしている可能性が高いことを明らかにした。この事実は，病院の現在の経営環境下において課題とされ，また進展しつつもある責任センター別損益業績管理の活用という方向性が，環境適応のための妥当な対応であることを証明しているといえる。

　具体的には，まず責任センター別損益業績管理の実践度が高い方が，本来業務事業利益率の平均値は高い傾向が見られた。また管理会計実践度が低い法人群では本来業務事業利益率が赤字の方向に歪んで散らばる一方，実践度が高い法人群では黒字の方向に歪んで散らばる傾向も見られた。さらに分散分析の結果，管理会計実践度と本来業務事業利益率には有意な関係性が確認され，多重比較の結果，責任センター別損益業績管理をまったくしていない法人群と施設及び施設内部門の両階層の責任センター別損益業績管理を実施している法人群との間に，本来業務事業利益率の有意な差が確認された。加えて，重回帰分析により，事業規模や事業内容，地域の競争環境や物価水準などの病院の採算性に影響を与えると考えられる他の要因の影響を統制しつつ管理会計実践度と採算性の関係を分析した結果，管理会計実践度は本来業務事業利益率に良い効果をもたらしていそうであることを明らかにした。非営利性を有する病院においても，客観的な財務的組織業績の改善に責任センター別損益業績管理が有効と考えられることが明らかとなった。

　ただし本研究には，なお多くの課題が残されている。まず病院内で利用されている他の管理会計手法と責任センター別損益業績管理との関係性は考慮できていない。また本研究では，採算性という財務業績に焦点を当てて，管理会計の組織業績に与える影響を検証してきたが，組織業績は財務的業績に限定されることはなく，提供サービスの質の向上といった非財務的業績もあり，本来は

財務的業績と同時に非財務的業績に対する管理会計の影響も併せて評価する必要がある。さらに，採算性などの組織業績への管理会計の影響に加えて，管理会計の実施が組織成員の心身の健康状態に与える影響（従業員の疲弊）なども併せて考慮するのでなければ，管理会計手法の適切性についての厳密な総合的評価はできない点にも留意が必要である。

（注）

1　同じ病院と言っても，例えば国公立と医療法人では，地域での役割期待や財政的自律性，経営意識及び行動が異なることが多いと考えられているため，病院を対象とした研究では，類似した機能・性質を有する病院群に限定して分析することは一般的である。そこで本章の研究では，日本病院界の約7割を占める医療法人に焦点を当てて研究した。

2　なお本研究において「施設」とは，質問票調査の冒頭で回答（複数回答可）してもらっている法人として経営している各種の施設事業（「①急性期病院・病棟，②亜急性期・回復期リハ病院・病棟，③慢性（維持）期病院・病棟，④病院外来，⑤診療所，⑥介護施設・長期入所，⑦訪問診療，⑧訪問看護，⑨訪問介護，⑩訪問リハ，⑪短期入所・デイケア，⑫通所リハ，⑬その他」）である。また本研究における「部門」は，質問票調査において施設内の「各診療科，各病棟，検査部門，薬剤部門，手術部門など」と定義されている。

3　分類1から4についてはダミー変数に変換して分析を行った。

4　逆に，部門別損益計算を実施し部門長の業績評価に活用しているが，施設別損益計算を実施し施設長の業績評価に活用することはしていない法人は見られなかった。

5　医療法人が提出する事業報告書等に含まれる損益計算書の標準様式における，本来業務事業収益と附帯業務事業収益，収益業務事業収益を合計した事業収益を，郵送質問票調査する対象医療法人の抽出に際しては利用していた。一方，この調査回答データを活用して実施した本章の研究においては，各種病院や老健を想定した施設階層とその施設内の部門階層が提供するサービスによる収益である本来業務事業収益を，医療法人の主要事業の経済規模を表す指標と考えて利用している。もっとも，現状では，ほとんどの法人においては，本来業務事業収益と事業収益に大きな違いはない。

　　また，郵送質問票調査対象法人の抽出に際して利用した事業収益は，抽出時までに構築されていた2007年度事業報告書等データベースに基づくものである一方，本章の研究で活用した本来業務事業収益は管理会計実施状況を把握した郵送質問票調査実施年度（2010年度）の財務データである。

6　当調査データの詳細は荒井（2013，第3章）を参照されたいが，調査回答法人群の病床定員数規模の分布は，200未満60.9％，200台16.6％，300以上22.5％であった。母集団としての2,285病院経営医療法人の病床定員数規模の分布は，200未満43.4％，200台25.6％，300以上31.0％となっており，調査回答法人群の方が全体としてやや規模が小さい。しかしこの程度の分布の違いであれば大きな問題とはいえないだろう。また，調査回答法人群の地域ブロック別の分布は，北海道10.6％，東北9.3％，関東甲信越17.2％，北陸・東海10.6％，関西22.5％，中国6.0％，四国6.6％，九州（含む沖縄）17.2％，であった。母集団の分布は，北海道7.0％，東北5.5％，関東甲信越25.9％，北陸・東海12.5％，関西18.2％，中国6.6％，四国5.6％，九州（含む沖縄）18.8％となっており，調査回答法人群の分布とほぼ一致している。

7 このように病床種類により病院を類型化することは，厚生労働省保険局（厳密には中央社会保険医療協議会）の『医療経済実態調査』でも，医政局の『病院経営管理指標』調査でも行われており，療養病床中心の病院の方が損益実態が良いことが伝統的に指摘されてきた。また医療法人病院に関しては，厚生労働省によるこれら2つの調査よりも分析対象病院数が数倍多い，都道府県等に提出されている事業報告書等から筆者が分析した結果においても，療養病床中心の病院の方が一般病床中心の病院よりも損益実態が良いことが明らかにされている（荒井，2017a）。

8 病床あたり本来業務事業利益額，総資産本来業務事業利益率を従属変数とした重回帰分析でも都道府県別の採算性に関する統制変数を導入しVIFを確認したところ，10を超える値は示されなかった。

9 この結果は，全国一律の診療報酬価格の下では給与を中心とした地域物価水準が高いと採算性が悪くなるということを意味しており，ごく自然な結果である。

第3章

損益業績評価に対する
責任センター管理者の受容性を高める
管理会計実践の検証

1 問題意識

　現場である各責任センターの管理者が主体となった本格的な経営管理の重要性が極めて高くなってきた。それに伴う現場管理者への権限委譲に伴い，トップ経営層は現場管理者の業績を把握し，彼らを評価し，トップ経営層が望む方向で彼らが自律的に経営管理してくれるようにする必要性が生じている。

　こうした中，第2章での検証研究の結果から，施設階層や施設内部門階層での損益結果により施設管理者や部門管理者の業績評価をすることは，法人全体の損益のみ把握する場合や単に責任センター別の損益把握をする場合よりも，損益改善効果が高いことが明らかとなった。つまり損益結果による管理者業績評価は，経営管理の実効性を高めることがわかった。しかし病院界の現状では，損益計算結果の管理者業績評価での利用は十分にはなされていない（荒井，2013a，第4章ほか）。こうした現状の背景の1つには，自律性の高い医療職管理者の財務的業績による評価への受容性の低さがあると考えられる。医療職管理者は，医療提供とお金を結び付けて考えることを伝統的に嫌い，損益管理に対して反発までしないまでも少なくとも無関心であることが多いため，各自が管理する責任センターの損益結果を基に業績評価されることには基本的に抵抗感があるからである。

　そこで本章では，どのような管理会計実践を伴うと，医療職管理者が損益結果による業績評価を受け入れやすいか，損益結果の管理者業績評価での利用促進につながる管理会計実践はないかを明らかにする。従来，予算管理（荒井・

尻無濱，2015）や事業計画（荒井，2018e）による業績評価を医療職管理者が受け入れやすくする，予算管理や事業計画の実務・特徴は定量的に明らかにされてきたが，損益計算結果による業績評価の受容可能性を高める管理会計実務についてはまだ明らかでない。本研究では，管理者業績評価での損益計算結果の活用状況とその活用を促すと考えられる管理会計実践との関係性に関する仮説を検証する。

2 研究方法

　医療法人の事業報告書等に基づき病院を経営する医療法人のデータベースを構築し（荒井，2017a），事業収益が10億円以上の法人を対象に，郵送質問票調査を実施した。具体的には，2,759法人を対象に，2018年1月中旬〜2月下旬に実施し，194法人から有効回答を得た（有効回答率7.0%）。ただし本章での分析の対象法人である，施設事業別損益計算及び病棟機能種類（以下，病棟）別損益計算を実施しており，かつ損益結果の管理者業績評価での利用の有無や各種管理会計実践の有無を回答した法人は，施設事業別については182法人，病棟別については63法人であった。回答法人群は，経営する施設種類の組み合わせとしての多角経営類型，総収入額規模，中核事業である病院の病床種類類型という各法人属性の観点から，母集団を反映した法人群となっている[1]。

　回答は，法人内の経営管理の状況に詳しい方（法人本部長，事務部長，経営企画部課長ほか）にお願いした。なお，質問票の作成段階では，回答対象者と想定される医療法人内の担当者に当該質問票で医療法人内の担当者が適切に回答できるかの確認及びコメントをいただいて，最終調査票を完成させた。

　本章では，各施設事業及び各病棟の損益結果を該当管理者の業績評価に利用するという，責任センター別管理会計を機能させるために強い手段を用いることができている法人と，そうでない法人とでは，管理会計実践に違いが見られるのではないかという観点からの仮説を検証した。具体的には，管理者業績評価に利用できている法人では，医療職管理者の損益結果による業績評価への受容性を高める管理会計実践が見られるのではないかという観点から，次に述べる3つの仮説を設定し，検証を行った。

なお，本研究の質問票では，損益計算を実施している場合に，「損益計算結果（単純な損益額ばかりでなく，改善幅や改善率，目標損益達成度などの結果）を，該当管理者（施設長，事業長，病棟管理者）の業績評価に利用」[2]しているかを把握しており，業績評価利用法人は，施設事業別では47.8％，病棟別では46.0％であった。この損益計算結果の管理者業績評価での利用の有無データと以下の3つの管理会計実践のデータに基づき検証を行った。

まず，損益目標が明確になっている方が損益結果により業績を評価しやすいし，業績を評価される管理者にとってもわかりやすく相対的に業績評価されることに対する不安や不満が少なく受け入れやすくなると考えられる。そのため，損益目標を事前に設定している法人の方が，損益結果を業績評価に利用できていることが多いのではないかと想定される。本調査では，具体的には，損益計算を実施している場合に，「施設事業別や施設（病院）内の病棟機能種類別に損益率や損益差額の目標を設定していますか」と質問し，施設事業と病棟のそれぞれを対象に損益目標設定の有無を把握している。本章では，この調査結果を基に，損益目標を設定することで損益計算結果の管理者業績評価での活用率が高まるのではないかとの仮説を検証する。

2つ目に，損益分岐分析を実施して収支均衡する業務量（患者数など）水準などを示しつつ業績評価した方が評価される管理者の納得感を得られやすいし，また評価される管理者もどの程度の業務量水準で努力すれば期待されている損益目標を達成できるのか知りたいと多くの場合考えると思われる。そのため，損益分岐分析をしている法人の方が，損益結果を業績評価に利用できていることが多いのではないかと想定される。具体的には，本調査では，「損益分岐分析（業務量と収入及び変動費・固定費と損益の関係性分析）を実施していますか」を調査し，施設事業と病棟のそれぞれを対象に実施の有無を把握している。この調査結果を基に，損益分岐分析を実施することで，損益計算結果の管理者業績評価での活用率が高まるのではないかとの仮説を検証する。

3つ目に，評価される管理者の納得感を得られるように業績評価を公正に実施しようとすれば，事前にどの程度の収益をあげ，どの程度の費用をかけてよいのか，予算という形で合意しておくことが有益であると考えられる。また評価される管理者としては，予算があることにより，実績との差異を把握して進

捗管理し，最終目標に向かって調整することが可能になり，業績評価結果を管理することが可能となる。そのため，予算管理をしている法人の方が，損益結果を業績評価に利用できていることが多いのではないかと想定される。本調査では，具体的には，「病棟機能種類別に収入予算や支出予算を編成（設定）していますか」を調査し，収入予算管理と費用予算管理のそれぞれを対象に実施の有無を把握している。この調査結果を基に，病棟別予算管理を実施することで，病棟別損益計算結果を病棟管理者の業績評価で活用できる割合が高まるのではないかとの仮説を検証する。

3 分析結果

まず損益目標を設定することで損益計算結果の管理者業績評価での活用率が高まるかを分析したところ，施設事業別でも病棟別でも，損益目標を設定している法人群の方が業績評価での活用率が有意に高く（**図表3-1**），損益目標設定という実務の有効性が推察される。

図表3-1 損益目標設定と損益計算結果の管理者業績評価での活用率

損益計算結果の業績評価利用率	n	全体	損益目標設定		χ^2検定	
			無	有	χ^2値	p値
施設事業別	182	47.8%	30.2%	55.0%	9.30	0.002
病棟機能種類別	63	46.0%	13.6%	63.4%	14.28	0.000

次に，損益分岐分析を実施することで，損益計算結果の管理者業績評価での活用率が高まるかを分析した。病棟別では，損益分岐分析を実施している法人群の方が，業績評価での活用率が有意に高く（**図表3-2**），損益分岐分析実施の効果が推察される。一方，施設事業別では，5％水準で有意ではないものの，損益分岐分析を実施している法人群の方が業績評価での活用率が高く，10％水準では有意である。

第3章　損益業績評価に対する責任センター管理者の受容性を高める管理会計実践の検証　35

図表3-2　損益分岐分析と損益計算結果の管理者業績評価での活用率

損益計算結果の業績評価利用率	n	全体	損益分岐分析		χ^2検定	
			無	有	χ^2値	p値
施設事業別	182	47.8%	38.1%	52.9%	3.64	0.056
病棟機能種類別	63	46.0%	24.1%	64.7%	10.37	0.001

　さらに，病棟別予算管理を実施することで，病棟別損益計算結果を病棟管理者の業績評価で活用する割合が高まるかを分析した。収益予算管理でも費用予算管理でも，予算管理を実施している法人群の方が業績評価での活用率が有意に高く（**図表3-3**），予算管理実施の効果が推察される。

図表3-3　病棟別予算管理と損益計算結果の管理者業績評価での活用率

損益計算結果の業績評価利用率	n	全体	病棟別予算管理		χ^2検定	
			無	有	χ^2値	p値
収益予算	63	46.0%	21.4%	53.1%	4.39	0.036
費用予算	63	46.0%	19.0%	59.5%	9.23	0.002

4　考察とまとめ

　損益結果の管理者業績評価での活用は，その有効性にもかかわらず，実施率は半数に満たず，十分でない。その背景の1つには，損益結果により医療職である病院長などの責任センター管理者を業績評価することへの法人トップ経営者（ほとんどの場合，自身も医療職）側の抵抗感もあると考えられる。しかし業績評価する法人トップ経営者側の活用意思の問題だけではなく，すでに述べたように，業績評価される医療職管理者側の損益による業績評価への抵抗感もあるものと考えられる。そのため，現場医療職管理者側の抵抗感を和らげて，業績評価を相対的に受け入れやすくすることが重要となる。

　本研究結果より，損益目標を事前に設定したり，損益分岐分析により患者数などの業務量で損益目標達成水準を示したり，予算管理により収益・費用・損益の事前合意と進捗管理可能性を高めることにより，損益計算結果が業績評価

に活用される可能性が相対的に高いことが明らかとなった。つまり，損益結果の管理者業績評価での利用促進に，こうした管理会計実践が有効であることが確認された。

　ただし本研究は，自律的な経営が徹底的に求められる民間の病院経営医療法人を対象としたものであり，国公立病院などでも機能するのかは不明であり，今後の研究課題である。

(注)───────────────

1　詳細は，本書第4章第2節及び荒井（2019c）参照。

2　以下，本章において，「　」で引用している文言（それに付された傍点も含めて）は，本研究で利用した質問票における文言そのものである。

37

補論 1

病院内の部門の財務的業績による
部門長評価・報酬連動の実態

1 問題意識

　財政難が続く一方で国民の医療に対する期待も高まり続けており，質が高く効率的な医療が増々求められている。そのため，病院には，診療報酬抑制下での質を維持しつつの採算性の確保が求められている。こうした中，第2章で明らかにしたように，法人内の各施設事業レベル，さらには施設（病院）内の各部門（診療科など）レベルで損益を把握し，その損益結果を基に各部門長の業績を評価することにより，法人全体としての採算性が向上することが期待できる。

　そのため，部門の業績で部門長を評価したり，評価の結果を賞与等の報酬と連動したりといった取り組みも見られるようになってきた。質問票調査によれば，部門予算管理上の業績や部門別BSC上の業績に基づき部門長を評価し，さらに賞与等に評価結果を反映している病院が一定程度見られることが定量的に明らかになっている（荒井・尻無濱，2014；荒井，2016a，2016c）。また，管理会計上の業績による評価・人事考課と報酬連動に焦点を当てた調査ではないが，産労総合研究所（2015）によれば，6割強の病院が人事考課制度を導入し，そのうち8割では事務職・コメディカル・看護師を，3割では医師を対象としている。また私的病院群を中心に，全病院群の8割強が考課制度と賃金制度とを連動させ，また賞与・昇給・昇格・昇進にもそれぞれ3割～1割半強の病院が反映させている。

　しかしながら，病院における管理職の業績評価，人事考課についての詳細な

実務を明らかにした先行研究は極めて少なく，古城（2003），日経BP社（2012a, b），佐治・小関（2014）に限定される[1]。古城（2003）は，法人業績・診療科業績・個人業績がそれぞれ3分の1の重みで評価され，その結果が業績連動年俸に反映されている医師の業績評価制度を紹介している。そのうち診療科業績は収入や患者数などであるため，診療科長（医師部門長）は自部門の財務的業績により評価され報酬と連動されている。また日経BP社（2012a）では，業績・重点行動・勤務態度をそれぞれ5割・2.5割・2.5割の重みで評価し，次年度年俸に反映している医師の人事考課制度を紹介している。そこでの業績は財務（的）業績であるが，個人ごとの業績目標の達成度による評価であり，医師部門長は責任を持つ自部門全体の財務的業績により評価されているわけではない。さらに日経BP社（2012b）は，行動力と実績を7割・3割の重みで評価し年俸に反映する医師の人事考課制度を紹介している。その実績は所属する診療科の財務的業績が中心となっているため，医師部門長（診療科長）の場合には自部門の財務的業績により評価され報酬と連動されていることになる。

　このように，いくつかの事例は紹介されているものの，部門長の自部門の財務的業績による評価と報酬連動に焦点を当てたものではないため，その点についての詳細な仕組みは明らかでない。また，いずれも医師に対する人事考課制度の事例であり，当該組織において非医師に対してはどうなっているのかについても明らかでない。なお，佐治・小関（2014）は，部署ごとのチームを対象に業績評価する制度に対する職員の満足度に関する研究であり，部門長など個人を対象とした業績評価制度の実態を詳述したものではない。

　そこで，今回，こうした病院内の部門管理者の業績評価及び報酬連動の実態について，質問票調査や既存の先行研究からは十分に明らかにされていない詳細な質的状況を，インタビュー調査により明らかにする。その際，部門業績のうち，財務的業績による部門長の評価に焦点を当てる。もちろん非財務的業績による部門長の評価もなされるが，本補論では，非営利組織であるためか病院を対象としては従来あまり論じられてこなかった財務的業績による管理者の評価に主たる関心があるからである。なお，本補論において財務的業績とは，医業収益や経常利益といった直接的な財務業績だけではなく，こうした財務業績に直結すると考えられている患者数・手術件数などの非金銭的（業務量）指標

補論1　病院内の部門の財務的業績による部門長評価・報酬連動の実態　39

の業績を含むもの，として定義している。

2　研究方法

　2014年6月から2015年6月の間に，病院内の部門管理者に対する担当部門の財務的業績による評価の状況とその評価結果の賞与等金銭的報酬への連動状況に関するインタビュー調査を8法人対象に実施した（**図表補1-1**）。調査対象は，これまでの質問票調査から予算管理業績やBSC業績を管理者（病院管理者あるいは病院内の部門管理者）の評価に利用しているとした法人の中でインタビュー調査に応じてくれた法人となっている。開設者は，社会医療法人含む医療法人が7，社会福祉法人が1であった。インタビュー対象者は，法人によって1～5人であり，事務部長を中心に人事部課長，さらには企画部課長や財務・経理部課長が対象となっている（**図表補1-1**の対象者役職欄では，各法人固有の役職名はできるだけ避け，一般的な役職名を記載した）。

　なお本調査にあたっては，インタビュー調査の前にメールで質問項目を送付しており，その質問項目へのメールでの事前回答をしていただいた法人も半分程度見られた。また訪問後には，インタビュー内容とともに訪問時にいただいた各種資料を熟読の上で，確認やさらなる質問，場合によっては新たな資料送付をメールで依頼しており，その質問等にも回答していただいている（ちなみに訪問後の再質問にご回答いただけなかった法人はない）。加えて，本調査研究とは別の研究でインタビュー等を実施したことのある法人（A，D，G）も含まれており，これらの法人については組織体制や管理会計の実施状況など今回の研究と関連する基礎的情報はすでに把握されていた。そのため，厳密には，**図表補1-1**の訪問日におけるインタビュー調査の所要時間内にすべての情報が把握されているわけではない。

図表 補 1-1			インタビュー調査先		
対象法人	開設主体	地域ブロック	訪問日	所要時間	対象者役職
A	医療法人	関東甲信越	2014年9月5日	1時間45分	法人本部管理部長, 管理部中堅職員 (部長直属), 法人本部企画部長
			2014年10月15日	2時間10分	上記3名の他に, 企画部中堅職員 (企画部長直属), 理事長
B	医療法人	中国・四国	2015年6月15日	2時間	病院事務部長
C	医療法人	九州・沖縄	2015年6月30日	1時間45分	法人本部人事部次長
D	社会医療法人	関西	2015年6月15日	1時間55分	法人本部人事部長兼副理事, 病院事務部長
E	医療法人	九州・沖縄	2014年6月17日	2時間20分	病院事務部長, 人事課長, 情報・経理担当課長
F	医療法人	北海道・東北	2014年7月18日	2時間10分	理事長, 法人企画部長兼病院事務部長
G	社会医療法人	関西	2015年3月12日	1時間45分	法人本部長, 法人本部企画部長
H	社会福祉法人	関西	2014年9月25日	2時間20分	病院事務部長, 事務部次長, 経理課長, 人事課長

　本研究は，責任センター別管理会計を実施している法人において，部門予算や部門BSCといった部門別管理会計手法における財務的業績が，その手法による管理対象である部門の管理者の評価において，どのように評価されているのかの詳細な実態を質的に明らかにしようとするものである。その際，過去20年の病院に対するインタビュー調査研究の経験から，部門管理者の評価といっても，その希少性や人事の特殊性などから組織依存度が低く自立性の高い医師である部門管理者（診療科長，診療部長など）と，医師ではない部門管理者（病棟看護師長，検査部長，医事課長など）とでは，その仕組みは異なることが想定されたため，医師管理職と非医師管理職とを区別して調査した。後述のように，実際，調査した8法人のすべてにおいて，医師管理職と非医師管理職とでは仕組みが異なっていた。

補論 1　病院内の部門の財務的業績による部門長評価・報酬連動の実態　41

3 調査結果

　本研究ではそのインタビュー対象法人の選択方法及び目的から，いずれの法人も管理会計上の業績を病院管理者あるいは部門管理者の評価に利用している。しかしながら，部門という階層単位において，担当部門の財務的業績を部門管理者の評価に利用してはいない法人（A）も 1 法人見られた（以下，部門長財務評価無法人）。この法人では，各病院の管理者は担当する病院の財務的業績により評価されているが，病院内の各部門長は彼らが担当する部門の財務的業績により評価されていなかった。ただし当法人においても，部門長の業績評価が実施されていないわけではなく，担当部門（及び所属病院）の財務的業績による評価が実施されていなかった。なお，以下本補論の議論においては，「財務（的）業績」と「非財務業績」の区分，「部門業績」と「病院・法人業績」の区分，管理者の「評価」と「報酬連動」の区分に留意されたい。

　一方，A法人を除く 7 法人では，担当部門の財務的業績が部門長の評価要素とされていた。しかしながら，B・C・Dの 3 法人では，非医師管理職については担当部門の財務的業績が部門長の評価要素となっている一方で，医師管理職についてはそうなっていない（以下，非医師部門長のみ財務評価有法人）。逆に，E・Fの 2 法人では，医師管理職については担当部門の財務的業績が部門長の評価要素となっている一方で，非医師管理職についてはそうなっていない（以下，医師部門長のみ財務評価有法人）。こうした中，G・Hの 2 法人では，非医師及び医師管理職の両者において，担当部門の財務的業績が部門長の評価要素となっている（以下，両部門長財務評価有法人）。

　そこで以下では，部門の財務的業績による部門長評価の状況を異にするこれら 4 類型の別に，各状況の諸事例を整理するとともに，法人ごとに具体的に詳述し，病院界における部門の財務的業績による部門長評価・報酬連動の実態を質的に明らかにする。

3.1　部門長財務評価無法人

　A法人では，まず医師である部門長は年俸制であるが，担当部門の財務的業

績と年俸との連動はなく，勤続年数に応じて少しずつ年俸を上げているだけである。現状では，医師の確保が困難であり，財務的業績により評価をして不満を持たれてやめられてしまうと困ることから，まったく手をつけていないという。そもそも，財務的業績による評価がないだけでなく，業績評価一般や業績以外（情意，行動，能力）による人事考課さえ実施されていない。

　一方，非医師の部門長も，担当部門の財務的業績は評価されていない。人事考課はなされており，そこでは行動考課と業績考課がなされているが，業績考課に財務的業績の評価は含まれていない。人事考課において業績考課は半分の重みを持っており，半年ごとに業績を5段階で評価しているが，そこでの評価対象業績は上長（課長の場合は部長，部長の場合は病院長）との面談を経て設定される3〜5の業績項目である。その業績項目には，部門目標に関するものが必ず設定されることになっており，それには40％以上の重みを与えることになっているが，部門の収益や損益といった財務業績項目はもちろんのこと，それらに直結すると考えられる患者数や検査実施件数といった非金銭的指標による財務的業績項目もほとんど設定されてこなかったという。

　なお非医師部門長に対する人事考課の結果は賞与に反映され，他の職員との相対的な賞与額に影響を与えるが，各病院の職員の絶対的な賞与水準（賞与原資額）は各所属病院の財務業績を含む病院別BSCの業績と連動している[2]。また年2回の通常の賞与とは別に決算賞与の仕組みがあるが，その賞与原資額は各病院の予算経常利益超過額の3分の1とされており，病院の財務業績と連動している。すなわち，部門の財務的業績による部門長の評価及び報酬連動はなく，また所属病院の財務業績による部門長の評価もないが，所属病院の財務業績と部門長の報酬（賞与）との連動性はある。

3.2　非医師部門長のみ財務評価有法人

⑴　概　　要

　非医師の部門長に対してのみ部門の財務的業績による評価がなされている法人群（B，C，D）の状況をまず整理する。この類型の法人では，いずれにおいても，非医師部門長の担当部門の財務的業績による評価が人事考課の一部に組み込まれており，その人事考課の結果は賞与及び昇給と連動していた。また，

いずれの法人でも，部門BSC上の財務的業績により部門長の評価をしている。しかし，部門BSC業績のすべてを評価に利用している法人（B，C）と，部門BSC上の目標から部門長が事前に選択した目標（通常財務的目標は含まれている）に関する業績により評価している法人（D）とが見られた。また医業収益や経常利益といった財務業績そのものにより評価している法人（B）と，財務業績と関係の深い非金銭的（業務量）指標による財務的業績により評価している法人（C，D）とが見られた。さらに目標値がトップダウン的に厳しく設定されている法人（B，D）と，部門長自身により設定されている法人（C）が見られる。

　また人事考課における業績評価の重みは，ほぼ5割の法人（B，C）と，人事考課を細分化し賞与考課では業績がすべて，昇給考課では業績が3分の2の重み，昇格考課及び昇進考課では業績面の評価はなしとしている法人（D）が見られた。また人事考課で評価する業績は，B及びC法人ではすべて各部門のBSC業績であるのに対して，D法人では各部門のBSC業績は5割で，所属病院の業績（大部分が財務的業績）が残り5割となっていた。

　さらに，いずれの法人でも人事考課の結果を金銭的報酬と連動させているが，その連動の仕方は異なる。C法人では賞与の半分のみを連動させ，残り半分は考課結果に関係なく一律とする一方，D法人では賞与全体を連動させている。B法人では管理職はみな年俸制で賞与はないため，考課結果は次年度年俸加算額として連動されている。

　加えて，担当部門の財務的業績と報酬との連動とは別に，法人全体の財務業績と報酬との連動もある法人（B，C）や，所属する病院の財務業績と報酬との連動もある法人（D）が見られる。

　またこの類型の法人では，担当部門の財務的業績による医師部門長の評価がなされていない点では共通するが，医師については人事考課自体がまったくない法人（C）と，人事考課はなされているものの業績による評価がない法人（D），人事考課はなされ業績（成果）による評価もあるが定量的な財務的業績は評価要素となっていない法人（B）とに分かれる。

　次に，この類型法人の事例を具体的に見てみる。

⑵　Ｂ法人

　まずＢ法人では，医師については，熱意・意欲，プロセス（行動），成果（業績）の３側面からの人事考課が院長によりなされている。業績側面には仕事の量という評価要素があり10％の重みを持っているが，仕事量は定量的に測定されているわけではなく（診た患者数などの定量指標による測定ではなく），あくまでも病院長による定性的な判断に止まっている。そのため実際には仕事をいっぱいこなしているかという行動評価に近いものとなっている。また，大学医局からの派遣医師は１割程度しかおらず，ほとんどの医師は定着している医師ではあるものの，医師の需給関係から離職されては困るため厳しい評価はできず，全医師の評価が５段階評価の上位３段階のいずれかの評価となっており，人事考課が十分有効に機能しているとは言いがたい[3]。加えて，医師が管理する領域ではそもそも部門単位での業績把握はしておらず，直接に各医師個人を評価する仕組みとなっているため，財務的業績に限らず，部門の業績により医師部門長を評価することは現状ではやろうとしてもできない。なお，法人全体の経常利益予算と実績との差異の程度に応じた法人業績給という年俸加算があるほか，法人全体の経常利益が予算を超過する場合には期末に決算賞与を出しているため，法人全体の業績と医師部門長の報酬とは連動している。

　一方，看護領域での８病棟及び外来の９部門など，全部で30超ある非医師部門の管理者については，能力評価（社会人としての標準的能力：６割程度，業務遂行能力：２割程度，業務管理能力：２割程度）と自部門のBSC実績評価に基づいて人事考課されており，その結果は年俸の積み上げ要素の１つである考課給に反映されている[4]。配点上は，能力評価６割，BSC実績評価４割であるが，人事考課結果としての獲得点数の割合は，能力評価がやや厳しくなされているため，実質的には５割強と５割弱の割合となったりしている。各部門のBSCは４つの視点からなっており，財務視点では，各部門の医業収益，医業費用，経常利益の３つの財務業績指標は必ず設定されており，病棟部門ではこの他に病棟稼働率も設定されている。なお，医業費用は医療材料，人件費，その他経費で構成されているが，人件費には当該部門の直接人件費のみが含まれている。

　BSC実績による評価は，４つの視点ごとに設定している諸指標のうち目標を達成した指標の割合である達成率[5]を基本として実施される[6]。各部門長自身

による自己評価点に，人事考課者（事務部長，看護領域諸部門のみ看護部長）による修正点を加減する方法で行われている。考課者による修正は，部門長との目標達成・未達成要因に関するヒアリングに基づいて，病棟間の連携による影響要因[7]，当該部門にとっての不可避要因[8]，その他要因[9]，の３つの観点からなされている。また最後に，事務部長と看護部長の２人の考課者間の評価の厳しさの違いを補正するため，各考課者の評価点の平均値を求め，平均値の差の分の点数を平均値が低かった考課者による評価を受けている部門長の評価点に上乗せ調整されている。

このBSC実績評価と能力評価からなる人事考課により，絶対評価で５段階評価（S，A，B，C，D）され，年俸積上げ要素である考課給に評価結果が反映されている。考課給は，部長級では±150万円の幅があり（部長の中でも等級によりこの幅に大小の違いあり），年俸額全体（職能給450万円＋役職（部長）給450万円＋法人業績給100万円（予算通りの業績の場合）＝1,000万円）に対する割合としては最高評価の場合で15％前後である。また課長級では±40万円の幅があり（課長の中でも等級によりこの幅に大小あり），年俸額全体（職能給260万円＋役職（課長）給370万円＋法人業績給50万円（予算どおりの業績の場合）＝680万円）に対する割合としては最高評価の場合でも６％弱である。非医師部門長においては，上位部門の管理職では人事考課と連動する年俸額が大きく，金銭的な動機を与えている程度が大きいのに対して，下位部門の管理職では連動性が弱く，金銭的動機が強くは働かない仕組みとなっている。

また人事考課の結果が２年連続でA評価以上の場合，管理職の中でより高い級へと昇級する仕組みとなっており，昇級により職能給が部長級で年額50万円分（年俸額全体の５％程度），課長級で年額25万円分（年俸額全体の3.7％程度）昇給する。そのため，部門の財務的業績を含むBSC業績は，昇級を通じても給与総額に影響を与えており，金銭的動機と連動している。

以上のように，非医師部門長の年俸は，担当部門の財務的業績と連動しているが，年俸の積み上げ要素の１つとして法人業績給というものもあり，法人全体の財務的業績とも連動している。法人業績給とは，法人全体の経常利益業績が予算どおりに達成された場合を中間評価（C評価）とし，法人業績が予算よりも10％程度以上上回ればB評価，10％程度以上下回ればD評価，予算よりも

20％程度以上上回ればA評価，20％程度以上下回ればE評価とした上で，E評価では0円で，よりよい評価ほど多くの給与を年俸額に追加するものである。法人業績給は，部長級では，考課給が中間（B）評価である場合，予算水準達成（C評価）の場合でも年俸総額の1割を占め，予算の10％超過を達成（B評価）した場合には15％程度を占めることになるため，ある程度の金銭的な動機が働く仕組みとなっている。一方，課長級では，考課給が中間評価である場合，予算水準達成の場合で年俸総額の7％強，10％超過達成の場合で11％であるため，一定の金銭的動機は働くと考えられるが，部長級ほどではない。

　なお，過去数年間においては，経常利益の実績が予算を超過することが見込まれる時には，期末日に決算賞与を出しているため，結果として最終的な経常利益はほぼ予算どおりとなり，法人業績給は過去数年間常に中間評価となっている。そのため過去数年間，法人業績給の仕組みは，経常利益を大きく予算超過させる動機としては機能していないといえる[10]。しかし上述のように，経常利益予算の達成前後の場合（C評価）でも，大きく未達成の場合（D評価やE評価）よりも，多くの年俸が加算される仕組みのため，経常利益予算を達成しようという動機としては機能している。

(3)　C　法　人

　次にC法人を見てみる。まず医師管理職については，業績評価や人事考課の仕組みがまったくなく，年俸制でその額は理事長の鶴の一声で決まってきた。理事長自身がそうした状況に問題ありと最近になって認識するようになり，彼らの業績評価と報酬連動については現在課題となっている。

　一方，非医師の部門長は病棟看護師長を中心に40人弱おり，人事考課において，部門BSCによる業績評価と，基本能力（知識・技能）及び行動からなるプロセス評価を受ける。部門BSCによる業績評価は，課長級では50％，部長級では55％の重みを占めている。当法人では，人事部が人材開発という観点からBSCの導入及び運用をしてきており，途中から業績評価にも利用し，後述のように賞与等と連動させるようになった。

　BSCは，典型的な4つの視点からなっていて財務の視点も含まれているが，医業収益などの直接的な財務業績ではなく，診療報酬改定への対応（病院レベ

ル）→ 施設基準の取得（看護部レベル）→ 平均在院日数の短縮（病棟レベル）といった具合に，財務業績を向上させるための非金銭的（業務量）指標に落とし込まれている。部門長の人事考課では半分がBSC業績による評価ではあるものの，財務的業績はその4分の1程度であるため全体での評価上の重みは1割程度であり，しかも非金銭的業績に変換されているため，医業収益のような直接的な財務業績はあまり意識されていない可能性が高い。BSC担当の人事部次長も，財務業績への貢献という部門長の意識はまだまだ低いと述べていた。

また病院長が設定した戦略目標のうちで自部門に関係するものを具体化する形で部門の戦略目標を設定しているため，戦略目標はかなりトップダウン的なものである一方，その戦略目標を測定する成果指標とその目標値は部門長自身がかなり自由に設定しているという。またBSC上の各成果指標の評価上の重みも，各部門長自身に設定させている[11]。

そのため，部門長によっては非常に達成が容易な目標水準を設定している場合もあり，年間目標であるにも関わらず半期で達成されてしまうようなこともあったが，そうした場合には，人事部のBSC担当者がそうした目標設定は許されないと指導して，半年前に戻って改めて年間目標を設定し直させることをしてきた。一方で自分に厳しい部門長もおり，容易には達成できない目標水準を目指していて実際に達成できないこともあり，人事部担当者が総合判断している。人事部次長のBSC担当者は，年配の元病棟看護師長であるため，部門長の3分の2を占める病棟看護師長の現場状況を非常によく理解できている。

このように，部門長は自身の業績評価に利用される部門BSC上の成果指標及びその目標水準やその評価上の重みに対してある程度の裁量性を持ってはいるが，現場各部門をよく知る現場管理者上がりのベテラン人事部担当者がしっかりと見ていることや，当担当者の感覚によれば，賞与等への連動性を部門長はあまり強くは意識していないようであるため，極端な操作をする部門長はいないという。また，部門長が集まる会議において各部門のBSC業績が公開されているため，こうした面からもBSC業績向上への動機が働くとともに，極端に安易な目標設定はしづらくなっている。

以上のBSC業績による評価を含む人事考課は年に2回実施され，現場病院で一次及び二次考課がなされた後に，考課者による評価の厳しさの違いを考慮し

て本部の人事部で最終考課をしている。考課はS，A，B，C，Dの５段階で絶
対評価をしているが，結果としてB評価が７割弱，SとAが合わせて３割，C
とDは少しずついるという現状であるという。この考課結果は昇級と連動して
おり，２回連続でA評価以上となると昇級となり，そのことにより給料（基本
給）が上がる。また，年２回の賞与の標準給付月数は，法人全体の業績に基づ
く原資額に応じて決めているが，各職員への配分に際して，賞与の半分は考課
の結果に関係なく一律とし，残り半分を考課結果に応じて増減させている。

(4)　D 法 人

　本類型法人の最後としてD法人を見てみる。まず医師管理職については，人
事考課（昇格考課と昇進考課）はなされているものの，当法人において業績に
よる評価がなされる賞与考課や昇給考課はなされていない。
　一方，非医師部門長は，部門BSCと連動した部課長としての目標管理におけ
る業績と，所属する病院の事業計画及び予算などの業績により，賞与考課及び
昇給考課がなされている。賞与考課はすべて業績により評価され，昇給考課で
は業績面が３分の２で情意・行動面が３分の１の重みを持っている。昇格考課
や昇進考課もなされているが，これらでは業績面の評価は含まれていない。法
人としての成熟期における組織の劣化を防止し，さらに活性化させる必要性や，
業績評価及び目標管理により人事考課することで次世代を上級管理者に推奨す
るための指標ともなることから，非医師管理職に対する業績面の考課を数年前
から導入することにした。
　賞与及び昇給考課における業績評価の内訳の重みは，部門長自身によって部
門BSC上の目標から事前に選択設定した部門レベルの目標（通常財務的目標は
含まれているという）による業績評価と，自部門が所属する病院レベルにおけ
る事業計画及び予算等による業績評価が，半々となっている。また所属病院の
業績は，事業計画（10％），予算上の医業収益（10％）及び経常利益（10％），
病床稼働率（５％）・労働生産性（５％）という生産性指標，学会参加数
（５％）・資格取得数（５％）といった質に関わる指標，からの評価で構成され
ている[12]。
　部門BSC上の目標から選択される部門長の目標による業績管理に際しては，

補論 1 病院内の部門の財務的業績による部門長評価・報酬連動の実態 49

できるだけ項目数を絞って設定することと，その目標値水準は部門BSC上の内容と整合性を取ることを経営層側では指導している。選択元である部門BSCについては，各部長の統括の下で，各部のBSCとそれと連動した各課のBSCが導入されており，各部・各課のBSCはそれぞれ部長及び課長が主導して戦略的目標や成果指標の設定がなされている。また目標値水準は，前年度実績等に基づいているものの，法人本部や病院トップ経営層も水準を評価して，月次の諸会議を通じてかなりストレッチの高い目標水準を求めているという。そのため，それとの整合性を求められる部門長の目標値水準は，決して達成が容易なものではない。

　一方，事業計画や予算は，最初は病院側に作成させているものの，その後3ヶ月にわたって本部との調整をして決定する本格的なものであるため，予算スラックが入ったような容易に達成できる目標水準とはなっていないという。前年度実績（1人1日当たり単価，病床稼働率，延患者数）を基本としつつ，施設基準の取得・変更や新規高額医療機器の導入計画による収益・単価増を踏まえて，ややトップダウン的に設定している。病院ごとの収益及び経常利益については，経常黒字は当然のこととして，前年度以上の収益及び経常利益を本部は常に要求している。

　業績評価は，まずは病院の上長，院長によりなされ，その後で各病院による評価の厳しさの違いを考慮した調整を本部が実施して最終的な評価点を確定している。その上で，70人ほどの部門長を評価点順に並べ，中央値あたりの部門長の賞与の増減率を0％と設定し，より評価点が上がるほど増加率が大きく，より評価点が下がるほど減少率が大きくなるように設定している。どの評価点を増減率0％とし，どの程度評価点が上下するとどの程度賞与の増減率が変化するかは，その時の賞与原資の総額を考慮しつつ，法人本部で設定している。最高評価点の部門長と最低評価点の部門長とでは，賞与の基準額に対する増減率に±10数％の違いをつけている。

　管理会計上の諸側面の業績評価による賞与考課の結果は，このように増減率に変換され，賞与月数分の各部門長の月給に1＋増減率を乗じた額の賞与が支給される。また業績評価に情意・行動評価の点数も含めた昇給考課の結果も，同様に増減率に変換され，現行役職手当×増減率分の役職手当の増減が次期に

なされる。部長級では基礎としての月額役職手当8万円（年額96万円）を業績次第で13万円（年額156万円）まで，課長級では基礎月額役職手当6万円（年額72万円）を業績次第で11万円（年額132万円）まで，増額している。いきなり8万円から13万円に増加することはないが，70人ほどの部門長の間で相対的に上位の評価を毎年継続的に得られると，役職手当はかなり大きくなっていく。逆に，相対的に下位の評価を得ると役職手当は減額されていくが，基礎役職手当は最低額として保証されている。

　本法人の特に賞与考課は業績のみで評価されているが，部門長にとって直接的な管理可能性がある部門業績は5割の重みである。また部門BSC目標から設定される目標には，財務的目標がほぼ必ず設定されているものの，財務的目標だけが設定されているわけではない。加えて，設定されている財務的目標も財務業績そのものではなく[13]，財務業績につながる非金銭的な業務量指標であるため，自部門の財務業績と自身の報酬との連動感は強くはないと考えられる。ただし，もう半分の評価上の重みを持つ病院業績は財務的業績中心であり，経常利益などの財務業績そのものの重みも大きいため，全体としての財務的業績と自身の報酬との連動感はある程度あると考えられる。

3.3　医師部門長のみ財務評価有法人

(1)　概　　要

　医師の部門長に対してのみ部門の財務的業績による評価がなされている法人群（E，F）の状況をまず整理する。どちらの法人でも担当部門の財務的業績による医師部門長評価がなされているが，E法人ではその評価が人事考課の一部に組み込まれているのに対して，F法人では人事考課自体はなされているものの担当部門財務的業績による評価は人事考課に組み込まれていない。またE法人では，人事考課の結果が賞与と連動しているのに対して，F法人では連動していない。F法人では，情意のみを要素とする人事考課の枠組みとは別に，部門長自身の財務業績（自身のみの診療科の場合は部門業績と同じ）と給与加算額との連動がある。また同様に人事考課の枠組みとは別に，F法人には，担当部門の財務的業績目標による評価（ただし報酬と非連動）もある。一方，E法人にも，人事考課の枠組みとは別にも，担当部門財務業績と連動した報酬がある。

補論 1 病院内の部門の財務的業績による部門長評価・報酬連動の実態 51

つまり両法人とも，部門長に責任のある財務業績と部門長の報酬とを連動させる人事考課枠組み外の仕組みがある。なお，E法人の部門長の報酬には，法人の財務業績とも連動する仕組みがある一方，F法人には法人財務業績との連動の仕組みはない。両法人とも，医業収益などの財務業績そのものと，財務業績と関係の深い非金銭的（業務量）指標業績の両者を活用している点では共通している。また両法人とも，目標値水準はトップダウンで設定されている。

なおこの類型の法人は，非医師部門長の担当部門財務的業績による評価がなされていない点で共通するわけであるが，人事考課はなされている点，その考課結果と賞与とは連動している点，その際の賞与水準は法人業績と連動している点，でも共通していた。

次に，この類型法人の事例を具体的に見てみる。

⑵ E 法 人

E法人では[14]，まず非医師の部門長については，実践，情意，専門の3側面から人事考課されており，損益のような財務業績や患者数のような非金銭的（業務量）指標による財務的業績は含まれていない。そのため，非医師部門長の担当部門財務的業績と自身の賞与（人事考課結果が反映される）との連動もない[15]。なお，法人全体の財務業績と連動した決算賞与があるため，非医師部門長の報酬は，担当部門の財務業績とは連動していないが，法人の財務業績とは若干の連動性がある。

一方，医師部門長については，部門別の財務業績が人事考課の評価項目として含まれている。診療科長の考課は，業績，情意，専門の各側面からそれぞれ4割，4割，2割の重みでなされている。診療報酬体系や地域の需要環境などのために科長による財務面の管理可能性が低い科もあるが，その点は業績を前年からの改善度合いで評価することや，情意及び専門でその点を考慮することが当法人の「医師人事考課要領」に明記されている。

人事考課の4割を占める業績は，各部門の，患者数（入院・外来・新入院），患者単価（入院・外来），医業収益（入院・外来），医業利益，病診連携他から構成されており，前年度からの改善度合いで評価することになっている。基本的にここでの業績は，財務業績そのもの及びそれに直結する業務量実績（財務的

業績）である。

　以上のように医師部門長の担当部門の財務的業績が反映される人事考課の結果（AA，A，A−，B＋，B，B−，Cの7段階評価）と半期ごとの賞与との関係については，基本給の1.1ヶ月分を標準（B評価の場合）とし，基礎分の0.5ヶ月に，人事考課の結果に応じた0.4ヶ月（C評価の場合）から1ヶ月（AA評価の場合）までの7段階評価加算を足して，0.9ヶ月から1.5ヶ月までの幅のある仕組みとなっている。6〜7割をBグループ（B＋，B，B−）評価とする目安があるが，現在ではより高めの評価の割合が増えているという。また半期ごとの賞与とは別に決算賞与の制度もあり，年度末決算で予算達成の見通しがついた場合に臨時賞与として支給されるもので，ここ数年はほぼ毎年支給されている。この決算賞与は法人の財務業績と連動しており，直近年度（インタビュー時）の場合は0.4ヶ月分を基本としているが，人事考課で0.05ヶ月単位の差を7段階で設けている[16]。

　なお，人事考課による7段階評価は半年ごとに行われているが，半年ごとに各医師の評価が大きく変化することはあまりないという。そのため医師間の賞与には1.67倍（1.5ヶ月÷0.9ヶ月）の差があるが，同一医師の経年的な賞与月数変化はあまりない。ただし，医師に対しては，次に述べる法人業績配分（業績加算）もあり，この配分額は法人の業績により毎回異なるため，賞与と業績加算報酬を合わせた広義の賞与の額は経年的にある程度変化する。

　法人全体の業績に応じた業績配分（業績加算）とは，法人全体の医業利益額の1％分及び医業利益改善額の1％分を，「法人活動の原動力である医師のみを対象」として配分するものである。非管理職の医師を1とした場合，診療科長には各自の診療科の収益額に応じて1.3（収益額1億円未満の時），1.5（収益額1億円以上2億円未満の時），1.7（収益額2億円以上の時）の割合で，配分している。したがってこの法人業績と連動した報酬制度は，非管理職の医師にとっては属する部門の財務業績と直接的な関連はないものの，部門長にとっては自部門の財務業績とも連動している[17]。

　なお，2007年夏季賞与までは，診療科別の損益業績に応じた配分（診療科医業利益の1％と診療科医業利益改善額の1％）も同時になされていたが，現在はこの診療科別損益業績加算は実施していない。各診療科医師の行動・姿勢・貢

献と各科の損益とが必ずしも結びつかない場合も多く，損益比例の配分は医師にとって理解しにくかったこと（収益比例であれば医師にとっても理解しやすいが）や，診療科間の格差が大きいこと，診療科損益は経年的な変動が大きすぎることから，現在は廃止している。加えて，財務的業績が向上している局面では動機付け手段として機能したが，低下局面ではモチベーションの低下が避けられないことも，廃止した一因である。

こうした部門長個人への金銭的な報酬による部門財務業績改善への動機付けの仕組みの他に，部門長が担当する部門への優先的な機器投資や人員配置の優先といった方法も活用されている。ただし機器・人員配置の優先考慮を不公平と見なしにくくする配慮も同時になされており，その点，こうした優先考慮は緩やかな動機付け手段となっている。

以上のような部門別の財務的業績管理及びその業績に基づく評価と報酬連動に対して，医師部門長は反発を特に示すことはないという。むしろ，毎月の部門別経営報告書の結果を記憶によく残しており，悪い経営状態が連続している部門の長からは，病院内ですれ違った際などに，損益計算担当者に対して来月はがんばるといった発言が見られるなど努力する姿勢が見られる。また中には，月間患者数の過去最高記録を目指すので，ぜひ過去の最高値を教えてほしいといった要望も見られ，経営成績向上に意欲的な者もいるという。

こうした背景には，過去数回にわたって倒産の危機に見舞われ，また再建後も6年連続の赤字経営を経験するなど，財務的に厳しい状況を経験してきたことがある。こうした経験から，理事長・院長・事務長などの経営トップ層が財務業績（予算損益）管理の重要性を強く認識していて，財務データの詳細を非常勤職員まで含めた全職員に開示するなど，現場職員の経営管理意識の醸成に日々取り組んでいるということがある。また，数年単位で入れ替わる大学医局からのローテーション医師の割合が徐々に少なくなり，現在では4分の1程度のみとなっていることから，病院への帰属意識の高い医療職が多いという面も関係していると思われる。

(3) F 法 人

次にF法人では，まず非医師部門長については，人事考課は賞与と連動して

いるが，人事考課の評価要素に財務的業績は含まれていない。人事考課は成績・情意・能力の3側面の諸要素から構成されているが，成績には財務的要素は含まれていない。

一方，医師部門長についても，人事考課はなされているものの，規律性・責任性・協調性の3側面で構成され，財務的業績は評価要素に含まれていない。また医師の人事考課はそもそも賞与等と連動していない。ただし人事考課でのよい評価は，希望医療機器の購入において優遇されるという利点はある。

しかし医師については，自らの売上高（診療報酬総額）の0.1％を給与に上乗せする仕組みがあるため，人事考課を通さない形で自身の財務的業績と金銭的報酬とが連動している。F法人は規模が小さいため医師1人のみの診療科も多く，1人診療科では，自身の業績は担当部門の業績でもある。ただし複数の医師がいる診療科の場合には，部門長が責任を持つ部門の業績ではなく自身の業績であるため，厳密には担当部門の財務的業績による部門長の評価ではない。なお，この業績と報酬の連動の仕組みは，業績の目標値に対する達成状況に連動した報酬ではなく，どのような業績でも一定割合で加算される報酬である。また次に述べるように，部門別の財務的業績目標が設定され，その達成への働きかけと達成状況による広い意味での評価もなされているが，インタビュー時点では，その評価と報酬との連動はまだない。

当法人では，長期的な観点からの望ましい事業計画（収支計画）に基づいた目標としての財務的業績が設定されている。長期的に望まれる法人全体の事業計画に基づいて，まず病院の売上高目標が決まり，元々需要が少ない小児科など科別の状況を考慮した上で，診療科別に配分して診療科別売上高目標（入院・外来別）を設定している。また，その目標を各診療科の患者1日単価（入院・外来別）の見込み（昨年実績と診療報酬改定内容から試算）で割って，各診療科の患者数（入院・外来別）目標を設定している。そして患者数については，入院と外来の別に，診療科別や病棟別さらには病棟別かつ診療科別に日々実績を把握し，毎週月曜日の会議で，前週の実績を各診療科の医師に周知している。

さらに毎月の経営会議では，各診療科長等の部門長に，各月の病院全体の損益計算書の詳細が説明されているほか，各診療科別の損益計算[18]結果も併せて提示し，診療科長等に経費や人件費について考えさせるようにしている。こ

の診療科別損益計算書類では，診療科別に，医師1人当たり医業収益及び医師1人1日当たり患者数や，損益分岐点医業収益高及び損益分岐点に達する延患者数，月及び日ベースでの損益分岐点延患者数と現状の延患者数との差（「現状との差」），新入院患者数や手術件数なども併せて提示されている。月次会議に参加する部門長はこの「現状との差」欄を見て，赤字なら1日平均あと何人患者を増やせばよいのか，という見方から入るパターンが多いという。また診療科別患者数は，損益分岐点と現状との差に加え，計画値と実績値の差及び計画達成率，前年同月実績との比較もなされている。

このように，毎週の会議では診療科別の目標値を患者数ベースに落とし込んで現場部門に財務的業績の向上を働きかけるとともに，月次の会議では金額ベースでも各診療科に努力を促すという仕組みとなっている。この診療科別の目標達成状況は，週次及び月次の会議で各科医師がお互いの状況を見られる形で提示されており，同僚者間の社会的な牽制（認知）も働く仕組みとなっている。また診療科別損益結果は，どの診療科等に経営上の資源を大きく充てるべきか判断する材料の1つともなっており，部門長にとっての診療科財務業績向上への動機付けとして機能している。このように部門ごとに財務的な目標をしっかりと設定し管理するようになった背景には，前理事長の下で赤字経営が続き，財務的に苦しい状況が続いたということがある。

以上のように財務的業績により医師部門長を広い意味で評価しているが，人事考課の要素には組み込まれていないし，人事考課外の財務的業績目標達成と連動した金銭的報酬の仕組みも現時点ではまだない。しかし理事長は，医師（特に外科系[19]）の業績評価においては財務的要素が大きな割合を占めるべきであると考えており，現状では財務的要素の評価上の重みは感覚的に5割程度であるがもっと高めたいとしており，目標達成状況と金銭的報酬との連動は今後の課題と述べていた。ただし一方で，事務長は，賞与などの金銭的報酬よりも，備品購入稟議の優先や部下の数，権限，決裁できる額面の大きさなどで評価する方が，彼らの労働における充実感に繋がるように感じるし，結果として大きな利益を法人にもたらしてくれるように思うと述べていた。なお，現状では，各医師が自律的に目標を達成しようと努力している状況では必ずしもないが，理事長が今月は目標達成が厳しそうなのでがんばってくださいと一言声を

かけると各診療科医師ががんばって手術を増やしてくれるという協力的な状況だという[20]。

3.4 両部門長財務評価有法人

(1) 概　　要

　医師であれ非医師であれ部門長に対して部門の財務的業績による評価がなされている法人群（G, H）の状況をまず整理する。両法人とも，医師・非医師部門長ともに，担当部門の財務的業績による人事考課がなされ，その考課の結果が賞与と連動している。ただしG法人では考課結果が賞与全体と連動しているのに対して，H法人では考課結果と連動しない固定分賞与があり，連動割合が高い医師部門長の場合（かつ5段階評価の3段階目評価の場合）でも，考課結果と連動する賞与額は賞与総額の6割程度を占めるに過ぎない。また両法人とも，医師・非医師部門長ともに，業績評価に際する目標値水準はトップダウン的に設定されている。なお両法人の医師・非医師部門長ともに，法人の財務業績と連動した賞与もある。ただしG法人が決算賞与という形をとるのに対して，H法人では決算後の夏の一般賞与への法人業績の反映という形をとっている。

　また，両法人とも，医師・非医師部門長ともに担当部門財務的業績と報酬とが連動しているとはいえ，医師部門長と非医師部門長とがまったく同じ仕組みで評価されたり，報酬連動されたりしているわけではない。両法人ともに，医師部門長の業績評価は本部あるいは管理部門が事前に固定で制度として設定した財務的業績に関する評価指標で実施される。それに対して，非医師部門長の業績評価は，部門別事業計画あるいは部門別多面的業績目標管理を基に，部門長が自身の目標管理に財務的業績目標を他の非財務的業績目標などとともに取り入れるという方法で実施される。その結果として，両法人ともに，医師部門長の方が非医師部門長よりも，業績評価に占める財務的業績の重みが大きくなっている。また両法人ともに，医師部門長の方が非医師部門長よりも，人事考課結果と報酬との連動性が高く，考課結果による報酬差が大きく設定されている。さらに，両法人とも，非医師部門長の場合には，診療単価を除けば[21]非金銭的な業務量指標による財務的業績により評価される。一方，医師部門長の場合には，H法人では，業務量指標による財務的業績だけでなく，医業収益

補論1　病院内の部門の財務的業績による部門長評価・報酬連動の実態　57

という財務業績そのものによる評価も含まれている。ただしＧ法人では，非医師部門長と同様に，非金銭的な業務量指標（診療単価除く）による財務的業績の評価である。

　次に，この類型法人の事例を具体的に見てみる。

⑵　Ｇ 法 人

　Ｇ法人では，医師でも非医師でも部門長には人事考課の仕組みがあり，半年ごとのその評価の結果は夏・冬賞与，決算賞与に反映されている。また部門長の人事考課は，目標管理による実績評価と勤務態度評価と総合評価の３つの部分からなっている。しかし，その人事考課は，医師部門長と非医師部門長で若干異なっている。

　医師部門長の場合には，部門長自身による評価指標設定に基づく実績評価ではなく，あらかじめ本部により制度として設定されている業績評価指標により評価されている。具体的には，入院・外来患者数，病床稼働率，平均在院日数，入院・外来単価，救急搬送件数，手術件数，紹介率などの指標に対して，病院長，さらには理事長との面談を経て目標値が設定されている。

　一方，非医師部門長の場合は，全員，自部門における具体的実数を基に，管理職としての自身の目標（評価指標及び水準）を設定し，業績評価される。その際には，部門別事業計画における自部門の目標を取り入れることが想定されている。部門長の目標管理シートの作成時には，上司との対話が図られているため，自部門の事業計画上の目標が取り入れられていなかったり，事業計画上の目標値水準よりも容易に達成可能な安易な水準で設定したりしている場合には，上司による指導を受ける。そのため，ほとんどの部門長は，自部門の事業計画上の重要な評価指標及びその目標水準を取り入れているという。

　その部門別事業計画は，診療技術部系の部門（ex.放射線部門ほか）を中心に定量的なものとなっており，各部門で提供しているサービス種類別の入院・外来・紹介別の目標件数や目標診療報酬点数が設定されている。また当法人の全管理職200人超のうちの６割を占める看護管理職（病棟師長など）が属する看護部でも，各病棟・外来・手術室等の部門別に，入院・外来患者数，入院・外来診療単価，病床利用率，平均在院日数，診療材料費・余剰在庫削減率といった

財務業績と密接な関係を有する非金銭的な業務量指標に目標値が設定されている。

　なお同時に，地域連携や人材確保・育成，医療の質向上といった側面の目標も部門別事業計画では管理されている。こうした部門別の事業計画は，病院長，さらには理事長との面談を経て策定されており，前年度実績を参考としつつも，安易な目標設定とはならないようになっている。また設定された目標の達成状況は，病院内のトップ経営層の会議だけでなく，各診療科を統括する診療部会議や全部門長からなる会議で開示され，誰でも他部門の目標達成状況がわかるようになっており，全部門長に情報開示することを通じて各部門の努力を引き出すことを期待している。

　医師部門長の場合には本部により，非医師部門長の場合は自身で，部門別事業計画に依拠しつつ作成される部門長目標管理シートでは，半年ごとに，「数値目標」と「質向上目標」に分けて目標項目が記載され，それぞれの目標実現のための具体的な実行計画（施策・手順）が立てられている。「数値目標」には，患者数，診療単価，病床利用率，実施件数などの財務業績との関連が深い非金銭的な業務量指標による財務的業績が設定されることが多い。一方，「質向上目標」には，医療の質向上のほか，人材確保・育成，地域連携などに関わる目標が多くの場合定性的に設定されている。

　医師及び非医師の部門長の人事考課では，目標管理による実績評価と，同一役職内での相対的評価での勤務態度（積極性・協調性・接遇サービス・責任感・規律性）評価及び総合評価がなされている。実績評価では，目標との対比において5段階（S，A，B，C，D）で絶対評価される一方，勤務態度評価及び総合評価では，5段階で相対評価（S：5％，A：20%，B：50%，C：20%，D：5％）される[22]。9割5分の管理職は中間のA〜Cのいずれかの評価となっている。

　実績評価と勤務態度評価と総合評価は，それぞれ100点の均等ウエイトで評価されているが，最終的には3つの評価を比較検討し，その関連性を考えて，人事考課者としての最終評価点をつける。この人事考課は，まず直属の上司（人事考課対象者が科・室・病棟・課長の場合，部長・副部長）により一次評価され，次に直属の上司の上司（副院長・病院長）による二次評価がなされる。また最終決定の前段階に，理事や法人本部人事担当管理職からなる評価検討会議で全

管理職の人事考課結果の検討がなされる。

　こうして確定した最終評価結果は，賞与額や昇格とリンクしている。ただし，ずば抜けて業績の良い部門長や極めて物足りない部門長はわずかしかいないため，9割5分の部門長に注目するならば，非医師部門長の場合，人事考課の結果による賞与額の違いは上下1割程度（1.1倍の部門長と0.9倍の部門長）となっている。一方，医師部門長の場合には，上下2割（1.2倍の部門長と0.8倍の部門長）ずつくらいの差を設けており，低い部門長から見ると高い部門長の賞与は1.5倍となっている。このように，非医師部門長よりも医師部門長の方が，人事考課結果による賞与差が大きくなっており，結果と賞与の連動が強い仕組みとなっている。なお，ずば抜けた成果を上げた部門長と物足りない部門長の間ではもっと大きな賞与差があるが，対象者はごくわずかである。

　賞与月数は，非医師部門長の場合には，夏2ヶ月，冬3ヶ月の合計5ヶ月，医師部門長の場合には，夏1.5ヶ月，冬1.5ヶ月の合計3ヶ月となっており，非医師部門長の賞与月数の方が多い制度[23]となっている。賞与月数はここ10年以上変化がなく，法人の業績に関係ない固定的賞与となっている。しかしこれとは別に，法人の業績により10万円〜40万円くらいの間で変動する決算賞与がある。当法人は，各病院単体では赤字の病院・時期もあったが，法人全体としては30年以上黒字が続いており，決算賞与額の増減はあっても決算賞与がなかった年はない。

　なお，各部門長に担当部門の業績を向上させる動機付け手段としては，部門業績と連動させた部門長実績評価を含んだ人事考課による賞与や昇格のほかに，会議等での自部門の業績（目標実績比）の公開による同僚間での社会的牽制・認知や，部門業績に応じた希望機器の優先購入といったものもある。

⑶　H 法 人

　次にH法人では，医師部門長にも非医師部門長にも人事考課の仕組みがあり，その評価の結果は賞与に反映されている。部門長の人事考課は，職員目標管理シートによる成果評価と定性的な行動（プロセス）評価からなっている。ただし，その人事考課は，医師部門長と非医師部門長で若干異なっている。

　当法人では，病院の理念及びビジョンに基づく5つの基本方針（視点に相当）

と基本方針ごとの数個の大目標（戦略的目標に相当）を基礎としたBSC類似の多面的業績目標管理が実施されており，病院全体から部門別まで展開されている。非医師の部門長の場合には，担当部門の多面的業績目標管理上の目標（成果指標及びその目標値水準）を自身の職員目標管理シートに取り入れなければならず，この管理制度以外の個人的目標を設定することは許されていない。近年では管理職の病院経営に対する意識は高く，また５つの基本方針の１つは経営（財務）の視点に関するものであるため，担当部門の多面的業績目標管理では提供サービスの実施件数などを設定しており，そうした財務業績に直結すると考えられる業務量目標を自身の目標管理シートに組み込んでいることが多い。

一方，医師部門長（診療科長）の場合は，医業収益という財務業績そのものや，診療単価，患者数，手術件数などからなる財務業績に直結すると考えられる業務量業績が，診療科長目標管理シート上に，管理部門により固定で設定されている。また診療科別損益計算も実施されており，収益が大きいが費用も大きい診療科の評価に際しては，収益だけでなく損益結果も参照している。

また，職員目標管理シートによる成果評価は，部門長の場合には人事考課において大きな重みを置かれているが，非医師部門長（課長）では４割のウエイトであるのに対して，医師部門長（診療科長）では６割のウエイトを占めており，医師部門長の方が人事考課における業績評価の重みが大きい。しかも，非医師部門長の場合には，担当部門の多面的業績目標管理上の目標の中から自身が選択して職員目標管理シートに組み込むため，複数設定される目標のすべてが財務的業績目標であるとは限らないため，管理部門により基本的に財務的業績が固定で設定されている医師部門長の場合と比べて，成果評価に占める財務的成果の割合も低いことが一般的である。

なお，職員目標管理シートに組み込んだ目標項目の目標水準値は，上長とのやりとりを通じて設定されており，容易に達成できるような水準に設定されているわけではない。例えば，医師部門長の人事考課上重要な項目である診療科別診療収益は，診療科別収益予算によりその達成度が評価されるが，その収益水準設定はかなり経営層主導となっていて高めの厳しい設定となっているため，半分強の診療科のみが達成できるのが一般的で，半分の診療科も達成できない年もあるという厳しさである。

補論1　病院内の部門の財務的業績による部門長評価・報酬連動の実態　61

　人事考課は成果評価と定性的な行動評価からなるが，ほぼ目標どおり（定量目標の場合，達成率95％〜105％を目安）を中位（第3）段階とする5段階評価（達成率120％以上が最上位，達成率80％未満が最下位）がなされている。この5段階評価の結果は，年2回の賞与[24]と連動しているが，賞与は，人事考課結果に関係のない固定分（基本給及び手当の80％の額）と連動分からなっている。医師部門長（診療科長）では，標準評価（第3段階評価）の場合，連動分が賞与全体の6割強となっている。副院長などより上位階層の医師管理職であれば，また診療科長階層でもより高い考課結果（段階）であれば，連動分は大きくなる。一方，非医師部門長の場合には，医師部門長と比べて連動分の割合は低く設計されている。

　なお，人事考課の5段階の最上位（相対係数1.2）と最下位（相対係数0.8）では連動分賞与に1.5倍の差がつけられており，それゆえ仕組みの上では，同僚間で最大1.5倍の連動賞与差があり，また半年ごとに最大1.5倍の連動賞与の変動がありうる。しかし多くの場合（特に医師では），第3（中位）段階か第4（高中位）段階の考課結果となっており，第2（低中位）段階はしばしばつけられるが最下位段階は滅多につけないため，実態としては，1.5倍差はほとんどない。また医師も非医師も，考課結果が半年ごとに大きく異なることはほぼないため，同様に実態としては，1.5倍もの経年変動は見られないという。

4　考察とまとめ

　まず，本研究の限られた法人へのインタビュー調査からも，管理会計上の業績による評価や人事考課に関して，医師の場合と医師以外の場合とで仕組みが違うことが明らかとなった。また本研究では，病院あるいは病院内の部門のいずれかの階層の管理者に対して，予算あるいはBSC上の業績による評価を実施している法人を対象に，インタビュー調査している。それでも，医師部門長と医師以外の部門長の両部門長に対して，担当部門の財務的業績による評価を実施している法人は少ない（8法人中2法人）ことが判明した。また部門長を担当部門の財務的業績により評価している場合でも，人事考課等の評価制度における部門財務的業績の重み（ウエイト）は低い。さらに，医師以外の部門長の

場合には，医業収益や医業利益といった財務業績そのものにより評価されることは少なく，これらの財務業績に直結すると考えられる患者数や検査件数などの非金銭的（業務量）指標による財務的業績の評価であることが多い（5法人中4法人）。一方，医師部門長の場合には，財務業績そのものと業務量指標による財務的業績の両者が併用されることが多く（4法人中3法人），財務業績そのものが含まれないことは少ない（1法人のみ）。また部門の財務的業績の目標値水準は，1法人を除きトップダウン的に設定されていた。

　一方，人事考課等の評価制度と賞与等の金銭的報酬制度とは多くの場合において連動しており，その結果，担当部門の財務的業績が部門長の評価制度上に組み込まれている場合にはほとんどの法人で担当部門財務的業績が部門長の金銭的報酬と連動することになっていた。ただし部門長の担当部門の財務的業績と部門長の金銭的報酬との連動の仕組みは多様で，人事考課制度がありながら，その制度外の評価の仕組みで担当部門の財務的業績が評価され報酬と連動されている法人も見られた。なお，担当部門の財務的業績が部門長の賞与等に与える影響は，基本的には他者との相対的な付与水準に関するものであり，賞与等の絶対的な付与水準（賞与原資総額）は，法人全体あるいは病院全体の財務業績により影響を受けている。

　本インタビュー調査からは，調査対象が少なく限定されているにもかかわらず，部門長の業績評価及び報酬制度の法人による多様性が明らかとなった。こうした制度をどのように構築するかは，本研究やこれまでのインタビュー調査研究（荒井，2013a）から，法人の置かれた地域環境や財務状況，事業展開状況，職員の意識状況，従来の経営管理文化，トップの価値観などにより，異なると考えられる。具体的には，その地域における医師や看護師などの獲得競争（人材確保の困難度）や，過去に倒産の危機を経験した時期があるなどの史的経緯を含む当法人の財務状態，法人の規模や事業多角化度などを背景とした現場管理者への権限委譲の度合いなどにより，業績評価の内容や評価結果の報酬との連動方法は異なりうる。また，経営感覚と熱意のある人材（現場管理職）の確保状況や，医師・非医師の職員全般の経営管理意識の醸成状況など，法人内の職員の状況にも依存する。さらに，医療の質の強調など非財務業績を重視した経営管理や，財務面であれ非財務面であれ成果向上を促すために金銭的報酬を

補論 1　病院内の部門の財務的業績による部門長評価・報酬連動の実態　63

活用することを回避する経営管理など，これまでの経営管理のやり方という文化によっても異なるであろう。加えて，医療の世界において財務的な動機付けを積極的に用いることに関する現在の法人経営層（特にトップ）の価値観などにも影響を受ける。

　このようにその適切な仕組みは法人により異なると考えられるが，診療報酬抑制や現場部門での費用対成果向上の要請など，部門長の財務的業績を評価し向上を動機付ける必要性を高めている経営環境の変化は，今後も継続する。また医療界のように技術革新の速い業界では，各時代において患者・国民から期待される医療水準に見合った高度な医療サービスを提供しつづけるためには，利益分配を禁じられた非営利組織である病院であっても，減価償却では対応しきれないより高価な医療機器設備への再投資（あるいは新規投資）のために，ある程度の利益を蓄積する必要がある（荒井，2013b）。そのため，非医師及び医師の部門長の財務的業績を含む業績評価とその評価結果の報酬との連動の仕組みを導入し活用していくことは，今後ますます重要となることに違いはないだろう。

　なお最後になるが，人命を預かる組織として財務偏重は避ける必要があるため，部門長に対する財務業績含む評価及び報酬の制度は，設計方法次第ではもたらされうる財務偏重という副作用を考慮しつつ，法人の置かれたその時々の財務状況や人材確保競争状況などを踏まえながら，適宜修正・工夫しつつ活用する必要がある。

（注）

1　CiNiiにより先行研究を探索したが，比較的内容がしっかりと記述されているものは，極めて少なかった。上述の文献以外にも，学会の学術総会におけるポスター発表資料のような研究論文は検索結果に含まれていたが，一枚程度の要旨であり，具体的には何も明らかでない。

2　A法人は，インタビュー調査時点において7病院を経営しており，各病院の業績と賞与原資額とを連動させているが，法人全体としての業績と賞与原資額との連動は特にしていない。

3　人事考課の結果は，年俸額積上げ要素の1つである考課給に反映される。ただし，考課給は，40代半ば以降の部長級では，最上位評価の場合でも年俸総額の6％に満たない程度の額である。なお，法人業績と連動する決算賞与には人事考課の結果は反映されず，

管理職は，医師か非医師かも関係なく，全員同一の金額が支給される。

4　管理職は全員年俸制であるため賞与（決算賞与は除く）はない。

5　4つの視点で均等の配点がなされているとともに，各視点内の業績評価指標間でも均等の重み付けがなされている。

6　達成率が90％超の場合には91～100点，80％～90％以下の場合には81～90点，以下同様に70％～80％以下では71～80点といった達成率前後での100点満点での評価点をつけることになっており，多くの場合，達成率と同じ点数で評価しているようである。

7　政府の医療政策に沿った診療報酬体系に適応して採算を確保するために，トップ経営層の方針として急性期病棟からリハビリテーション病棟や療養病棟に転棟させている場合には，急性期病棟の病床稼働率が低下してしまっても仕方ない面があるため，そうした連携要因からの修正をしている。

8　例えば栄養科などにとっては，患者数によってその提供量がほぼ決まってしまうが，自部門では患者の入退院を管理できないため，患者数増減による影響を受ける業績評価指標の目標未達成には不可避的な要因があるため，こうした点からの修正もしている。

9　部門別BSCの各種業績評価指標の目標値は，政府の医療政策の変更に伴う経営環境の変化に対応するためにトップ経営層として達成したい水準で設定されているため，各部門の各業績評価指標の目標値の中には，達成が非常に困難なものから比較的容易なものまでが含まれている。そこでこうした目標水準の厳しさの違いを考慮した修正がなされている。

10　その代わりに，決算賞与の仕組みが経常利益を大きく予算超過させる動機付け手段となっている。

11　部門BSCは4つの視点ごとに2つの戦略目標に絞り込んで作成されているが，いただいたサンプル例では，8つの戦略目標のうちほとんどの戦略目標が10％か15％の重みを設定されており，極端に偏った重み配分はなされていないようである。

12　所属病院の業績は，事業計画以外はどの病院も基本的に同じ指標で評価されている。事業計画による業績評価では，病院側が事業計画の中から重要と考える指標を各自で選択している。法人内の急性期病院では，①入院単価，②救急受入数，③救急受入率，④紹介率，⑤紹介患者数，⑥医療設備・医療情報の整備，⑦若手専門医確保，⑧新卒看護師の確保と認定・専門薬剤師の養成，⑨DPC分析や科別及び疾患別損益計算の拡充による経営改善，⑩夜間・休日救急受入体制の整備，が選択され，すべてに均等なウエイトが置かれていた。

13　本法人では，本部において部門別損益計算を実施しているが，その結果を通常は部門長に見せておらず，必要が生じたときのみ部門長に提示して議論するという利用方法をとっているため，部門BSCの財務視点に財務業績指標そのものが設定されることは基本的にない。

14　E法人については，別途，事例研究（荒井，2016b）として詳述しているため，そちらも参照されたい。

15　人事考課は5段階で相対評価しており，各評価段階の原則としての配分割合が決まっているが，法人業績や各部門業績を加味してこの配分割合が調整されることになっているため，法人業績が良いとよい評価結果を受ける職員の割合は増えることになるし，業績の良い部門の職員はよい評価結果を受ける可能性が高くなるので，法人及び部門の業績と賞与額にまったく関係性がないわけではない。ただし，部門長自身の人事考課で部門業績が評価要素とされるわけではないし，また評価段階配分割合の調整の結果として部門長がより上位段階の評価を受けることになるとは限らないため，部門業績と部門長の評価や報酬が連動しているとはいえない。

補論 1　病院内の部門の財務的業績による部門長評価・報酬連動の実態　65

16　ただし，決算賞与額が10万円を超えた分は50％支給としており，月基本給の高い医師管理職には薄く配分する仕組みとなっている。

17　なお，業績加算報酬の配分に際しては，人事考課で情意を構成する要素として評価している他科との協力や法人全体優先の状況も反映することとされており，自診療科優先で診療科収益を追求する部分最適化を避けるようにしている。

18　この損益計算では，各科の医業収益から各科で発生した材料費・労務費・委託費・設備関係費などを控除した直接利益がまず算出される。そこから事務部門経費が事務部門貢献値として控除された利益が計算され，最後にコメディカル（薬剤師，放射線技師，リハビリテーションスタッフ，栄養部職員，手術室スタッフなど）の貢献値として，コメディカル部門の費用プラスαが控除され，診療科別最終利益が算出されている。この最終利益に対して，1人1日当たり利益（その計算過程としての延患者数，平均単価，平均コストも）が算出されている。

19　内科系では専門医であるとか認定医であるといった能力評価も重要かもしれないが，としていた。当院は，理事長が麻酔科医（院長は外科医）であり，手術中心の病院経営をしている病院であるため，現在ほとんどが外科医であり，内科も有しているが内科医の確保ができないために外科医が担当している状況である。

20　こうした協力的姿勢の背景には，次のような点から，医師にとって当院が魅力的な職場であり，病院の持続性を望んでいることがあると思われる。実際，当院の医師は皆長く勤め上げており，現理事長になってから基本的にやめた医師はまだいないという。しかし，医師が嫌がる当直の引き受けなど理事長の人格と努力が，現場医師達が理事長のお願いに対して積極的に協力する根本要因の1つとなっており，理事長の人格及び体力に依存した現場への努力の働きかけには，長期的には限界もあるかもしれない。
　　①　学会参加を積極的に推奨しているため，医学的な向上心の強い医師達にとって魅力的である。
　　②　土日の当直を大学医局からのバイト医師で回せており，また足りない当直枠はすべて理事長が引き受けるため平日も月2回まででよく，さらに人気のない金曜夜の当直も理事長が全部引き受ける。当直が少なく週末が必ず休める職場環境は医師にとって極めて好条件である。
　　③　理事長が麻酔科医であることもあり手術室の運用がとても効率的になされているため，医師が希望する手術を必ず自ら行えており，主治医として責任を全うできる喜びが得られる。

21　患者に対する濃厚な診療の程度を表す診療単価だけは形式的には金銭的指標であるが，指標として示唆している内容は患者一人当たりに対する診療業務量である。

22　実績評価における最高位のS評価は，抜群の成果を上げたという評価であり，目標対比120％以上が目安となっている。A評価は，期待を明らかに超えたという評価であり，目標対比105％以上120％未満が目安，B評価は期待どおりで，目標対比100％以上105％未満が目安，C評価はやや物足りないという評価で，目標対比80％以上100％未満が目安となっている。また，D評価は，物足りないという評価であり，目標対比80％未満が目安となっている。

23　ただし月給自体は医師の方が数倍高いため，賞与額は医師の方が当然に大きい。

24　病院業績に応じた決算賞与はないが，病院の決算業績が良かった場合には，その直後の夏季賞与の原資が増額されるため，病院全体の財務業績も賞与に連動している。

第4章

医療法人内の施設事業別損益計算管理の効果を高める実践の検証

1 問題意識

　医療法人の経営が多角化する中，法人経営層だけでなく，法人内の各施設事業の管理者及び職員が主体となった経営管理の重要性が高くなってきた。それに伴い各施設事業管理者に，より広範な権限の委譲をするようになっているが，そのため法人経営層は各施設事業の業績を把握・評価し，また彼らに経営の自律性を働きかける必要性が増している。そのため，施設事業別の損益計算を適切に活用することも課題となっている。

　施設事業別の損益計算については，これまでも一定程度明らかにされてきた（荒井，2013a，第7章ほか）。しかしながら，施設事業別損益計算に期待される各種の目的事項に対して，損益計算がどの程度効果を持っているのかは従来明らかでない。また，その各種目的ごとの効果は各種管理会計実践の違いに影響を受けるのかどうか，つまり効果を高める管理会計実践はあるのかどうか，を明らかにすることは実務的及び学術的に極めて意義深いが，先行研究は見られない。

　そこで本章では，施設事業別損益計算の各種目的での効果の程度に関する認識の現状をまず明らかにし，その上で，損益計算の効果を高めると考えられる各種管理会計実践と効果との関係を検証する。

2 研究方法

2.1 分析対象法人群

　医療法人の事業報告書等に基づき病院を経営する医療法人のデータベースを構築し（荒井，2017a），事業収益が10億円以上の法人を対象に[1]，郵送質問票調査を実施した。回答は，法人内の経営管理の状況に詳しい方（法人本部長，事務部長，経営企画部課長ほか）にお願いした。質問票の作成段階では，回答対象者と想定される医療法人内の担当者に当該質問票で法人内の担当者が適切に回答できるかの確認及びコメントをいただいた上で最終調査票を完成させた。

　より具体的には，2,759法人を対象に，2018年1月中旬〜2月下旬に実施し，194法人から有効回答を得た（有効回答率7.0％）。ただし，施設事業別損益計算を実施し，かつ損益計算の効果を回答した法人は183法人であった。また，損益計算の効果と各種管理会計実践との関係についての仮説を検証する際には，この183法人のうち，効果との関係性を検証する管理会計実践に関する質問にも回答した法人に限定される。

　質問票では，「関連社会福祉法人等を含む医療法人グループ全体」[2]の基本属性として，どのような種類の施設・事業を経営しているかを8種類の選択肢[3]の中から選んでもらった。そして経営している医療法上の本来業務の施設種類（病院，診療所，老健）の組み合わせに着目して（荒井，2017a），各法人を4種類の多角経営類型に分類し，その構成割合を確認した。病院のみ型が43.0％で一番多く，次いで病院・老健型が25.9％，病院・診療所・老健型19.2％，病院・診療所型11.9％となっていた。母集団としての事業収益10億円以上の病院経営医療法人群全体での各多角経営類型別割合は，病院のみ型39.7％，病院・診療所型19.0％，病院・老健型24.1％，病院・診療所・老健型17.2％となっており，回答法人群の方が病院・診療所型の割合が若干低く病院のみ型の割合が若干高いものの，母集団と回答法人群における各多角経営類型の構成割合はおおむね一致している。

　また法人グループ全体での総収入額を回答いただいたところ，10億円台が

44.2％と一番割合が高く，20億円台25.6％，30億円以上30.1％であった。母集団としての事業収益10億円以上の病院経営医療法人群全体の経済規模分布は，10億円台50.0％，20億円台21.6％，30億円以上28.4％であり，回答法人群の方が，若干規模が大きい傾向はある。しかしながら回答法人群は，関連法人を含む医療法人グループ全体としての総収入額を回答しているのに対して，母集団の経済規模は事業報告書等から得られる当該法人のみの事業収益額であるため，母集団の経済規模の方が本質的に小さくなる比較となっている。その点を考慮すると，おおむね母集団と回答法人群との経済規模分布は近似しているといえる。

　さらに，回答法人群における，医療法人の中核事業である病院の事業内容類型（病床種類類型）の構成割合を見た。一般病床8割以上の病院（一般型）が28.3％を占め，療養病床8割以上の病院（療養型）が11.5％，精神病床8割以上の病院（精神型）が14.7％となっており，これら3種類の特定の病床種類に重点のある病院以外の，多様な病床種類の構成割合をバランスさせた病院（ケアミックス型）が45.5％となっている。なお母集団の病床種類類型別割合は，一般型29.6％，療養型12.5％，精神型19.6％，ケアミックス型38.3％であり，回答法人群の方が精神型の割合が若干低くケアミックス型の割合が若干高いものの，母集団と回答法人群の各病床種類類型の構成割合はおおむね一致している。

　以上から，本研究の分析対象法人群は，多角経営類型，経済規模，中核事業の病院の病床種類類型の各観点から，母集団を反映した法人群となっている。

2.2　分析内容

　次節では，まず施設事業別損益計算の目的と各目的での効果の程度に関する認識の結果を示す。その上で，損益計算の効果を高めると考えられる各種管理会計実践と効果との関係性に関する以下の4つの仮説の検証を試みる。

　1つ目は，法人のトップ経営層が施設事業別損益計算をより積極的に利用すればするほど，損益計算の効果が高まるのではないかという仮説である。より具体的には，①法人トップ層が各施設事業を経営分析するために施設事業別損益計算を利用する程度が大きいほど，損益計算の各種目的での効果が高まるのではないか，また，②法人トップ層が施設事業管理者及び職員への働きかけのために施設事業別損益計算を利用する程度が大きいほど，損益計算の各種目的

での効果が高まるのではないか，という仮説である。

　本調査では，「損益計算を実施している場合，（1）トップ経営層による経営分析的（経営診断・方針策定・意思決定）利用，（2）現場管理者及び職員への働きかけ（経営管理面の意識醸成や自律性促進）のための利用，の2つの利用方法での，現在の実際の利用の程度を7段階評価で」回答してもらっている。「全く利用してない」（1）から「非常によく利用」（7）までの7段階評価で，尺度中間値の4を「どちらともいえない」と設定しており，分析的利用の平均値は5.8，働きかけ的利用の平均値は4.8であった。回答法人群全体としてよく利用されているため，利用度が尺度中間値以下の法人はサンプル量が少なく，利用度7区分をそのまま用いると適切に分析することはできない。そこで平均値に近い分析的利用度6及び働きかけ的利用度5をそれぞれ「平均程度」の利用度とし，この利用度より低い利用度（分析的利用では1～5，働きかけ的利用では1～4）と高い利用度（分析的利用では7，働きかけ的利用では6～7）の3つに利用度を区分し，この3区分を用いて効果との関係を検証した。つまり損益計算の利用度区分が高いほど，効果が高まるかを検証した。

　2つ目は，施設事業別の損益目標を事前に設定すると，その目標を達成するために法人トップ層も施設事業管理者及び職員も，より積極的に損益計算情報を活用しようとするため，損益計算の効果が高まるのではないかと想定される。そこで，施設事業別に損益率や損益差額の目標を設定している法人の方が，施設事業別損益計算の各種目的での効果が高いという仮説を検証する。本調査では，施設事業別損益計算を実施している場合に，「施設事業別に損益率や損益差額の目標を設定していますか」と質問し，目標設定の有無を把握している。この調査結果を基に，損益目標を設定することで損益計算の効果が高まるかを検証する。

　3つ目は，施設事業別損益計算の結果を施設事業管理者の業績評価に活用すると，施設事業管理者は積極的に経営管理に取り組むようになるため，損益計算の効果が高まるのではないかと想定される。そこで，施設事業別損益計算の結果を施設事業管理者の業績評価に利用している法人の方が，施設事業別損益計算の各種目的での効果が高いという仮説を検証する。具体的には，本調査では，「損益計算結果（単純な損益額ばかりでなく，改善幅や改善率，目標損益達成

度などの結果）を，該当管理者の業績評価に利用していますか」と質問し，業績評価利用の有無を把握している。この調査結果を基に，業績評価に活用することで，損益計算の効果が高まるかを検証する。

　4つ目は，施設事業別の損益分岐分析を実施すると，どの程度の診療業務量（患者数など）で収支均衡したり特定の損益額が実現したりするかが明確になり，そのことで特に現場施設事業の管理者及び職員にとって業務量と損益額の関係が見えやすくなり，経営管理に取り組みやすくなると考えられる。その結果，損益計算の効果が高まるのではないかと想定される。そこで，施設事業別損益分岐分析を実施している法人の方が，施設事業別損益計算の各種目的での効果が高いという仮説を検証する。具体的には，本調査では，「損益分岐分析（業務量と収入及び変動費・固定費と損益の関係性分析）を実施していますか」と質問し，実施の有無を把握している。この調査結果を基に，損益分岐分析を実施することで，損益計算の効果が高まるかを検証する。

3 分析結果

3.1　損益計算管理の目的別の効果

　まず，施設事業別損益計算の目的として一般的に期待される各種事項ごとに，回答法人にとっての損益計算実施目的か否か，目的としている場合にはその期待事項での損益計算の効果の程度（効果の程度がまだわからない場合には不明を選択）を質問した。具体的には，「施設事業別の損益計算を実施している場合，その実施により期待される以下の各種事項について，実際にどの程度効果があったと感じていますか。以下の5段階評価でお答えください。ただし，そもそも活用目的としていない（期待していない）事項の場合には「0a」を，また導入直後などの理由で，目的としているが，まだ効果が分からない事項の場合には「0b」を，選択してください」と質問した。なお各種事項とは，「（1）採算管理（施設事業別の採算把握・損益分岐分析）／（2）原価管理（施設事業別の費用構成把握による業務改善）／（3）各施設事業の業績評価／（4）各施設事業への機器設備購入や増員の判断／（5）長期的な経営計画の策定（施設事

業の再編など）／（6）施設事業管理者及び職員の経営管理意識の向上」の6
つの期待事項である[4]。また効果の程度の5段階評価の選択肢は，**図表4-1**
の表頭のとおりである。

　効果を把握するために質問票上に設定した各種の期待事項に関して，いずれ
の事項もほとんどの法人で施設事業別損益計算の目的とされていた（**図表4-
1**）。施設事業別損益計算の目的としていない割合が一番高いのは業績評価で
あるが，それでも86％の法人が目的としている。各事項を目的としている法人
でまだ効果がわからない若干の法人を除いた法人群における効果の程度を見る
と，いずれの目的でも平均値としては「効果あり」以上の効果が得られており，
「全く効果なし」とする法人は1％程度のみである。また各種目的間では，採
算管理と長期経営計画策定での効果が平均値でみて相対的に高い。またこの両
目的は，「非常に効果あり」とする法人も1割ほど見られ，「かなり効果あり」
の法人も他の目的よりも割合が大きく，両者を合わせると半数近くに及ぶ。

図表4-1 ┃ 損益計算管理の目的別効果の程度

期待事項		合計	目的外	まだ不明	効果回答	全く効果なし 1	あまり効果なし 2	効果あり 3	かなり効果あり 4	非常に効果あり 5	平均値	標準偏差
採算管理	回答数	183	11	7	164	2	18	65	62	17	3.45	0.87
	割合	100.0%	6.0%	3.8%	89.6%	1.2%	11.0%	39.6%	37.8%	10.4%		
原価管理	回答数	183	17	8	156	5	32	69	38	12	3.13	0.93
	割合	100.0%	9.3%	4.4%	85.2%	3.2%	20.5%	44.2%	24.4%	7.7%		
業績評価	回答数	183	26	6	150	2	16	86	34	12	3.25	0.80
	割合	100.0%	14.2%	3.3%	82.0%	1.3%	10.7%	57.3%	22.7%	8.0%		
機器投資/増員判断	回答数	183	12	10	160	2	32	70	47	9	3.18	0.86
	割合	100.0%	6.6%	5.5%	87.4%	1.3%	20.0%	43.8%	29.4%	5.6%		
長期経営計画策定	回答数	183	10	15	157	1	15	69	57	15	3.45	0.82
	割合	100.0%	5.5%	8.2%	85.8%	0.6%	9.6%	43.9%	36.3%	9.6%		
経営管理意識向上	回答数	183	10	8	164	2	31	81	40	10	3.15	0.84
	割合	100.0%	5.5%	4.4%	89.6%	1.2%	18.9%	49.4%	24.4%	6.1%		

第4章　医療法人内の施設事業別損益計算管理の効果を高める実践の検証　73

3.2　損益計算管理の効果を高める実践の検証

　次に，これら各種目的での損益計算の効果とそれを高めると想定される管理会計実践との関係についての仮説を検証する。

　まず法人のトップ経営層が施設事業別損益計算をより積極的に利用すればするほど，損益計算の効果が高まるのではないかという仮説を検証した。各施設事業の状況を分析するための利用でも，施設事業管理者及び職員への働きかけ的利用でも，トップ経営層による利用度区分が高い法人群ほど，損益計算の各種目的での効果が有意に高く（**図表4-2**），トップ経営層がよく利用するほど効果が得られることが推察される。

図表4-2　利用度3区分別の損益計算目的別の効果

損益計算の目的別効果		全体	分析的利用度			Welch検定		効果向上程度高低差	働きかけ的利用度			Welch検定		効果向上程度高低差
			低い	平均	高い	F値	p値		低い	平均	高い	F値	p値	
採算管理	n	164	47	59	58	13.05	0.000	0.88	52	51	61	8.90	0.000	0.66
	平均	3.45	2.98	3.42	3.86				3.10	3.45	3.75			
原価管理	n	156	45	56	55	11.48	0.000	0.89	50	46	60	10.42	0.000	0.76
	平均	3.13	2.69	3.04	3.58				2.72	3.11	3.48			
業績評価	n	150	42	55	53	10.90	0.000	0.71	49	45	56	6.29	0.003	0.54
	平均	3.25	2.86	3.25	3.57				2.96	3.27	3.50			
機器投資/増員判断	n	160	42	59	59	17.66	0.000	0.93	50	50	60	7.49	0.001	0.61
	平均	3.18	2.67	3.14	3.59				2.82	3.24	3.43			
長期経営計画策定	n	157	43	58	56	25.14	0.000	1.04	51	49	57	4.78	0.010	0.47
	平均	3.45	2.88	3.40	3.93				3.22	3.41	3.68			
経営管理意識向上	n	164	47	59	58	11.44	0.000	0.75	53	51	60	19.25	0.000	0.94
	平均	3.15	2.77	3.10	3.52				2.68	3.10	3.62			

　次に，施設事業別に損益率や損益差額の目標を設定している法人の方が，施設事業別損益計算の各種目的での効果が高いという仮説を検証した。損益目標を設定している法人群の方が，機器投資や増員の判断目的以外の各種目的についてはその効果の程度が5％水準で有意に高く（**図表4-3**），損益目標設定の有効性が推察される。また，施設事業への機器投資や増員を判断する目的での損益計算の効果についても，10％水準では有意であり，損益目標設定が有効であることが窺われる。

| 図表4-3 | 損益目標の設定有無別の損益計算目的別の効果 |

損益計算の目的別効果		全体	損益目標設定		Welch検定		効果向上の程度：有無の差
			無	有	F値	p値	
採算管理	n	164	43	121	10.13	0.002	0.49
	平均	3.45	3.09	3.58			
原価管理	n	156	40	116	7.97	0.006	0.48
	平均	3.13	2.78	3.25			
業績評価	n	150	40	110	4.70	0.033	0.31
	平均	3.25	3.03	3.34			
機器投資/増員判断	n	160	43	117	3.92	0.052	0.31
	平均	3.18	2.95	3.26			
長期経営計画策定	n	157	42	115	6.40	0.014	0.38
	平均	3.45	3.17	3.55			
経営管理意識向上	n	164	43	121	8.68	0.004	0.43
	平均	3.15	2.84	3.26			

| 図表4-4 | 業績評価利用有無別の損益計算目的別の効果 |

損益計算の目的別効果		全体	業績評価利用		Welch検定		効果向上の程度：有無の差
			無	有	F値	p値	
採算管理	n	163	81	82	8.45	0.004	0.39
	平均	3.45	3.26	3.65			
原価管理	n	155	79	76	9.82	0.002	0.46
	平均	3.14	2.91	3.37			
業績評価	n	149	68	81	24.30	0.000	0.60
	平均	3.26	2.93	3.53			
機器投資/増員判断	n	159	78	81	14.35	0.000	0.50
	平均	3.19	2.94	3.43			
長期経営計画策定	n	156	74	82	6.40	0.012	0.33
	平均	3.46	3.28	3.61			
経営管理意識向上	n	163	79	84	8.88	0.003	0.38
	平均	3.16	2.96	3.35			

第4章　医療法人内の施設事業別損益計算管理の効果を高める実践の検証　75

　また，施設事業別損益計算の結果を施設事業管理者の業績評価に利用している法人の方が，施設事業別損益計算の各種目的での効果が高いという仮説を検証した。損益計算の結果を管理者の業績評価に活用している法人群の方が，損益計算の各種目的での効果が有意に高く（**図表4-4**），業績評価活用の有効性が推察される。

　さらに，施設事業別損益分岐分析を実施している法人の方が，施設事業別損益計算の各種目的での効果が高いという仮説を検証した。損益分岐分析を実施している法人群の方が，損益計算の各種目的での効果が有意に高く（**図表4-5**），損益分岐分析実施の有効性が推察される。

図表4-5　損益分岐分析有無別の損益計算目的別の効果

損益計算の目的別効果		全体	損益分岐分析		Welch検定		効果向上の程度：有無の差
			無	有	F値	p値	
採算管理	n	164	52	112	6.41	0.013	0.35
	平均	3.45	3.21	3.56			
原価管理	n	156	49	107	8.30	0.005	0.42
	平均	3.13	2.84	3.26			
業績評価	n	150	46	104	7.13	0.009	0.37
	平均	3.25	3.00	3.37			
機器投資/増員判断	n	160	49	111	6.85	0.010	0.35
	平均	3.18	2.94	3.29			
長期経営計画策定	n	157	46	111	4.01	0.049	0.29
	平均	3.45	3.24	3.53			
経営管理意識向上	n	164	51	113	5.62	0.020	0.34
	平均	3.15	2.92	3.26			

4　考察とまとめ

　本研究で取り上げた施設事業別損益計算の各期待事項に対して，回答法人全体の平均としては，どの事項にも「効果あり」と認識しており，採算管理や長期経営計画策定を中心に，ある程度の効果が得られているものと推察される。

しかしながら，いずれの目的でも，全法人平均として「かなり効果あり」には達しておらず，「かなり効果あり」か「非常に効果あり」とする法人の割合でも３割〜５割弱にとどまり，より効果を高める実践が必要であろう。

　その点，本研究での検証から，トップ経営層が損益計算の利用度を高めることや，損益目標を設定すること，管理者業績評価に損益計算結果を活用すること，損益分岐分析を実施することが，損益計算の各種目的の効果を高めると推察できることが明らかとなった。

　逆に，これらの管理会計実践を伴わない法人群では，細かく見ると，目的によっては平均で「効果あり」に達していない事項も見られる。原価管理や機器投資及び増員判断，経営管理意識向上といった目的では，トップ経営層による分析的及び働きかけ的利用度が低いと法人平均では2.7〜2.8未満で「効果あり」に達していない。また原価管理や経営管理意識向上目的では，損益目標設定がなされていないと法人平均で2.8前後にとどまり，「効果あり」未満である。さらに原価管理目的では，損益分岐分析が実施されていない場合も，法人平均で2.8強で「効果あり」に達しない。特に原価管理目的や経営管理意識向上目的では，トップ経営層のより積極的な活用や損益目標設定などの管理会計実践を伴うことが，ある程度の効果をもたらす上で極めて重要であるといえる。

　また，これらの各種管理会計実践を伴うか否かによる効果の差（効果向上の程度）に注目すると，各種管理会計実践ごとに，効果を大きく向上させる目的は異なることもわかる（**図表４-２〜図表４-５**の右端欄参照）。トップ経営層による分析的利用の程度が高いか低いかの違いは，採算管理や原価管理，機器投資及び増員判断，長期経営計画策定という目的の効果を0.9程度〜1.0強も向上させており，その他の目的（業績評価，経営管理意識向上）での効果の向上よりも相対的に大きい[5]。一方，トップ経営層による働きかけ的利用度の高低は，経営管理意識向上という目的の効果の向上に0.94と特に大きな有効性を持っているが，その他の目的の効果向上は原価管理目的を除けば0.5程度〜0.6台と相対的に小さく，原価管理目的の効果向上も0.76に止まる。またトップ経営層による積極的な利用と比べると効果向上の程度は小さいものの，損益目標の設定は，採算管理や原価管理での効果向上の程度が他目的と比べて大きく，管理者業績評価での活用は，業績評価や機器投資及び増員判断での効果向上の程度が

他目的と比べて大きい。

　施設事業別損益計算の各種目的の効果は，トップ経営層のより積極的な利用などの管理会計実践により高めることが可能であり，またこうした実践を伴わないと十分な効果が得られない目的もありそうであることが判明した。しかし本研究における損益計算の効果は，あくまでも当事者による効果の程度の認識であり，効果を必ずしも客観的に測定できているわけではないという限界がある。また本研究は，民間である病院経営医療法人を対象としたものであり，国公立病院などでも機能するのかは不明である。

(注)

1　郵送質問票調査対象法人の抽出時において構築済みであった2013年度事業報告書等データベースにおける，事業収益10億円以上の病院経営医療法人である。

2　以下，本章において，「　」で引用している文言（それに付された下線なども含めて）は，本研究で利用した質問票における文言そのものである。

3　本調査では，法人で経営している施設・事業の種類を複数回答可能方式で，「1．急性期病院／2．回復期病院／3．慢性期病院／4．診療所／5．介護老人保健施設／6．その他施設／7．訪問系事業（診療・看護・介護等）／8．通所系事業（介護・リハ等）」の中から選択してもらった。

4　これら6つの事項は，筆者のこれまでのインタビュー調査などから，病院において目的とされていることが多い事項であると判明しているため，選択した。

5　ただしトップ経営層による分析的利用度の強化は，他の管理会計実践よりも各種目的の効果向上に強い有効性を持っているため，この2つの目的の効果向上にも他の管理会計実践よりは大きな効果を持っている点には留意が必要である。

第5章

部門別損益計算管理の効果の検証
——DPC対象病院での有効性評価

1 問題意識

　現在，病院は，診療報酬抑制策が続き厳しい財務的環境で経営せざるをえない一方で，医療技術の急速な進展により継続的な高額投資の必要に迫られており，投資のための最低限の利益を蓄積することが必要となっている。そのため，病院全体としての損益管理だけでなく，内科・外科などの各診療科，検査部・手術部などの中央診療系各部門，医事課・経理課などの支援管理系各部門といった「部門」単位で，しっかりと損益を把握し，管理する必要が高まっている。

　こうした状況下であるため，部門別損益計算管理は，この経営管理手法に期待される採算管理などの各種目的に対して，それぞれどの程度効果を有しているのか把握することが必要である。とりわけ，部門別損益計算管理の主目的といえる採算性の向上に本当に効果を有しているのか，客観的な実績データを基に検証することは極めて重要である。

　従来，病院における部門別損益計算管理の採算性向上への有効性の評価は，本書第2章で紹介した研究を含め，まったく試みられてこなかったわけではない（荒井，2011b；荒井・阪口，2015）。しかしながら，まず本書第2章で述べた研究は，病院を経営する医療法人を対象とした研究（また施設事業階層と病院内部門階層の二階層の損益業績管理を対象とした研究）であり，国公立から医療法人まで含む多様な開設者の病院を対象とした研究ではない。また荒井（2011b）は，本章と同様に多様な開設者の病院からなるDPC対象病院群を対象とした

研究ではあるが，DPC別包括払い制度導入初期の2008年度DPC対象病院を対象とした研究であるため，経営管理能力にかなり優れた病院群[1]を対象とした研究になっている上に，分析対象病院数が極めて少ない[2]。なお当時のデータ入手可能性の限界から，医療の結果やプロセス側面への影響評価は極めて限定されている。

　一方，荒井・阪口（2015）は，本章と同様にDPC対象病院群を対象としているが，2012年度DPC対象病院（1619病院）であるため極端に経営管理能力の高い病院群を対象とした研究とはなっていないし，分析対象病院数も極めて少ないということはない。またその影響評価対象も財務及び医療の結果からプロセス側面まで多様である。しかしながら，この研究が依拠している質問票調査が管理会計手法全般を調査対象としていることもあり，部門別損益計算管理に関しては，部門別損益計算の実施の有無による効果評価に限定されており，部門別損益計算を実施している場合の損益把握の頻度（月次か否か）の違いによる評価や，損益計算の利用度の違いによる評価はなされていない。また，部門別損益管理の主要な手法である部門別損益分岐分析の実施の有無による評価やその利用度の違いによる評価はなされておらず，部門別損益分岐分析の有効性はいまだ明らかにされていない。

　なお，損益計算の採算性向上への効果に関する営利企業を対象とした研究（Cagwin and Bouwman，2002：岡田，2010など）も見られるが，営利企業における損益計算と採算性向上との関係性が，非営利組織である病院においても成立するとは限らない。損益計算管理の主たる目的である採算性の向上は，非営利組織では主目的ではないし，そこで働く職員の意識・行動は営利企業の職員のそれとは多くの場合異なるからである。しかも病院の場合，組織への帰属意識が必ずしも高くなくまた自律性の高い専門職集団の集まりという特質もある。それゆえ病院を対象とした検証が不可欠である。

　そこで本章では，まず，部門別損益計算管理に一般に期待される各種事項（目的）ごとに，それぞれどの程度効果があると病院内の担当者により認識されているのか，また損益計算結果の活用を担当する管理職種の違いが効果の程度に違いをもたらしているのかを，多様な開設者からなるDPC対象病院群（2016年度）に対して実施した質問票調査データにより把握・検証する。その

第5章　部門別損益計算管理の効果の検証　81

上で，同じ質問票調査のデータと別途入手した財務等の客観的な実績データを結合して，先行研究において検証されてこなかった部門別損益計算管理実践（計算頻度，利用度，損益分岐分析実践有無など）の有効性を評価する。なお部門別損益計算の実施の有無による業績の違いについては，上述のようにすでに荒井・阪口（2015）で検証されているが，再度，本章でも検証する。この先行研究の分析対象年度（2012年度）から4年が経過し二度にわたる診療報酬改定を経て経営環境が変化した2016年度においても，部門別損益計算実施の採算性向上への効果が確認されるのかどうか，部門別損益計算実施の有効性の頑健性を確認する。

2　部門別損益計算管理の目的別効果と効果を高める活用担当管理職種

2.1　研究方法

　2016年度にDPC対象病院であった1,667病院を対象として，2016年10月中旬〜11月下旬に質問票調査（「病院における部門別損益計算・管理の現状に関する調査」）を実施し，286病院から有効回答を得た（回収率：17.2%）。調査への回答は，病院内の部門別の損益計算及び管理の状況に詳しい方（事務部長，企画部長，経理部長ほか）に依頼した。有効回答病院の開設者は，国立等25病院，公立等108病院，日赤・済生会・厚生連45病院，医療法人77病院，その他（民間）法人31病院であった。なお調査のための質問票の作成に際しては，回答対象者と想定される病院内担当者に当該質問票で病院担当者が適切に理解できるかの確認及び意見をもらい，最終調査票を作成した。

　本調査では，部門別損益計算に関して，まず実施の有無を確認し，部門別損益計算を実施している場合に，その実施により一般に期待される各種の事項について，それぞれどの程度の効果があったと認識しているかを調査した。また，実施している場合に，その計算結果情報の活用担当者にはどのような管理職種が含まれているのかも調査した。なお本調査では，「「部門」別の損益計算・管理とは，内科・外科などの各診療科，検査部・薬剤部・手術部・リハビリ部な

どの中央診療系の各部門，医事課・経理課・情報システム課などの支援管理系の各部門，をそれぞれ計算対象とした損益計算・管理のこと」であると定義している。

これらの設問により，部門別損益計算により一般に期待される各種事項の効果の程度を明らかにするとともに，期待される主要な効果に関して，どのような管理職が計算結果の活用担当者であるかによりその効果の程度が異なるのではないかという問題意識から，次の3点について検証する。具体的には，損益計算の経常的な目的でありまた後述のようにほとんどの病院がその目的として期待している，採算管理，原価管理，経営管理意識向上の3つの事項に関する効果について，①理事長・院長というトップ経営者が活用担当者であると効果が高くなるのではないか，②部門損益計算結果に直接的な管理責任を有する現場の部門長が活用担当者であると効果が高くなるのではないか，③事務系管理職種も含め，より多様な経営管理職が活用担当者であると効果が高くなるのではないか，を検証する。

その際，損益計算結果情報の活用担当管理職種に関して，具体的には以下のような設問により把握した。「部門別損益計算を実施している場合，その計算結果情報を活用している担当者は」誰かを，「1．理事長・院長／2．法人本部長・事務部長／3．経営企画系部課長／4．医事系部課長／5．財務経理系部課長／6．現場の部門長（診療科長・検査部長など）／7．その他（　）」の中から，複数選択可能で回答してもらった[3]。回答結果は，**図表5-1**のように，理事長・院長というトップ経営者が活用担当者となっている病院が6割半を占めている。また，部門別損益計算の結果（部門損益）に対して本来的には直接的な管理責任を有すると考えられる現場の部門長が活用担当者となっている病院はまだ3割半であることも明らかとなった。さらに，法人本部長・事務部長という事務系トップ層は6割強，経営企画系及び財務経理系部課長も半数前後の病院で活用担当者となっている。

第５章　部門別損益計算管理の効果の検証　83

図表５-１　損益計算結果情報の活用担当管理職種

損益計算結果の管理職種別活用率	n	理事長・院長	法人本部長・事務長	経営企画系部課長	医事系部課長	財務経理系部課長	現場の部門長	その他
	101	65.3%	61.4%	52.5%	23.8%	43.6%	36.6%	5.0%

　また各病院において，「その他」を含めた７種類の管理職種の内，何種類の管理職種が部門別損益計算の結果情報の活用担当者となっているのかを分析したところ，**図表５-２**のように，平均して約３種類の管理職種が活用していることが判明した。特定の１つの管理職種の方のみが活用担当者となっている病院は，２割強に限定されている。

図表５-２　計算結果の活用を担当している管理職種の種類数

	無*	1職種	2職種	3職種	4職種	5職種	6職種	7職種	合計	平均	2.87
n	1	22	25	22	15	5	10	1	101	標準偏差	1.62
割合	1.0%	21.8%	24.8%	21.8%	14.9%	5.0%	9.9%	1.0%	100%	中央値	3

＊活用方法を模索中のため回答時点では活用担当管理職無とした病院

　なお，各病院において活用担当者となっている管理職種の種類数を，統計的な分析のために必要なサンプル数を確保する観点から，活用担当の管理職種数が少ない（１-２種類）病院群と中程度（３-４種類）の病院群と多い（５-７種類）病院群の３群に区分した上で，活用担当者となっている管理職種の多様さが効果に影響を与えていないか分析する。

　計算結果情報の活用担当管理職種に関するこれらのデータと損益計算管理の各目的別の効果データを活用して，活用担当管理職種と損益計算管理の効果に関する上記の３つの仮説を検証する。

　なお本研究では，質問票における全設問に回答した病院のみを対象とするのではなく，少ない回答数をできるだけ生かすため，設問ごとに回答した全病院を分析対象とする方法を採用した。そして設問間のクロス分析に際しては，分析対象となる２つの設問の両者に回答した病院群を対象とした。また，各区分の平均値の差を検証する際には t 検定及び分散分析を用いた。

2.2　分析結果

　部門別損益計算の効果について，具体的には，「部門別損益計算を実施している場合，その実施により期待される<u>以下の各種事項</u>について，実際に<u>どの程度効果があった</u>と感じて」いるか，5段階評価（「1　全く効果なし／2　あまり効果なし／3　効果あり／4　かなり効果あり／5　非常に効果あり」）で回答してもらった。「ただし，そもそも活用目的としていない（期待していない）事項の場合には「0a」を，また導入直後などの理由で，目的としているが，まだ効果が分からない事項の場合には「0b」を，選択」するように指示した。また以下の各種事項とは，「（1）採算管理（部門別採算把握・損益分岐分析）／（2）原価管理（部門費用構成把握による業務改善）／（3）部門予算管理（予算編成・予算実績差異管理）／（4）各部門の業績評価（努力評価）／（5）各部門への機器設備購入や増員の判断／（6）長期的な経営計画の策定（診療科構成再編など）／（7）部門長及び職員の経営管理意識の向上」である。これらの事項は，これまでのインタビュー調査の結果などを基に設定した。一般的には，（1）～（4）及び（7）は部門別損益計算の経常的な目的，（5）及び（6）

図表5-3　部門別損益計算管理の目的別効果

期待事項		合計	目的外	まだ不明	効果回答	1	2	3	4	5	平均値	標準偏差
採算管理	n	102	13	34	55	1	16	30	6	2	2.85	0.78
	割合	100.0%	12.7%	33.3%	53.9%	1.8%	29.1%	54.5%	10.9%	3.6%		
原価管理	n	101	15	35	51	2	21	26	2	0	2.55	0.64
	割合	100.0%	14.9%	34.7%	50.5%	3.9%	41.2%	51.0%	3.9%	0.0%		
予算管理	n	102	32	30	40	2	25	12	1	0	2.3	0.61
	割合	100.0%	31.4%	29.4%	39.2%	5.0%	62.5%	30.0%	2.5%	0.0%		
業績評価	n	101	27	26	48	3	17	22	5	1	2.67	0.83
	割合	100.0%	26.7%	25.7%	47.5%	6.3%	35.4%	45.8%	10.4%	2.1%		
機器投資/増員判断	n	102	30	26	46	5	17	20	3	1	2.52	0.86
	割合	100.0%	29.4%	25.5%	45.1%	10.9%	37.0%	43.5%	6.5%	2.2%		
長期経営計画策定	n	102	27	30	45	3	18	20	3	1	2.58	0.81
	割合	100.0%	26.5%	29.4%	44.1%	6.7%	40.0%	44.4%	6.7%	2.2%		
経営管理意識向上	n	102	13	27	62	2	18	35	6	1	2.77	0.73
	割合	100.0%	12.7%	26.5%	60.8%	3.2%	29.0%	56.5%	9.7%	1.6%		

第5章　部門別損益計算管理の効果の検証　85

は中長期的な観点から必要性が生じた時に活用する目的，といえる。

　まず，機器購入や増員の判断，長期経営計画策定といった必要性が生じた時のみ活用する目的事項は，目的外とする病院の割合が3割近くに上った。また，予算管理や業績評価は経常的な目的となりうるが，目的としていない病院の割合が同様に3割近く見られる。一方，採算管理や原価管理，経営管理意識の向上という目的は，目的外とする病院が少なく，8割半〜9割近くが目的としていた。

　また，いずれの目的でも，目的とはしているものの，まだ効果が分からないとする病院が2割半〜3割半見られた。そのため，経営管理意識の向上，採算管理，原価管理の3目的以外の目的については，その効果を回答したのは部門別損益計算実施病院の半数に満たない状況であった。そうした限界はあるものの目的事項間で効果の程度を比較してみると，採算管理や経営管理意識向上という目的での効果は相対的に高く，予算管理目的での効果は相対的に低いことが明らかとなった。また予算管理目的を除けば，全体として各目的の効果の平均値は2.5〜2.9となっており，「3　効果あり」とする尺度中間値に至っていないものの，「2　あまり効果なし」か「3　効果あり」かという点では，「3　効果あり」に近いという結果であった。さらに，経営管理意識向上，採算管理，原価管理の3目的では，「3　効果あり」が過半を占めており，特に経営管理意識向上及び採算管理は，「4　かなり効果あり」及び「5　非常に効果あり」を含めた効果ありの割合が7割近くに及ぶ。一方，他の目的も3〜5の効果ありの合計割合は5割を超える中，予算管理目的だけは3割程度となっている。ただし，「1　全く効果なし」とする割合は，機器投資や増員の判断の目的を除けば，いずれの目的でも1割未満であり，予算管理目的でも5％のみであった。なお，各目的の効果について，広義の公的病院群（国立等，公立等，日赤・済生会・厚生連）と広義の私的病院群（医療法人，その他法人）との差も分析してみたが，いずれの目的の効果にも公私間で有意差は見られなかった。

　加えて本研究では，経常的な目的でありかつ実際にほとんどの病院で目的とされている，経営管理意識向上，採算管理，原価管理の3つの目的に焦点を当てて，部門別損益計算管理の活用担当管理職種と各目的での効果との関係について分析してみた。具体的には，①理事長・院長というトップ経営者が活用担

図表5-4 部門別損益計算管理の活用担当管理職種と効果の関係性

活用担当管理職種と目的別効果		経営管理意識向上			t検定		採算管理			t検定		原価管理			t検定	
		n	平均	標準偏差	t値	p値	n	平均	標準偏差	t値	p値	n	平均	標準偏差	t値	p値
全体		62	2.77	0.73			55	2.85	0.78			51	2.55	0.64		
理事長・院長	含まず	16	2.38	0.62	−2.65	0.010	14	2.36	0.63	−2.96	0.005	14	2.21	0.70	−2.40	0.021
	含む	46	2.91	0.72			41	3.02	0.76			37	2.68	0.58		
現場部門長	含まず	35	2.49	0.66	−3.92	0.000	31	2.68	0.79	−1.96	0.055	29	2.38	0.68	−2.25	0.029
	含む	27	3.15	0.66			24	3.08	0.72			22	2.77	0.53		
活用担当管理職種の多様性	低	23	2.35	0.65	分散分析*		20	2.55	0.60	分散分析		19	2.42	0.69	分散分析	
					F値	p値				F値	p値				F値	p値
	中	25	2.76	0.44			23	2.91	0.67			21	2.62	0.50		
	高	14	3.50	0.76	14.04	0.000	12	3.25	1.06	3.41	0.040	11	2.64	0.81	0.59	0.556

*ルビーン検定により等分散性が仮定できないことが判明したため、Brown-Forsythe検定を実施。

当者に含まれている病院の方が，そうでない病院よりも，各目的での部門別損益計算の効果が高いのではないか，②部門別損益管理の直接的な責任者である現場部門長が活用担当者に含まれている病院の方が，効果が高いのではないか，③トップ経営者及び現場部門長以外の事務系経営管理職種も含めて，より多様な管理職種が活用担当者となっている病院の方が，効果が高いのではないか，を検証してみた。

　まずトップ経営者が活用担当者に含まれる病院の方が，３つの目的のいずれの効果も有意に高いことが明らかとなった。また現場部門長が活用担当者に含まれる病院の方が，経営管理意識向上及び原価管理の目的の効果が有意に高く，また採算管理も10％水準ではあるものの効果が有意に高いことが判明した。さらに，より多様な管理職種が活用担当者となっている病院の方が，経営管理意識向上及び採算管理の効果が有意に高いことも判明した（**図表5-4**）。

2.3　考察とまとめ

　まず，部門への機器投資や増員の判断，部門再編などの長期経営計画の策定は目的としない病院も３割弱見られるが，これらの目的は中長期的な資源配分に関わる目的であり，経常的な目的というよりも必要性が生じた時のみの活用目的であることから，目的とする病院が若干少ないのは当然ともいえるだろう。また部門別の予算管理や部門長の業績評価を目的としない病院も３割前後見られるが，部門別予算管理を実施している病院がまだ少ない現状（荒井，2016a；荒井・尻無濱，2014）や，部門損益による部門長業績評価への納得性確保等には努力が必要で多くの病院では実際には実施できていない現状を考えれば，この結果も理解できるものである。一方，部門別の採算管理や原価管理，部門長及び職員の経営管理意識の向上という目的は，部門別損益計算の経常的な目的であり，また予算管理制度や業績評価制度のような他の経営制度の存在を前提としない部門別損益計算そのもので対応できる目的であることから，これら３つの目的が他の諸目的と異なり８割半〜９割弱とほとんどの病院で目的とされているのも非常に自然な結果である。

　一方，効果については，採算管理や経営管理意識向上での効果は相対的に高く，予算管理での効果は相対的に低いことが明らかとなった。部門別損益計算

の部門予算管理での効果が十分に高くなるためには，前提として予算管理制度が有効に活用されていることが必要であるが，現状では部門別予算管理を実施している病院でも十分有効に予算管理できていないのかもしれない。

また活用担当者と効果の関係に関しては，トップ経営者や現場部門長の活用が３つの目的（経営管理意識向上，採算管理，原価管理）の効果の向上に有効であることが示唆された。また，より多様な管理職種が計算結果の活用を担当することは，経営管理意識の向上や採算管理の目的の効果向上に有効であることも示唆された。通常医療職であるトップ経営者及び現場部門長が部門別損益計算の結果情報の活用に積極的に関わること，また彼らを含めてより多様な管理職種が活用を担当することが，部門別損益計算管理の効果を高める上では重要であるといえる。

3 部門別損益計算管理の効果の客観的実績データに基づく検証

3.1 研究方法

本節では，2016年度DPC対象病院に対して実施した質問票調査のデータと，別途入手した調査回答病院の財務データ等を結合して，部門別損益計算管理の有効性評価を実施する。まずは，部門別損益計算管理に関わる諸実践の違いにより，採算性が異なるのかどうかを検証する。また，採算性向上が組織の主目的ではない非営利組織たる病院にとって，より重要な医療の結果への悪影響（いわば副作用）はないのかどうかも検証する。さらには，財務及び医療の結果だけでなく，その結果に至る前のプロセスに関わる病棟利用状況や重要治療行為実施状況にはどのような影響が見られるのかも興味深い点であるため検証する。以下に，研究方法についてより具体的に記述する。

(1) 業績データの収集方法

まず，今回の研究に際しては，2016年にDPC対象病院に対して実施した部門別損益計算管理に関する質問票調査に回答した病院が業績データ収集対象病

院となっている。部門別損益計算管理の実践状況が判明している病院でないと本研究を実施できないからである。

次に，部門別損益計算管理の有効性を検証する上で不可欠な財務業績データについては，調査回答病院への財務データに関する追加調査のほか，『地方公営企業年鑑』や国立病院機構・国立大学法人のWEBサイトなどにより入手した。その結果，177病院の財務業績データを入手できた。また，上記により入手した医業収益及び医業費用から算定した医業利益率と病床当たり医業利益（「DPC導入の影響評価に係る調査」（以下，「DPC影響評価報告」）[4]上の各病院の総病床数を利用して算定）に対して，分析上大きな影響が生じるような外れ値がないかを検定した。具体的には，筆者のこれまでの研究と同様に，外れ値検定（スミルノフ・グラブス検定）を実施し，有意水準0.1％で外れ値と判定されたデータ（病院）を明らかにした。外れ値であった病院を分析対象外とした結果，169病院が分析対象として残った。

一方，この169病院について，「DPC影響評価報告」から，退院時転帰や再入院状況，病棟利用，重要治療行為実施に関する業績データを入手した。

結果として分析対象となった病院は，国立等19，公立等98，日赤・済生会・厚生連19，医療法人24，その他法人9であった。本研究では，基本的にこの全病院を対象に分析するが，部門別損益計算の実施の有無による財務・非財務業績への影響の分析に限っては，ある程度のサンプル数が確保されていることから，広義の私的病院（医療法人とその他法人）を除いた広義の公的病院群（国立等，公立等，日赤・済生会・厚生連）に限定した分析[5]と，広義の公的病院群の中でもとりわけ部門別損益計算の実践状況が悪く日赤・済生会・厚生連や国立等とは若干異質な公立等に限定した分析[6]も，参考までに実施した。

(2) 分析対象業績指標の選択と基本統計量

本研究では，部門別損益計算管理の有効性を評価するために，この管理が主たる狙いとする採算性に関する業績をまず分析対象とした。また，採算性以外の業績側面としては，「DPC影響評価報告」から入手可能な，退院時転帰や再入院状況という医療の結果に関する業績[7]と，病棟利用状況や重要治療行為実施状況という入院業務の効率や生産性に関する業績を分析対象とした。各業績

側面を測定する具体的な指標としては，以下の指標を選択した。

　まず採算性の指標としては，医業利益率と病床当たり医業利益を選択した。

　次に医療の結果の指標としては，まず退院時転帰に関連した指標として，退院時転帰改善率と退院時転帰悪化率を分析対象とした。現在，「DPC影響評価報告」では，退院時転帰として，「治癒・軽快」，「寛解」，「不変」，「増悪」，「医療資源を最も投入した傷病による死亡」，「医療資源を最も投入した傷病以外による死亡」，「その他」のいずれかに各患者を分類しているが，退院時転帰改善率とは，退院時転帰が「治癒・軽快」か「寛解」のいずれかであった患者の割合である。その逆が退院時転帰悪化率であり，「増悪」，「医療資源を最も投入した傷病による死亡」，「医療資源を最も投入した傷病以外による死亡」のいずれかであった患者の割合である[8]。また再入院状況に関連した指標として，4週間以内での前回入院と同一病名での計画外の再入院率（以下，計画外再入院率）を分析対象とした[9]。今回分析対象とするこれらの医療の結果の指標が，医療の結果のすべての側面を網羅しているわけではないが，今日において幅広い病院横断的に共通定義の指標として入手できる医療の結果指標はこれらに限定されている。

　さらに病棟利用状況の指標としては，筆者のこれまでの研究と同様に，病床利用率と平均在院日数を分析対象とした。病床利用率は病棟の稼働状況の高低を表す業績指標であり，平均在院日数は病床の効率的利用（医療提供プロセスの効率性）を表す業績指標である。病床利用率は，「DPC影響評価報告」から得られる各病院のDPC算定対象の病床及び患者に関する総入院患者数と平均在院日数とDPC算定病床数から算定した（（総入院患者数×平均在院日数）÷（DPC算定病床数×365））。一方，平均在院日数としては，その病院の実際の疾患構成と各疾患の実際の在院日数に基づいた，補正なしの平均在院日数をまず参考指標として分析対象とする。また，プロセス効率性をより反映した指標である，各病院の実際の疾患構成を全国平均の疾患構成に変更した上で各病院の実際の疾患別在院日数を適用して算定した「疾患構成補正後の平均在院日数」を，病床の効率的利用業績を表す主たる指標として分析対象とする。

　加えて重要治療行為実施状況の指標としては，筆者のこれまでの研究と同様に，DPC算定病床当たり年間手術有患者数（以下，病床当たり手術有患者数）と

DPC算定病床当たり年間手術／化学療法／放射線療法有患者数（以下，病床当たり手術／化学療法／放射線療法有患者数）を分析対象とした。

　以下に分析対象とした各業績指標の基本統計量を記載する。

図表5-5　業績指標の基本統計量

業績指標の基本統計量	財務（採算性）結果		医療の結果		
	医業利益率	病床当たり医業利益（千円）	退院時転帰改善率	退院時転帰悪化率	計画外再入院率
n	169	169	169	169	169
平均	−7.8%	−1,709	81.8%	3.4%	2.5%
標準偏差	10.5%	2,354	9.2%	1.7%	0.7%
中央値	−5.7%	−1,296	83.4%	3.3%	2.4%

業績指標の基本統計量	病棟利用状況			重要治療行為実施状況	
	病床利用率	平均在院日数（参考）	疾患構成補正後平均在院日数	病床当たり手術有患者数	病床当たり手術/化学/放射線療法有患者数
n	169	169	169	169	169
平均	65.2%	12.3	11.9	8.6	10.4
標準偏差	13.1%	2.2	1.6	2.9	3.6
中央値	67.5%	12.3	11.9	8.8	10.3

(3)　分析内容

　本研究では，部門別損益計算の実施の有無による財務や医療の結果の差，また結果に至る途中プロセスに関わる病棟の利用状況や重要治療行為の実施状況の差，を検証することにより，まず部門別損益計算を実施することの有効性を評価する。

　なお先行研究においては，部門別損益計算の実施の有無による採算性の違いの検証に際して，単純に部門別損益計算を実施しているか否かの別に比較分析するだけではなく，部門別損益計算の導入（開始）年度を考慮した比較分析も実施している。赤字で採算性が良くないために部門別損益計算を導入することにする病院も多いことが知られており，それゆえ部門別損益計算開始直後の病院は赤字であることが多いと考えられるため，実施開始直後の病院を含めたまま実施の有無により採算性を比較するのは部門別損益計算の効果を評価すると

いう観点からは必ずしも適切でないためである[10]。部門別損益計算が採算性の改善に効果を有するとしても，開始した途端に改善するとは考えられず，多くの場合，まず経営管理者層が損益状況を把握し，その情報に基づき対策を考え，現場に行動変容を求め，現場医療職が納得して実際に行動を変えて少し経ってから採算性の改善に繋がる。そのため，効果があるとしても，開始からその財務的成果の発現までには，一定の時間的なラグがあると考えられる。

そこで本研究でも，先行研究と同様に，部門別損益計算開始年が本調査実施年の2016年とその前年度の2015年であった病院を分析対象外とした分析も参考までに実施した。すなわち2014年までに部門別損益計算を開始した病院群と，部門別損益計算を実施していない病院群との二群間で，2016年の財務業績の違いを検証することも試みた。

次に，部門別損益計算を実施している場合に，その実施頻度が月次であるか否か（四半期，半年，１年，不定期（随時））により，つまり高頻度定期的に損益把握管理しているか否かにより，部門別損益計算の効果が異なるのかどうかを検証する。また，部門別損益計算を実施している場合に，その利用度の違いが効果に違いをもたらしているのかどうかも検証する。本研究が依拠する質問票調査では，（１）経営層による経営分析的（経営診断・方針策定・意思決定）利用と，（２）現場管理者及び職員への働きかけ（経営管理面の意識醸成や自律性促進）のための利用の別に，その利用度を，全く利用してない（１）／あまり利用してない（２）／少し利用している（３）／利用している（４）／よく利用している（５）／かなりよく利用（６）／非常によく利用（７）の７段階評価で回答してもらっている。そこで本研究では，比較する各利用度区分のサンプルサイズも考慮して[11]，分析的利用と働きかけ利用の両利用方法ともに利用度が３（少し利用している）以上である相対的に利用度の高い病院群（サンプル数23）とそれ以外の相対的に利用度が低い病院群（サンプル数29）との比較を通じて，利用度の違いによる効果の違いを検証する。

最後に，部門別損益分岐分析の実施の有無による財務や医療の結果の差と，結果に至るプロセスに関わる病棟利用や重要治療行為実施の差を検証する。また，部門別損益分岐分析を実施している場合に，その利用度の違いが財務結果などに違いをもたらしているのかどうかも検証する。本研究が依拠する質問票

調査では，（1）経営層による分析的利用，（2）現場への働きかけ的利用，（3）単位価格改善での利用，（4）費用構造改善での利用の別に[12]，その利用度を上記と同じ7段階評価で回答してもらっている。そこで本研究では，比較する各利用度区分のサンプルサイズも考慮して[13]，4つの利用方法のいずれにおいても利用度が2以上である（つまりどの利用方法でも「全く利用してない」（1）ということはない）相対的に利用度の高い病院群（サンプル数19）とそれ以外の相対的に利用度の低い病院群（サンプル数17）との比較を通じて，利用度の違いによる効果の違いを検証する。

　なお各区分の平均値の差を検証する際には，t検定（Welch検定）を用いた。

3.2　分析結果

　まず部門別損益計算の実施とこの手法の主目的である財務結果の向上との関係について分析したところ，医業利益率で見ても，病床当たり医業利益で見ても，赤字領域の相対的な関係においてではあるものの，実施している病院の方が有意に良いことが判明した（**図表5-6**）。また参考までに，部門別損益計算の開始年度を考慮した上での分析もしたが，同様に，どちらの採算指標で見ても，実施病院の方が有意に良いことが明らかとなった。なお，開始年度を考慮した分析の場合の方が，開始年度を考慮しない分析の場合よりも，先行研究（荒井・阪口，2015）と同様に，実施病院群の採算指標が良くなっていることもわかる。

　先行研究では，部門別損益計算を直近に開始した病院を除いた場合において

図表5-6　部門別損益計算の実施と財務結果（全病院群）

部門別損益計算		財務（採算性）結果				部門別損益計算導入年度調整後		財務（採算性）結果			
		医業利益率		病床当たり医業利益（千円）				医業利益率		病床当たり医業利益（千円）	
全病院群	n	平均	標準偏差	平均	標準偏差	全病院群	n	平均	標準偏差	平均	標準偏差
実施	54	−5.0%	6.8%	−1,115	1,660	実施	45	−4.1%	6.3%	−904	1,563
非実施	115	−9.1%	11.6%	−1,987	2,577	非実施	115	−9.1%	11.6%	−1,987	2,577
Welch検定		t値	p値	t値	p値	Welch検定		t値	p値	t値	p値
		2.9	0.004	2.64	0.009			3.49	0.001	3.24	0.002

のみ有意な違いが確認されたが，本研究では，導入開始年度を考慮しない場合でも，実施の有無により有意な違いが確認された。そこで，本研究では後述のように実施病院群に限定した分析もすることから，サンプルサイズを減らさないため，以下では部門別損益計算の開始年度を考慮せずに分析することにした。

また，広義の公的病院群及び公立病院群に限定した分析も参考までにしてみたが，部門別損益計算実施の採算性向上への効果に，全病院群対象の場合と違いは見られなかった（**図表5-7**）。

図表5-7 部門別損益計算の実施と財務結果（広義の公的病院群及び公立病院群）

部門別損益計算		財務（採算性）結果				部門別損益計算		財務（採算性）結果			
		医業利益率		病床当たり医業利益（千円）				医業利益率		病床当たり医業利益（千円）	
広義公的病院群	n	平均	標準偏差	平均	標準偏差	公立病院群	n	平均	標準偏差	平均	標準偏差
実施	38	−6.4%	6.9%	−1,484	1,561	実施	20	−7.8%	7.1%	−1,710	1,426
参考 非実施	98	−11.0%	11.1%	−2,400	2,443	参考 非実施	78	−13.3%	11.1%	−2,888	2,430
Welch検定		t値	p値	t値	p値	Welch検定		t値	p値	t値	p値
		2.85	0.005	2.59	0.011			2.73	0.009	2.80	0.007

　次に，部門別損益計算の実施と病院の主目的である医療の結果との関係を分析したが，いずれの医療の結果指標においても，部門別損益計算実施病院群の方が結果が悪いということはなかった（**図表5-8**）。むしろ，退院時転帰悪化率や計画外再入院率については，実施病院群の方が結果が有意に良かった。少なくともこれら3種類の医療の結果指標で見る限りでは，部門別損益計算の実施は医療の結果に悪影響を及ぼしていることはなさそうである。また，広義の公的病院群及び公立病院群に限定した分析も参考までにしてみたが，全病院群対象の場合と基本的に違いは見られなかった。

第5章　部門別損益計算管理の効果の検証　95

図表5-8　部門別損益計算の実施と医療の結果

部門別損益計算		医療の結果					
		退院時転帰改善率		退院時転帰悪化率		計画外再入院率	
全病院群	n	平　均	標準偏差	平　均	標準偏差	平　均	標準偏差
実　施	54	83.0%	6.4%	2.7%	1.4%	2.2%	0.7%
非実施	115	81.3%	10.3%	3.8%	1.8%	2.6%	0.7%
Welch検定		t 値	p値	t 値	p値	t 値	p値
		1.31	0.193	4.10	0.000	2.74	0.007
広義公的病院群	n	平　均	標準偏差	平　均	標準偏差	平　均	標準偏差
参考 実　施	38	82.4%	4.9%	2.8%	1.3%	2.3%	0.7%
非実施	98	80.7%	10.7%	3.8%	1.7%	2.6%	0.7%
Welch検定		t 値	p値	t 値	p値	t 値	p値
		1.24	0.218	3.52	0.001	1.88	0.064
公立病院群	n	平　均	標準偏差	平　均	標準偏差	平　均	標準偏差
参考 実　施	20	83.4%	4.3%	3.1%	1.2%	2.4%	0.5%
非実施	78	81.2%	9.0%	3.9%	1.8%	2.6%	0.7%
Welch検定		t 値	p値	t 値	p値	t 値	p値
		1.57	0.121	2.44	0.019	1.72	0.093

　また，部門別損益計算の実施の有無により，財務や医療の結果に至るまでのプロセスに関わる病棟利用状況や重要治療行為実施状況に違いが見られるかどうかも検証した。病棟稼働状況を示す病床利用率には有意差が見られなかったが，病床の効率的利用状況を示す補正後平均在院日数には10％水準ではあるものの有意な差が見られ（通常の平均在院日数には5％水準で有意差あり），部門別損益計算実施病院群の方が平均在院日数が短く効率的である状況が明らかとなった（図表5-9）。一方，重要治療行為実施状況については，どちらの指標でも有意差が見られ，部門別損益計算実施病院群の方が病床当たりの手術などの重要治療行為を実施した患者数が多くなっていることが判明した。なお，広義の公的病院群及び公立病院群に限定した分析も参考までにしてみたが，基本的には全病院群対象の場合と同じであった。すなわち部門別損益計算実施病院群の方が，重要治療行為実施患者数がどちらの指標で見ても有意に多く，また

病棟利用状況は，サンプルサイズの減少もあり有意性まではないものの，回答病院群ではどの指標でみても損益計算実施病院群の方が効率的である。

図表5-9 部門別損益計算の実施と病棟利用状況及び重要治療行為実施状況

部門別損益計算			病棟利用状況						重要治療行為実施状況			
			病床利用率		平均在院日数（参考）		疾患構成補正後平均在院日数		病床当たり手術有患者数		病床当たり手術/化学/放射線療法有患者数	
全病院群	n	平均	標準偏差	平均	標準偏差	平均	標準偏差	平均	標準偏差	平均	標準偏差
実施	54	66.9%	13.3%	11.8	1.8	11.6	1.6	9.9	3.2	11.8	3.8
非実施	115	64.4%	12.9%	12.6	2.3	12.1	1.6	8.0	2.5	9.7	3.3
Welch検定		t値	p値	t値	p値	t値	p値	t値	p値	t値	p値
		1.15	0.252	2.34	0.021	1.79	0.077	3.80	0.000	3.59	0.001
広義公的病院群	n	平均	標準偏差	平均	標準偏差	平均	標準偏差	平均	標準偏差	平均	標準偏差
実施	38	66.5%	13.1%	12.0	1.2	11.6	1.2	9.6	2.7	11.6	3.3
非実施	98	64.5%	13.1%	12.4	2.0	12.0	1.4	8.1	2.4	9.9	3.2
参考 Welch検定		t値	p値	t値	p値	t値	p値	t値	p値	t値	p値
		0.80	0.429	1.51	0.135	1.62	0.108	2.86	0.006	2.69	0.009
公立病院群	n	平均	標準偏差	平均	標準偏差	平均	標準偏差	平均	標準偏差	平均	標準偏差
実施	20	66.9%	9.6%	12.0	1.0	11.6	0.8	9.4	2.4	11.3	3.0
非実施	78	63.3%	13.6%	12.2	2.0	11.9	1.5	7.9	2.4	9.7	3.3
参考 Welch検定		t値	p値	t値	p値	t値	p値	t値	p値	t値	p値
		1.37	0.178	0.58	0.565	0.99	0.327	2.46	0.020	2.16	0.039

　次に，部門別損益計算を実施している場合に，その頻度が月次と高頻度定期的な場合とそうでない場合で，財務結果などの病院業績に違いが見られるのかどうかを分析した。まず財務結果については，どちらの採算指標で見ても，10％水準ではあるものの有意に，月次実施病院の方が採算性が良いことが明らかとなった（**図表5-10**）。また，医療の結果については，どの指標で見ても，月次か否かによる有意差は見られなかった。さらに，結果に至る前のプロセスに関わる病棟利用状況及び重要治療行為実施状況については，月次実施病院の方が，10％水準ではあるが有意に，病床利用率は高く，病床当たり手術有患者数が多い。ただし疾患構成補正前及び補正後の平均在院日数や病床当たり手術

/化学療法／放射線療法有患者数については，有意差は確認されなかった。

図表5-10 部門別損益計算の実施頻度と病院業績との関係性

損益計算実施頻度		財務（採算性）結果				医療の結果					
		医業利益率		病床当たり医業利益(千円)		退院時転帰改善率		退院時転帰悪化率		計画外再入院率	
	n	平均	標準偏差	平均	標準偏差	平均	標準偏差	平均	標準偏差	平均	標準偏差
月　次	28	−3.5%	6.2%	−792	1,777	82.5%	5.7%	2.7%	1.3%	2.3%	0.7%
非月次	24	−7.1%	7.1%	−1,593	1,466	83.3%	7.3%	2.9%	1.4%	2.2%	0.6%
Welch検定		t 値	p値	t 値	p値	t 値	p値	t 値	p値	t 値	p値
		1.95	0.058	1.78	0.081	0.47	0.644	0.30	0.767	0.97	0.337

損益計算実施頻度		病棟利用状況						重要治療行為実施状況			
		病床利用率		平均在院日数（参考）		疾患構成補正後平均在院日数		病床当たり手術有患者数		病床当たり手術/化学/放射線療法有患者数	
	n	平均	標準偏差	平均	標準偏差	平均	標準偏差	平均	標準偏差	平均	標準偏差
月　次	28	70.1%	11.0%	11.4	1.6	11.3	1.1	10.7	3.5	12.7	3.9
非月次	24	63.6%	15.0%	11.9	1.2	11.5	1.2	9.1	2.7	11.0	3.4
Welch検定		t 値	p値	t 値	p値	t 値	p値	t 値	p値	t 値	p値
		1.77	0.084	1.23	0.223	0.59	0.556	1.92	0.061	1.65	0.105

図表5-11 部門別損益計算の利用度と病院業績との関係性

損益計算利用度		財務（採算性）結果				医療の結果					
		医業利益率		病床当たり医業利益（千円）		退院時転帰改善率		退院時転帰悪化率		計画外再入院率	
	n	平均	標準偏差	平均	標準偏差	平均	標準偏差	平均	標準偏差	平均	標準偏差
両方法3以上	23	−2.4%	6.1%	−666	2,020	81.5%	6.9%	2.6%	1.4%	2.3%	0.6%
その他	29	−7.1%	6.9%	−1,492	1,291	84.2%	6.0%	2.8%	1.5%	2.2%	0.7%
Welch検定		t 値	p値	t 値	p値	t 値	p値	t 値	p値	t 値	p値
		2.61	0.012	1.71	0.097	1.49	0.143	0.56	0.579	0.75	0.456

損益計算利用度		病棟利用状況						重要治療行為実施状況			
		病床利用率		平均在院日数（参考）		疾患構成補正後平均在院日数		病床当たり手術有患者数		病床当たり手術/化学/放射線療法有患者数	
	n	平均	標準偏差	平均	標準偏差	平均	標準偏差	平均	標準偏差	平均	標準偏差
両方法3以上	23	69.0%	12.5%	11.4	2.4	11.5	2.2	10.9	3.3	12.8	3.7
その他	29	64.7%	14.1%	12.1	1.1	11.7	1.1	9.0	2.9	10.9	3.7
Welch検定		t 値	p値	t 値	p値	t 値	p値	t 値	p値	t 値	p値
		1.15	0.257	1.31	0.200	0.48	0.633	2.14	0.038	1.83	0.074

図表 5-12 部門別損益分岐分析の実施と病院業績との関係性

部門別損益分岐分析		財務（採算性）結果				医療の結果					
		医業利益率		病床当たり医業利益（千円）		退院時転帰改善率		退院時転帰悪化率		計画外再入院率	
全病院群	n	平均	標準偏差	平均	標準偏差	平均	標準偏差	平均	標準偏差	平均	標準偏差
実施	36	−4.1%	8.7%	−728	2,138	83.6%	6.6%	2.9%	1.5%	2.3%	0.8%
非実施	68	−8.0%	9.9%	−1,845	2,063	82.8%	6.7%	3.2%	1.7%	2.5%	0.7%
Welch検定		t値	p値	t値	p値	t値	p値	t値	p値	t値	p値
		2.07	0.042	2.56	0.012	0.61	0.544	1.07	0.286	1.40	0.165

部門別損益分岐分析		病棟利用状況						重要治療行為実施状況			
		病床利用率		平均在院日数（参考）		疾患構成補正後平均在院日数		病床当たり手術有患者数		病床当たり手術/化学/放射線療法有患者数	
全病院群	n	平均	標準偏差	平均	標準偏差	平均	標準偏差	平均	標準偏差	平均	標準偏差
実施	36	66.1%	14.5%	11.8	2.1	11.6	2.0	9.6	3.6	11.5	4.2
非実施	68	65.2%	11.8%	12.0	1.8	11.7	1.2	8.9	2.5	10.4	3.0
Welch検定		t値	p値	t値	p値	t値	p値	t値	p値	t値	p値
		0.35	0.727	0.51	0.609	0.44	0.664	1.11	0.271	1.35	0.181

さらに，部門別損益計算を実施している場合に，その利用度の違いが財務結果などの病院業績に違いを生んでいるのかを分析した。まず財務結果については，どちらの採算指標で見ても，利用度が高い病院群の方が，採算性が有意に良いことが判明した（**図表5-11**）。また，医療の結果については，どの指標で見ても，利用度の高低による有意差は見られなかった。さらに，病棟利用状況については，いずれの指標でも有意差は確認されない一方，重要治療行為実施状況については，両指標ともに，利用度が高い病院群の方が，重要治療行為の実施数が有意に多いことが明らかとなった。

次に，部門別損益分岐分析の実施の有無により，財務結果などの病院業績に違いが見られるのかを分析した。まず部門別損益分岐分析の主目的である採算性の向上との関係については，医業利益率で見ても，病床当たり医業利益で見ても，赤字領域の相対的な関係においてではあるものの，実施している病院の方が有意に良いことが確認された（**図表5-12**）。また病院組織としての主目的

第5章　部門別損益計算管理の効果の検証　99

図表5-13　部門別損益分岐分析の利用度と病院業績との関係性

損益分岐分析利用度		財務（採算性）結果				医療の結果					
		医業利益率		病床当たり医業利益（千円）		退院時転帰改善率		退院時転帰悪化率		計画外再入院率	
	n	平均	標準偏差	平均	標準偏差	平均	標準偏差	平均	標準偏差	平均	標準偏差
全方法2以上	19	−1.3%	8.7%	−59	2,505	81.8%	6.8%	3.0%	1.5%	2.4%	0.6%
その他	17	−7.3%	7.8%	−1,475	1,346	85.6%	5.8%	2.7%	1.7%	2.1%	0.9%
Welch検定		t値	p値	t値	p値	t値	p値	t値	p値	t値	p値
		2.16	0.038	2.14	0.041	1.78	0.085	0.55	0.586	1.24	0.225

損益分岐分析利用度		病棟利用状況						重要治療行為実施状況			
		病床利用率		平均在院日数（参考）		疾患構成補正後平均在院日数		病床当たり手術有患者数		病床当たり手術/化学/放射線療法有患者数	
	n	平均	標準偏差	平均	標準偏差	平均	標準差	平均	標準偏差	平均	標準偏差
全方法2以上	19	68.1%	13.1%	11.8	2.6	11.7	2.4	9.5	3.1	11.2	3.6
その他	17	64.0%	16.0%	11.7	1.4	11.4	1.5	9.8	4.2	11.8	5.0
Welch検定		t値	p値	t値	p値	t値	p値	t値	p値	t値	p値
		0.83	0.413	0.14	0.892	0.31	0.756	0.27	0.786	0.39	0.702

である医療の結果との関係については，どの指標で見ても，部門別損益分岐分析実施の有無による違いに有意差は見られなかった。さらに，財務及び医療の結果に至る前のプロセスに関わる病棟利用状況や重要治療行為実施状況についても，部門別損益分岐分析の実施の有無による有意差は確認されなかった。

　最後に，部門別損益分岐分析を実施している場合に，その利用度の違いが財務結果などの病院業績に違いをもたらしているかを分析した。まず財務結果については，どちらの採算指標で見ても，利用度が高い病院群の方が，採算性が有意に良いことが判明した（**図表5-13**）。また，医療の結果については，退院時転帰改善率だけは，10％水準ではあるものの，利用度が高い病院群の方が有意に低かった。さらに，病棟利用状況や重要治療行為実施状況については，いずれの指標でも有意差は確認されなかった。

3.3　考察とまとめ

　先行研究（荒井・阪口，2015）と同様に，部門別損益計算の実施は採算性の

向上に有効であることが，2回の診療報酬改定をまたぎ経営環境が変化した4年という年月を超えて再確認され，部門別損益計算の有効性の確からしさが高まったといえる。また，部門別損益計算の導入開始年度を考慮した場合と考慮しない場合の両者で部門別損益計算の財務結果への効果を検証したところ，両場合とも損益計算は採算性の向上をもたらしていることが判明したが，導入開始年度を考慮した場合の方が実施病院群の採算指標がより良くなっていることも明らかとなった。このことは，採算状況が悪くなる中で部門別損益計算の導入を開始する病院が多いという実態を示唆しているといえるだろう。また，広義の公的病院群や公立病院群に限定しても，部門別損益計算実施の採算性向上効果が確認され，この手法の実施率が低い公立病院群であっても，この手法が実施される場合には，同様に財務的な効果を持っていることが明らかとなった。

　また部門別損益計算の実施により，今回分析対象とした指標を見る限りでは，病院の目的である医療の結果に悪影響はないことが確認された。

　さらに，部門別損益計算は病床の効率的利用を中心に病棟利用状況を改善すると考えられることが明らかとなった。実施病院群では，平均在院日数を短縮して診療単価を向上させつつ[14]，患者数も増やして総収益を高め，採算性を向上させようとしている状況が推察される。また病床の効率的利用を表す補正後平均在院日数（及び通常の平均在院日数）が有意に短い一方，病棟の稼動状況を表す病床利用率には有意差が見られず（回答病院群ではむしろ実施病院群の方が病床利用率が高く），在院日数短縮化とともに病床利用率を少なくとも維持できるだけの患者数の増加にも成功しているようである。採算性の向上という部門別損益計算の主目的の観点からは，部門別損益計算は病棟利用というプロセスによい効果をもたらしているといえる。

　一方，部門別損益計算実施の重要治療行為実施への影響状況については，有意差が見られなかった先行研究（荒井・阪口，2015）と異なり，部門別損益計算は手術などの重要治療行為の実施を有意に促進していると考えられることが明らかとなった。一般に手術などの重要治療行為は診療報酬が高いため，診療単価を高めて病院全体としての総収益の増加につながることから，固定費割合が高いという病院の費用構造を考えると，重要治療行為の実施の促進は採算性の向上につながる。そのため，採算性の向上という観点からは，部門別損益計

算は重要治療行為の実施というプロセスによい効果をもたらしているといえる。

　次に，部門別損益計算を実施している場合にも，月次と高頻度で部門別損益を把握し高頻度でPDCAサイクルを回している病院の方が，採算性向上への損益計算の効果が高い傾向が確認された。またその際，高頻度のPDCA管理になっても，医療の結果に悪い影響は及ぼされていないことも確認された。さらに，月次実施病院の方が，病床利用率が高く病棟稼働状況を改善していることと，手術を中心に重要治療行為の実施を促していることも判明した。つまり，月次の部門別損益把握による高頻度なPDCA管理は，病棟の稼働や重要治療行為の実施を改善・促進し，採算性向上という効果をより高めつつも，医療の結果に悪影響はもたらしていない。

　加えて，部門別損益計算を実施しているだけでなく，利用度が高い方が採算性向上の効果が高まることが確認された。また，利用度が高くても，医療の結果には悪影響が見られないことも確認された。さらに，利用度が高い方が，重要治療行為の実施が促進されることも判明した。つまり，部門別損益計算の利用度を高めることで，重要治療行為の実施が促進され，採算性の向上効果も高まる一方で，医療の結果に悪い影響を及ぼす可能性は少ないこともわかった。

　最後に，部門別損益分岐分析の実施は，その目的である採算性の向上に効果を持っていることが確認される一方で，医療の結果に悪影響を及ぼすことはあまりないことが明らかとなった。また部門別損益分岐分析を実施するだけでなく，その分析の利用度を高めることで，採算性向上効果が高まることが明らかとなった。一方で，利用度を高めた場合，医療の結果への若干の悪影響の可能性が示唆され，部門別損益分岐分析の積極的な利用に際しては，副作用への細心の注意が必要であることも示唆された[15]。

　本研究により，部門別損益計算の実施は，病院においても客観的な財務業績に良い効果をもたらしていることが再確認されるとともに，ただ実施するだけでなく，月次で高頻度定期的に実施することにより，また計算結果をより積極的に利用することにより，採算性向上効果が高まることが明らかになった。また部門別損益分岐分析の実施が財務業績に良い効果をもたらしていること，またただ実施するだけでなくより積極的に利用することで，採算性向上効果が高まることも明らかとなった。しかも，こうした部門別損益計算管理による医療

の結果への悪影響という副作用は基本的にはないと考えられることも判明した。

　財務的に厳しい経営環境にあることを前提とすれば，病院全体だけでなく，部門単位での損益計算管理に積極的に取り組むことは，病院組織として有効な管理活動であるといえるだろう。ただし医療の結果には多様な側面があり，本研究で選択した指標が医療の結果のすべての側面を網羅しているとはいえないため，部門別損益計算管理の副作用には常に細心の注意が必要である。

(注)

1　DPC対象病院になるための方法は任意参加方式で，２年間の準備期間を経て，詳細な診療及び請求データ（DPCデータ）を提供できる病院から参加が認められていったため，718病院のみが対象となっていた2008年度の頃は（本章対象の2016年度DPC対象病院は1,667病院），かなり経営管理能力が高い病院群がDPC対象病院になることができていたという事情がある。

2　部門別損益計算を実施せず損益目標を設定していない病院群と部門別損益計算を実施して損益目標も設定している病院群とを比較して，部門別損益計算目標管理を実施している方が医業利益率が有意に高いことを明らかにしているが，分析対象病院数は非実施病院30，実施病院16であった。

3　その他を回答した病院が12病院見られたが，そのうち具体的な担当者が記載されており，実質的に１〜６の活用担当者と見なしてもよいと判断した病院については，分類し直した。具体的には，経営企画課及び財務課の担当者とした病院は経営企画系及び財務経理系の部課長に分類したほか，副院長はトップ経営者である理事長・院長，副事務長は事務系トップ層である法人本部長・事務部長に含めた。その結果，純粋にその他となった病院は５病院であった。

4　DPC対象病院の医療の結果や業務実態に関わるデータを収集分析している中央社会保険医療協議会・DPC評価分科会により毎年公表されている報告書（中央社会保険医療協議会・DPC評価分科会，2018）である。

5　広義の公的病院群と広義の私的病院群では，経営管理意識や経営上の自由度が異なるため，部門別損益計算の効果が異なる可能性もあることから，参考までに実施した。

6　日赤・済生会・厚生連，国立等（国立病院機構など）は，いずれも全国展開する病院グループであり，本部による経営管理機能もある病院群であるのに対して，公立等は各自治体により個別に経営されている諸病院であり，複数病院を経営する都道府県による本部経営管理機能など一部の例外はあるものの，本部による経営管理機能は基本的にないという性質を持っている。また公立等は，日赤・済生会・厚生連，国立等以上に強い公的な規制下に置かれていて，経営上の裁量性が相対的に低いという性質も挙げられるかもしれない。本研究が依拠している質問票調査（荒井，2017c）においても，公立等のみが部門別損益計算の実施率が特に低いといった状況も見られる。

7　合併症発生状況など他にも医療の結果と関係する側面はあるが，本研究の対象であるDPC対象病院におけるそうした側面のデータは公表されていないため，分析対象とできない。

8　かつて筆者は，「医療資源を最も投入した傷病による死亡」の割合も分析対象として

きたが，「DPC影響評価報告」における死亡率ではリスク調整などがなされておらず，必ずしも適切にその病院の質としての結果が反映されないという点を重視して，この研究では分析対象外とした。

9　「DPC影響評価報告」において，かつては6週間以内の再入院について詳細な区分分析がなされてきたが，2016年度からは4週間以内の再入院が詳細な区分分析の対象となっている。また，「DPC影響評価報告」では，その詳細区分分析として，その再入院の状況を各病院に「計画的」，「予期された」，「予期せぬ」に分類して報告させてきたが，「予期された」と「予期せぬ」の分類に病院・担当者間での一貫性の確保が困難であり，この分類の下では適切に病院間の比較が必ずしもできないことから，現在では，両者を統合し「計画外」の再入院として報告されるようになった。そこで本研究では，計画外再入院率を分析対象指標とすることにした。一方で，従来，予期せぬ再入院率の不十分さを補完するために利用してきた6週内同病再入院率については，分析対象外とした。計画外再入院率を分析対象とした際には，それに「計画的」入院を加えた再入院率には，医療の質を表す指標としてもはや補完機能はあまりないと考えるからである。

10　逆に，継続的に黒字が確保できており，部門別損益計算をする必要がないために実施していない病院も，非実施病院群には含まれる。

11　利用度の違いによる効果の違いを分析するためには，利用度を3区分するなどより細かく分けた方がよいが，部門別損益計算実施病院群に限定された分析であるため，サンプル数が50強しかないため，3区分した場合には各利用度区分のサンプルサイズが極めて少なくなってしまうことから断念した。

12　各利用方法のより詳細な説明は，荒井（2017c）を参照されたい。

13　部門別損益分岐分析実施病院群に限定された分析であるためサンプル数が40弱しかないため，3区分することは断念した。また部門別損益計算の利用度区分と同様にいずれの利用方法でも利用度3以上の病院群とそれ以外の病院群に2区分した場合，部門別損益分岐分析の実施病院及び利用度が高い病院が極めて少ないため，利用度3以上病院群のサンプル数が7と極めて少なくなるため，本分析においては利用度2以上か否かの2区分とした。

14　平均在院日数の短縮は，DPC別包括払い制度の下では日別包括払い額の逓減制のために，また包括化されていない出来高払い対象の医療行為をより短期間のうちに詰めて実施することになるために，患者1人1日当たり診療報酬単価（以下，診療単価）を上昇させることに繋がる。

15　ただし，部門別損益分岐分析の利用の以下のような現状を踏まえれば，副作用に注意を払いつつもより積極的な利用（多様な利用方法での活用や各利用方法での利用度の向上）を試みるべきであるというのが筆者の基本的な考えである。
　　本研究の基礎データとなっている質問票調査では，部門別損益分岐分析の利用度を，①経営層による分析的利用，②現場への働きかけ的利用，③単位価格改善での利用，④費用構造改善での利用の4つの利用方法の別に，「全く利用してない（1），あまり利用してない（2），少し利用している（3），利用している（4），よく利用している（5），かなりよく利用（6），非常によく利用（7）」の7段階評価で回答してもらっている。各利用方法での利用度の平均は，それぞれ①2.95，②2.74，③2.02，④2.16であり，①経営層による分析的利用や②現場への働きかけ的利用で「少し利用している（3）」に達しておらず，③単位価格改善での利用や④費用構造改善での利用では「あまり利用してない（2）」にようやく達している現状である。また本研究での分析のための病院群区分（全方法2以上，その他）における各病院群のサンプル量割合（**図表5-13参照**）からわかるように，4つの利用方法の中で「全く利用してない（1）」とする方法がある病院が，半数近く見られる。

第6章

部門別損益計算管理の効果の経年的検証
――公立病院での有効性評価

1　問題意識

　公立病院の採算状況は極めて悪く，『医療経済実態調査報告』によれば，医業利益率は▲11.3％と大きな赤字状況である（中央社会保険医療協議会，2015）。そのため総務省は，『新公立病院改革ガイドライン』（総務省，2015）を作成し，公立病院の「経営効率化」の観点を含む新たな「改革プラン」を各地方公共団体に対して策定することを求めている。公立病院の採算状況の改善が強く求められる中，その1つの方法として[1]，病院内の部門別の採算を把握する部門別損益計算の導入にも期待が寄せられている。

　こうした中，病院界での部門別損益計算に関して，その実施状況（荒井，2013a，pp.249-281）や実施阻害要因（荒井，2009，pp.46-80）などはすでに明らかにされてきた。しかし，その採算性改善に関する有効性の検証はまだ十分にはなされていない。確かに，本書第2章や第5章で明らかにしたように，病院内の部門別損益計算の結果による部門長業績評価での利用や，部門別損益計算の実施・高頻度化や利用度向上が，採算改善に効果を持っていると推察されるという研究結果が見られる。しかし，いずれの研究も特定時点でのクロスセクションデータに基づく検証であり，各病院における導入前後の採算指標の経年的な推移による検証は，まだなされていない。

　そこで本章では，より多くの病院での導入が期待されている部門別損益計算の採算改善効果を，各導入病院における導入前後の採算性の経年的変化に着目して，検証を試みる。また，その際に収益及び費用がどのように変化して採算

性の経年変化が生じていると考えられるのかも推察する。加えて，採算性改善
に主眼がある部門別損益計算の導入により，医療の結果に悪影響がもたらされ
る傾向がないかの確認もする。利益獲得が主目的ではない病院界では，採算性
向上に有効であることの検証だけでなく，病院組織としての主眼である医療の
結果に悪影響を与える傾向がないかの最低限の検証も期待されていると考える
からである。

2 研究方法

　本研究では，DPC関連病院に2012年に実施した質問票調査で把握した，部
門別損益計算の実施状況に関するデータを活用する[2]。本調査では，実施の有
無と同時に，「実施開始（導入）年度」とその実施が「定期的（継続的）」か「不
定期（随時）」かを把握している。定期的に部門別損益計算を実施していてそ
の導入年度を回答した病院は59病院見られた。本来，医療法人立から公立まで
の多様な開設者による病院を対象にしたいが，医療法人等に関しては病院単位
の採算データを経年的に得ることが極めて困難である。そこで本研究では，59
病院のうち，経年的な病院単位の採算データを入手可能な『地方公営企業年
鑑』（総務省自治財政局，2002-2015）に収載されている公立病院を対象とした[3]。
結果として，14の公立病院のみが分析対象となった。14病院の属性と導入年度
は**図表6-1**のとおりである。不採算地区以外に立地する大規模病院がほとん
どであるが，法形態は特定の形態に偏っていない。

　導入前後の経年的な採算性変化を分析する今回の研究では，導入前年度から
導入年度後2年度目までの4年間の採算データの利用が適切であると考えた。
導入の影響を受けていない導入前年の採算を基準として，導入による採算への
効果を見る必要がある一方，導入してすぐに病院全体の採算指標に効果が表れ
るとは限らず，効果があっても導入後2年度目くらいまでは明確にならない場
合もあると考えるからである。

　なぜなら，導入病院でも，必ずしも月次計算をしているわけではなく（荒井，
2011a，p.268），特に導入初期は年次で計算していることも多い（荒井，2009，
p.42，p.95）。そして年次計算や半期計算の場合，導入年は担当者による計算方

第6章　部門別損益計算管理の効果の経年的検証　107

図表6-1　分析対象病院の属性及び損益計算導入年度

公立病院	開設者	病床規模	立地条件	法形態	原価計算導入年
A	市町村	500床以上	不採算地区外	全部適用	2001
B	市町村	500床以上	不採算地区外	一部適用	2001
C	市町村	300床台	不採算地区外	一部適用	2004
D	市町村	300床台	不採算地区外	一部適用	2004
E	市町村	300床台	不採算地区外	一部適用	2007
F	都道府県	500床以上	不採算地区外	全部適用	2007
G	市町村	500床以上	不採算地区外	全部適用	2008
H	市町村	300床台	不採算地区外	地方独法	2009
I	市町村	500床以上	不採算地区外	一部適用	2010
J	都道府県	500床以上	不採算地区外	地方独法	2010
K	市町村	300床台	不採算地区外	一部適用	2011
L	市町村	500床以上	不採算地区外	全部適用	2011
M	都道府県	500床以上	不採算地区外	全部適用	2011
N	市町村	100床台	不採算地区（第2種）	一部適用	2011

法の確立及び試算業務で終わってしまい，現場にその計算結果が提示されたり，計算結果を基に対策を考えて現場に指示したりされるのは，導入後1年目以降になる。そのため，計算結果に基づき現場が行動を変革し，年次採算データに効果が表れるのは，早ければ導入後1年目であるが，ゆっくりとした対応の場合には導入後2年目からということにもなる。ただし，部門別損益計算を導入することを現場に積極的に告知している病院で，告知により現場に経営意識の向上効果[4]がはたらく場合（導入告知効果がある場合）には，導入年から効果がでることもあるだろう。

　なお，採算指標としては，他会計等からの補助金や負担金の影響を避けるために，経常利益ではなく医業利益を用いた。また，医業収益に含まれる他会計負担金も控除した後の純粋な医業収益を算出し，そこから医業費用を控除して得られる医業利益を用い，「医業利益率」と「病床当たり医業利益」を算出した[5]。

　次に，両採算指標の損益計算導入前後の経年変化をもたらしている背景に関して，利益を構成する収益と費用に分解して分析する。その際，『年鑑』上の

区分に基づき，収益に関しては，入院診療収入と外来診療収入に区分し[6]，さらに各診療収入を構成する患者1人1日当たり診療収入（通称，単価）と1日平均患者数に区分して，その経年変化を分析する。一方，費用に関しては，収益に対する割合が高く[7]，損益結果への影響が大きい主要な費目内訳（労務費・材料費・経費）を区分して，分析することにした。

　なお1日平均患者数は，年延患者数を診療日数（入院の場合365日）で割った指標である。そのため入院の場合，急性期病院での近年の傾向のように平均在院日数が短縮すると，年間の実入院患者数が前年と同じであっても年延入院患者数は減少するため，1日平均入院患者数は減ることになる。したがって，平均在院日数が短縮される中で1日平均入院患者数が維持されている場合には，年間の実入院患者数は増えているし，また多少の減少の場合には，実入院患者数は維持されているか若干増えているといえる。そこで，1日平均入院患者数の増減傾向だけでなく，年間の実入院患者数の増減傾向も推測するため，平均在院日数[8]の増減傾向も参考までに分析する。一方，患者1人1日当たり診療収入（単価）とは，診療収入÷年延患者数である。そのため入院の場合，相対的に医療必要度の高い患者を集めること（重症患者中心の受入）や平均在院日数の短縮により，単価を高めることができ，多くの場合，診療単価向上に平均在院日数の短縮が寄与している。

　最後に，部門別損益計算の導入により，病院の本質的な組織業績である医療の結果に悪影響を与えてしまう傾向がないかの確認を試みる。損益計算の有効性を評価する上では，当該手法が狙いとする財務業績への効果を検証することが一義的には重要であるが，財務業績を主目的とするわけではない病院等の非営利での管理会計手法の有効性評価においては，財務業績以外の業績への影響も同時に評価することが期待されていると考えるからである。具体的には，「DPC影響評価報告」（中医協・DPC評価分科会，2009-2014）から入手可能な，医療結果と関連の深い退院時転帰及び再入院に関する指標に，悪影響を与える傾向がないかを検証する。退院時転帰の指標としては改善率と悪化率を分析対象とし[9]，再入院の指標としては6週間以内での前回入院と同一病名での再入院の内の，計画外再入院の率（以下，計画外再入院率）を分析対象とした[10]。

　もちろん医療の結果には多様な側面・要素があり，退院時転帰及び再入院に

関する指標が医療の結果のすべてを表しているわけではない。しかしながら，研究対象病院の医療の結果について現在入手可能なデータの範囲で，最低限の検証を試みる。今後，より多様でより精度の高い医療の結果の指標が，開発・公表されることが望まれる。なお，今回の研究対象14病院のうち，部門別損益計算の導入年度が早かったＡ～Ｄ病院に関しては，導入前年度時点ではまだDPC関連（対象あるいは準備）病院ではなく，それゆえ当時のこれらのデータは公表されておらず利用できないことから，本検証では対象外となっている。

3 分析結果

部門別損益計算導入前年度から導入後2年目年度までの採算指標の推移は**図表6-2**のとおりであった。

図表6-2 導入前後の採算水準の推移

公立病院	医業利益率の推移				病床当たり医業利益の推移（単位：千円）			
	導入前年	導入年	導入後1年	導入後2年	導入前年	導入年	導入後1年	導入後2年
A	1.8%	1.6%	3.0%	4.0%	404	364	713	1022
B	−14.8%	−14.6%	−16.9%	−14.5%	−2,981	−2,828	−3,126	−2,735
C	−11.0%	−12.6%	−11.2%	−14.7%	−2,145	−2,556	−2,479	−3,186
D	−5.0%	−6.5%	3.8%	2.9%	−857	−1,255	782	598
E	−4.7%	−3.3%	−7.5%	−6.9%	−917	−669	−1,203	−1,112
F	−12.2%	−7.9%	−9.8%	−8.7%	−2,447	−1,617	−2,016	−1,902
G	−2.7%	−3.7%	−1.4%	0.04%	−680	−973	−360	12
H	−13.3%	−2.0%	−0.9%	0.9%	−2,588	−445	−217	233
I	−20.7%	−17.4%	−13.5%	−13.7%	−3,508	−3,133	−2,535	−2,615
J	−13.0%	−5.4%	−4.0%	0.5%	−3,184	−1,477	−1,156	144
K	−24.5%	−20.1%	−16.1%	−19.7%	−3,835	−3,715	−3,484	−4,228
L	−3.5%	−5.7%	−4.9%	−4.6%	−855	−1,439	−1,281	−1,250
M	−22.5%	−19.3%	−14.8%	−14.7%	−4,438	−4,060	−3,242	−3,345
N	−15.2%	−14.5%	−10.3%	−9.5%	−2,483	−2,524	−1,864	−1,779

まず医業利益率は，A，D，F，G，H，I，J，K，M，Nの10病院では導入前年度と比べて導入後1年目及び2年目の状況が明確に改善している。前年度と比べて2年目には少なくとも2-3％，平均で約7％改善している。導入年の採算に関しては，導入前年度よりも明確に悪い病院（C，D，G，L）も見られる一方で，導入年から大きな改善効果が見られる病院（F，H，J，K）もある。なお導入効果が確認される病院では，FとK病院を除けば，導入年後は1年目，2年目と経年的に連続して採算水準がより改善している。

一方，病床当たり医業利益は，導入前年度と比べ，A，B，D，F，G，H，I，J，M，Nの10病院では導入後1年目及び2年目[11]の採算が改善している。導入年の採算は導入前年度よりも明確に悪い病院（C，D，G，L）も見られる一方で，導入年から大きな改善効果が見られる病院（F，H，J）もある。また導入効果が確認される病院では，BとF病院を除けば，導入年後は経年的に連続して採算水準が改善している。

次に，医業利益率及び病床当たり医業利益の経年変化の中身を収益及び費用に分解して分析してみたところ，**図表6-3**のとおりとなった。損益計算導入前年度と比べた導入後2年度目の収益及び費用は，ほとんどの病院（14病院中11病院）では，共に増加している。ただし，収益及び費用共に減少した病院も2病院，収益は増加し費用は減少した病院も1病院みられた。また収益を増加させた病院のほとんど（12病院中11病院）は入院収益と外来収益の両者を増加させているが，入院と外来を必ずしも同程度に増加させているわけではない。一方，費用側の主要な内訳をみると，D及びK病院では大きく労務費が減少しているが，同時に経費が大きく増加しており，労務の委託化がなされた可能性がある。

さらに収益の増減の背景を単価と患者数に分解して分析してみると，入院収益に関しては，増収を実現した病院では，単価を向上させるだけでなく，患者数も増加させている病院が多い。確かに1日平均入院患者数では減少している病院（D，F，G，I，K，L）もあるが，これらの病院では全病院において1日平均患者数の減少率以上に平均在院日数の短縮率の方が大きい。そのため，平均在院日数の短縮により減少する年間延入院患者数を365日で割ることにより算出される1日平均患者数ではなく，年間の実入院患者数では，患者数を増加

図表6-3 導入前年度を基準とした導入後2年度目の収益・費用水準と採算状況

公立病院	入院					外来			費用	主な内訳（構成費目）			収益・費用増減類型	医業利益率	病床当たり医業利益
	収益	診療収入	単価	1日平均患者数	(参考)平均在院日数★	診療収入	単価	1日平均患者数		労務費	材料費	経費			
A	119%	113%	108%	105%	94%	119%	119%	99%	113%	107%	122%	115%	増加・増加	向上	向上
B	94%	96%	100%	96%	87%	88%	100%	88%	93%	100%	87%	95%	減少・減少	不変*	向上
C	111%	121%	121%	100%	76%	97%	111%	88%	115%	114%	119%	109%	増加・増加	悪化	悪化
D	107%	104%	110%	95%	83%	111%	127%	88%	99%	86%	104%	125%	増加・減少	向上	向上
E	83%	99%	108%	92%	103%	60%	73%	83%	84%	100%	56%	101%	減少・減少	悪化	悪化
F	107%	107%	111%	96%	95%	111%	120%	94%	104%	102%	109%	109%	増加・増加	向上	向上
G	108%	112%	121%	92%	88%	103%	114%	91%	106%	104%	96%	113%	増加・増加	向上	向上
H	128%	123%	117%	105%	90%	129%	117%	110%	112%	102%	119%	114%	増加・増加	向上	向上
I	112%	114%	116%	98%	95%	109%	110%	98%	106%	101%	106%	115%	増加・増加	向上	向上
J	127%	126%	121%	105%	97%	121%	107%	112%	112%	135%	114%	90%	増加・増加	向上	向上
K	111%	117%	120%	98%	86%	100%	102%	97%	107%	94%	109%	143%	増加・増加	向上	悪化**
L	119%	112%	112%	99%	92%	110%	110%	99%	112%	112%	114%	110%	増加・増加	悪化***	悪化***
M	115%	113%	107%	106%	91%	121%	117%	103%	108%	104%	115%	108%	増加・増加	向上	向上
N	115%	117%	115%	102%	102%	108%	108%	100%	109%	119%	110%	114%	増加・増加	向上	向上

＊ 医業利益率も向上したが、0.3%程度であったため、不変とした。一方、損益額としては病床当たり25万円程度改善しているため、病床当たり医業利益は向上とした。

＊＊ 医業利益率が向上し損益額も改善（赤字額が縮小）したが、導入年から導入2年までに2割弱の減床がなされたために、1病床当たりの損益額（赤字）は悪化した。

＊＊＊ 採算が大きく悪化する中で導入されたため導入前年度基準では採算が向上しているものの、費用年度増（107%）・収益増（106%）により両採算指標とも向上している。

★ H病院とJ病院は地方独立行政法人で『年鑑』上にデータがないため、N病院は『年鑑』上の導入後2年目データが外れ値（恐らく誤入力）のため、H病院とJ病院は地方独立行政報告』から、『DPC影響評価報告』からデータを入手して算出した。

させている病院がほとんどであると考えられる。なお，入院収益に関しては，収入が減少している病院も含めて，単価は維持・向上している。一方，外来収益に関しては，収入が増加している病院では必ず単価が向上しているが，患者数は減少している病院が多い。

　最後に，部門別損益計算の導入による採算改善行動が，医療の結果に影響を与えていないかどうかをみた（**図表6-4**）。退院時転帰が悪化した患者の割合は，10病院中9病院で低下しており，高まっているのは1病院（E）のみである。一方，改善した患者の割合は，上昇が4病院，低下が6病院という状況だが，5％を超えて低下している病院はE病院のみで，基本的に導入前後で不変といえる。少なくとも，部門別損益計算の導入により退院時転帰の改善率が低下するという全般的な傾向は見られない。また計画外再入院率で見た場合には，上昇が5病院，低下が5病院と半々の状況であるが，1％を超えるような変化はなくほぼ不変といえる。導入により計画外再入院率が高まるという傾向は少なくとも見られない。

図表6-4 部門別損益計算導入前後の医療の結果に関連する指標の変化状況

公立病院	医業利益率	病床当たり医業利益	退院時転帰悪化率		退院時転帰改善率		計画外再入院率	
			導入前年	導入後2年	導入前年	導入後2年	導入前年	導入後2年
E	悪化	悪化	5.30%	6.53%	85.4%	75.5%	1.98%	2.35%
F	向上	向上	4.52%	4.47%	70.2%	74.4%	1.60%	1.80%
G	向上	向上	4.13%	3.55%	82.9%	83.6%	1.60%	1.93%
H	向上	向上	4.32%	2.98%	86.9%	83.3%	1.88%	2.72%
I	向上	向上	6.50%	5.87%	86.2%	82.0%	1.98%	1.23%
J	向上	向上	2.74%	1.92%	83.5%	81.4%	1.09%	1.06%
K	向上	悪化	3.23%	2.81%	82.8%	79.6%	2.77%	2.16%
L	悪化	悪化	4.08%	2.83%	86.9%	87.4%	2.38%	2.17%
M	向上	向上	3.52%	3.01%	81.2%	80.7%	1.83%	2.14%
N	向上	向上	6.46%	5.21%	75.8%	84.9%	2.86%	2.32%

4 考　察

　どちらの採算指標でも，14病院中10病院では経年的な採算改善効果が明確に確認された。また，どちらの指標でも導入前年度と比べて導入効果が確認されない病院は，CとEとLの3病院のみである。しかもL病院は，どちらの指標でも，後述のように，導入年後は採算が改善していて，導入効果がまったくないわけではない。つまり，効果がまったく確認されないのはCとE病院のみであり，14病院中12病院（8割半強）では採算改善効果が見られた。病院界において，定期的な部門別損益計算は採算改善に有効性を持っていると推察される。なお，採算改善効果が見られた12病院の法形態を見ると，一部適用が5病院，全部適用5病院，独立行政法人2病院であり，法形態に関係なく効果があると窺われる。

　また，導入年の採算が導入前年度よりも明確に悪い病院も見られたが，採算悪化の中で導入を決定することが多い一方，現場への導入告知効果がある場合を除けば，効果は通常すぐには出ないためだと考えられる。こうした病院の中には，導入前年度と比べると2年目の採算が改善していないものの，導入年よりは導入後1年目・2年目で改善していて，導入効果がまったくないわけではない病院（L）も見られる。

　一方で，導入年から大きな効果が見られた病院もあったが，導入すること[12]を積極的に各部門に告知していて，部門職員の経営管理意識がそのことにより向上した可能性が高い。あるいは，稀な事例と考えられるが，導入側が以前から周到に準備をしていて導入時から月次実施をして積極的に活用した可能性もある。

　さらに採算性向上の中身を収益及び費用に分解して分析したところ，医業利益率あるいは病床当たり医業利益が損益計算の導入により向上した病院のほとんど（11病院中9病院）は，収益を増加させつつ費用増加を収益増加未満に抑えることにより採算性を向上させている（**図表6-3**）。その際，経年的に労務費が微増していることから，基本的に人員を減らすことなく稼働率を高めて，労務費や材料費の増加を上回る収益の増加を実現している様子が窺われる。固

定費割合の高い病院事業の特質を考えると，稼働状況を高めて採算性の向上を図るという方策は最も一般的な採算改善策といえるが（荒井，2013b），本分析からは，部門別損益計算がそうした採算改善策を促すことに成功しているといえそうである。

　ただし，収益を減少させつつも，変動費のために収益減に通常伴う材料費減だけでなく，経費の節減も行い，収益減以上の費用減を実現し，採算を改善させた病院（B）もある。また，収益を増加させつつ，収益増に通常伴う材料費増を上回る費用節減を同時に実現し，採算を向上させた病院（D）もある。一方，採算悪化病院には，収益を増加させたがそれ以上に費用が増加してしまった病院（C，L）と，収益を減少させたが材料費の減少しか伴わず，収益減に見合った費用減を実現できずに採算が悪化した病院（E）が見られる。

　さらに収益の増減を単価と患者数に分解すると，入院収益を増加させた病院では，単価だけでなく患者数も増加させている病院が多い。1日平均患者数では減少している病院でも，この間の平均在院日数の短縮を考慮すると，年間の実入院患者数では増加させている病院がほとんどだと考えられる。一定の人的・設備的体制の下でのより集中的な（短期間での）医療提供（結果として単価が上昇）と実入院患者数の増加という2側面から，損益計算の導入が病院の固定費的な人的・設備的インフラの稼働率向上を促していると考えられる。一方，外来収益に関しては，単価の向上により増収している病院が多く，部門別損益計算の導入は，1回の来院時に集中的に医療を提供することにより収益を向上させることを促していると考えられる。

　最後に，部門別損益計算導入による医療の結果への影響を見たところ，退院時転帰の悪化率が高まった病院は1病院のみで，改善率が大きく低下した病院も同じ1病院のみで基本的には導入前後で不変であった。またこの1病院に関しては，導入前後年度で採算性も悪化しており，採算を優先したために医療の結果が悪くなったというわけではない。さらに計画外再入院率で見ても，大きく変化した病院はなく，導入前後でほぼ不変といえる。少なくとも，導入により医療の結果が悪化するという全般的な傾向は見られない。

5 ま と め

　本研究により，導入による採算改善効果がまったく確認されないのは２病院のみであり，部門別損益計算が有効なことが強く示唆された。また，その有効性は，病院の法形態に依存しない様子が窺われた。

　内閣府（2016, p.47）は，公営企業法の全部適用は公立病院の採算性に正の効果を有するとしつつ，全部適用の病院でも４割程度の病院では採算が悪化しているとし，採算改善の条件として法形態の外形的な変更だけでは不十分な可能性を指摘し，さらなる条件を一段と明らかにする必要があると結論している。この内閣府の指摘に対する１つの回答が，本研究から示唆される。すなわち，法形態に関係なく部門別損益計算は導入できるし，実際に導入されており，そして法形態に関係なく損益計算は採算性向上への有効性を有していることが本研究より明らかになっており，こうした管理会計の導入の有無が，単なる外形的な法形態の違いを超えて，採算性の向上にとって重要であることが示唆される。しかも先行研究（荒井，2016d）によれば，採算性向上に有効であることが確認されている損益計算などの各種管理会計手法は，公立病院を中心とした広義の公的病院群の方が広義の私的病院群よりも有意に導入されていないことが明らかになっている。

　ただし最後に，いくつかの限界点を指摘しておく。まず，診療報酬改定による影響などの損益計算の導入による効果を見る上で本来補正が望ましい要因が，データの入手可能性の限界などから補正できていない。また，本研究では定期的な部門別損益計算の実施の有無しか考慮できておらず，この計算結果の目標管理の有無や部門（長）評価での利用の有無など，活用方法の病院間の違いまでは考慮できていない[13]。クロスセクションデータに基づく研究ではあるが，先行研究（荒井，2013a, pp.133-134）や本書の第２章及び第５章の研究では，単なる導入の有無よりも，計算結果の目標管理や業績評価での利用の有無や計算結果の利用度などの方が，採算性の向上により明確に影響を与えていることが判明している。加えて，部門別損益計算の採算改善効果の経年的検証を複数病院対象に実施した初めての研究であるという学術的意義はあるものの，分析

対象病院数が少ない。

　こうした限界点を克服した経年的検証を試みることが，今後に残された研究課題である。

（注） ───────

1　部門別損益計算以外の採算性改善に有効であると期待される各種管理会計手法（予算管理など）についても，公立病院等でのその活用が期待されている（荒井，2016d）。

2　DPC関連病院を対象とした2012年調査の概要や部門別損益計算実践の詳細は，荒井（2013a，第3章及び第7章）を参照されたい。

3　国立病院に関しては，独法化後の採算データは経年的に入手することが可能である。しかし，今回の調査では，定期的に損益計算を実施し導入年度を回答した病院群に含まれていた国立病院には，その導入年度のために，後述の本研究で必要な4年度分のデータが揃う病院はなかった。

4　導入目的として，算出結果情報の活用だけでなく，導入すること自体による現場の経営管理意識の向上があることは，先行研究（荒井，2009，pp.81-84）でも明らかにされている。

5　採算性（指標）は診療報酬改定の影響を受けるため，本来その影響の補正をした上での推移の分析も望まれる。そこで本研究でも，当初そうした補正を試みたが，データ入手可能性の限界から，十分に妥当な補正は困難であることが判明した（ちなみに試みたその補正の結果でも，補正なしの後述の結果と同様に，大部分の病院で損益計算の有効性が推察された）。一方で，本研究と同様に，公立病院を対象に，「公立病院改革プラン」前後の採算指標の推移を分析した内閣府（2016）も，診療報酬改定の採算性への影響は補正されていない。そこで本論文でも，一定の限界を認めつつも，改定の採算性への影響の補正はなしで分析する。

6　損益計算導入前年度の14病院平均値（加重ベース）でみると，純医業収益に占める入院診療収入の割合は66％，外来診療収入の割合は32％で，残りは室料差額収益などである。

7　導入前年度の14病院平均値で，純医業収益に占める労務費の割合は51％，材料費は30％，経費は20％である一方，その他の費目は合計でも1割に満たない。

8　『年鑑』から得られる平均在院日数は一般病床のみを対象とした値であるが，本研究の対象14病院はいずれも急性期病院であるため，AとEを除く12病院は総病床のすべてかほぼすべてが一般病床である。AとEには一般病床以外の病床が27％と18％含まれるが，7～8割は一般病床であり病院全体としての平均在院日数短縮の傾向を推測するには十分だと考えられる。

9　退院時転帰改善率とは，退院時転帰が「治癒」，「軽快」，「寛解」のいずれかであった患者の割合である。その逆が退院時転帰悪化率で，「増悪」，「医療資源を最も投入した傷病による死亡」，「医療資源を最も投入した傷病以外による死亡」のいずれかであった患者の割合である。疾患の種類によっては，「治癒」は難しかったり，悪化しても通常は「死亡」まではしなかったりする一方，病院によってまた同一病院でも年度によって疾患種類の構成割合は異なるため，退院時転帰が改善の方向か悪化の方向かという大きな区分に統合して指標化した。また筆者の従来の研究では死亡率も分析対象としたが，疾患による死亡に関するリスクの違いが調整されていないことを重視して，本研究では

対象としないことにした。

10 「DPC影響評価報告」では，6週間以内での再入院の評価を重視しており，その再入院の状況を各病院に「計画的」，「予期された」，「予期せぬ」に分類して報告させてきた。本来的には予期せぬ再入院が医療の結果（質）と最も関係が深いと考えられる。しかし「予期された」と「予期せぬ」の分類に関して病院間や担当者間での一貫性の確保が困難であることなどから，両者を合計し「計画外」の再入院として報告した方がよいとの指摘（中医協・基本問題小委員会，2015，p.48）が最近なされるようになった。このような分類実態の下では，予期せぬ再入院率を病院間や年度間で必ずしも適切に比較できないことから，本研究では，計画外再入院率を分析対象指標とすることにした。一方で，従来，予期せぬ再入院率の不十分さを補完するために利用してきた6週内同病再入院率は，分析対象外とした。計画外再入院率を分析対象とした際には，それに「計画的」入院を加えた当該再入院率には，医療の結果（質）を表す指標としてもはや補完機能はあまりないと考えるからである。

11 B病院の場合には，導入後1年目の採算水準は導入前年度を超えていない。

12 さらには，計算結果による部門評価まで告知されている可能性もある。

13 本来は，分析対象病院に訪問調査をし，導入効果を確認できない病院の背景を把握し，また損益計算の活用方法の実態を把握する補足調査が望まれる。しかし3年程度での配置換えが一般的な公立病院群では，導入時の担当者が異動していて，訪問調査により当時の状況を正確かつ詳細に把握することは困難である。

第7章

予算管理の効果の検証
――部門別及び病院全体の予算管理の有効性評価

1　問題意識

　診療報酬抑制策が続く中，病院は採算性を改善する必要に迫られているが，採算改善手法の1つと期待される予算管理が，病院界でも実際に採算性向上につながるのかは必ずしも明らかでない。病院界でも予算管理が課題となる中，確かに昨今では，日本においても病院を対象とした予算管理に関する研究は増えてきている[1]。しかしながらその多くは，特定の1つあるいはいくつかの病院における予算管理の実態に基づいた質的な研究（荒井，2013a，第5章；井上，2014；衣笠，2012；阪口・荒井・渡邊，2015；阪口・渡邊・荒井，2015ほか）や，病院での予算管理に関する単なる論考（大塚，2008）である。また定量的な研究では，病院経営医療法人やDPC関連病院を対象とした，予算管理の実施の有無などに限定された実態調査研究（荒井・尻無濱，2011；荒井・渡邊・阪口，2013ほか）や，予算管理の詳細な実態を定量的に明らかにした研究（荒井・尻無濱，2014；2015；荒井，2016a）も見られるようになった。しかしながら，予算管理による財務業績向上への効果を定量的に検証した研究は，小寺・堀・岩尾（2013）くらいしか見られない。

　小寺・堀・岩尾（2013）は，医療法人全体の財務業績を被説明変数，病院機能評価[2]の各項目を説明変数として分析し，「予算管理が適切に行われている」という評価項目の向上が事業収益の向上に繋がる一方で事業利益率の低下に繋がることを明らかにしている。しかし小寺・堀・岩尾（2013）は予算管理を1つの説明変数としているが，そこでの予算は何に対する予算か（病院全体か部

門かサービスかなど）はっきりせず研究対象としての管理会計手法の具体性に
欠けている上に，予算管理の適切性というやや抽象的な説明変数であるという
問題点がある。また説明変数は病院単位のものでありながら，被説明変数の財
務業績は多様な施設・事業を経営している医療法人全体の業績であるという問
題を抱えている。さらに，医療法人に限定された研究であり国公立など他の開
設者による病院は研究対象に含まれておらず，また愛知県に限定された研究で
もあるという限界もある。加えて，予算管理による財務業績への効果の検証に
限定されており，医療の結果やそれに至るプロセスへの効果を同時に検証する
ことまではしていない。

そこで本章では，まず次節で，2012年にDPC関連病院に対して実施した調
査の中で把握した，病院内の部門別の収益予算管理の実施の有無により，病院
の客観的な財務実績である医業利益率などの採算指標や客観的な医療結果実績
である退院時転帰の指標などに違いが見られるのかを検証する。さらに続く節
では，2014年にDPC対象病院に対して実施した調査で把握した，病院全体を
対象とした予算による管理の利用度のデータを基に，その病院全体予算の各種
管理機能の利用度の違いによる病院の財務業績や医療結果などへの効果を検証
する。

2 DPC関連病院における部門別収益予算管理の効果

2.1 研究方法

DPC別包括払い制度が開始されて10年目となり，一般的な急性期病院が
DPC別包括払い制度に関わるようになった2012年度においてDPC関連病院を
対象に実施した，部門別収益予算管理を含む管理会計の現状に関する質問票調
査のデータと，別途入手した調査回答病院の財務データ等を結合して，部門別
収益予算管理の有効性評価を実施する。以下に研究方法についてより具体的に
記述する。

第 7 章　予算管理の効果の検証　121

(1)　業績データの収集方法

　まず大前提として，今回の研究に際しては，2012年11月にDPC関連の1,619病院に対して実施した質問票調査に回答した221病院（回収率13.7%）[3] を業績データ収集対象病院とした。管理会計の実施状況が判明している病院でないと本研究を実施できないからである。

　予算管理の有効性を検証する上で重要な財務業績データ（本研究では採算性に関わる医業収益及び医業費用）については，公立病院に関しては『地方公営企業年鑑』から入手することにした。また国立病院と国公立大学病院に関しては，インターネット（WEB）上で公開されている財務データを利用することにした。ただし，国立大学のうち会計上の開示セグメントで病院が大学の他の部局から十分に分離されていなかった病院は，結果として利用できなかった。それ以外の質問票調査回答病院に対しては，2013年9月下旬から10月にかけて，質問票調査実施時期の2012年11月を含む会計年度（ほとんどは2012年度）の財務業績データに関する追加回答依頼（メール及び郵送）をした。その上で，追加回答を得られなかった病院に関しては，当DPC関連病院を経営する法人が当病院のみを経営する法人か否かをWEB上で確認し，当病院のみを経営している場合（病院としては1つであっても診療所や老健等の介護施設を経営している場合にもデータ収集対象外）には，法人の財務と当病院の財務がほぼ一致するため，所在地の都道府県（及び政令市）庁に財務諸表の開示請求をした。

　結果として，『地方公営企業年鑑』から74病院，WEBから12病院の財務データを入手することができ，また追加回答依頼により47病院，開示請求により15病院の財務データを入手できた。

　なお，『地方公営企業年鑑』から財務データを入手できる公立病院（及び一部の国保病院）に関しては，「医業収益」から自治体の支援である「他会計負担金等」を控除した純粋な医業収益を，分析に際して利用する医業収益とした。ところが「医業収益」の全額が「他会計負担金等」からなる（つまり純粋な医業収益がゼロの）公立病院が1つ見られ，こうした状況は特殊であるため，この病院は分析対象外とした。

　また，上記の手続きを経て入手した医業収益及び医業費用から算定した医業利益率と病床当たり医業利益（「DPC影響評価報告」上の各病院の総病床数を利用

して算定）に対して，分析上大きな影響が生じるような外れ値がないかを検定した。具体的には，筆者のこれまでの研究と同様に，外れ値検定（スミルノフ・グラブス検定）を実施し，有意水準0.1％で外れ値と判定されたデータ（病院）を明らかにした。その結果，１つの公立病院は，医業利益率と病床当たり医業利益の両採算指標ともに，大きく外れ値であることが判明したため，この病院は分析対象外とした。また，もう一病院，病床当たり医業利益が外れ値とされた病院があったが，この病院については，後述の他の諸指標の外れ値データと同様に，当指標データのみ分析対象外の病院として扱い，病院自体は分析対象に含めることにした[4]。

一方，上記のプロセスを経て分析可能な採算データを入手できた病院について，「DPC影響評価報告」から，退院時転帰（アウトカム）や再入院状況などの医療の結果や，病棟稼働や重要治療行為実施に関する業績データを入手した。管理会計手法の有効性を評価する上では，当該手法が主たる狙いとする財務業績への効果を検証することが一義的には重要であるが，当該手法が影響を及ぼしうるその他の業績等への影響も同時に検証することが本来重要であるからである。また，病院などの財務業績を組織目的とするわけではない非営利組織での予算管理の有効性評価においては，財務業績以外の多様な業績への効果・影響評価も，非常に重要になる。

以上のデータ収集から得られた多様な業績データを病院ごとに結合することにより，146病院のデータセットが構築できた。この146病院の病床規模分布は，200床未満21.9％（32病院），200床台15.8％（23病院），300床以上62.3％（91病院）であり，質問票調査回答病院群よりも小規模病院がやや少なく大規模病院がやや多い分布となっている。またこの病院群の開設者分類は，広義の公的病院が93病院（公立72，国立11，国保４，済生会２，厚生連２，日赤１，社会保険関係法人１），広義の私的病院が53病院（医療法人29，社会医療法人６，財団法人４，社会福祉法人４，学校法人３，医師会立３，公益法人２，医療生協２）であった。

(2) 分析対象業績指標の選択と基本統計量

本研究では，予算管理の有効性を評価するために，当然ながら，採算性に関する業績を分析対象とした。また，採算性以外の業績側面としては，「DPC影

響評価報告」から入手可能な，退院時転帰や再入院状況という医療の結果に関する業績[5]と，病棟利用状況や重要治療行為実施状況という入院業務の効率や生産性に関する業績を分析対象とした。各業績側面を測定する具体的な指標としては，以下の指標を選択した。

　財務業績（採算性）の指標としては，まず医業利益率と病床当たり医業利益を選択した。医業利益率はフローとしての医療サービスの総合的な採算性をみる指標である一方，病床当たり医業利益は病床当たりどのくらい本来業務から利益を上げているかという観点からの採算性である。医業利益率が売上高に対する割合（率）としての利益であるのに対して，病床当たり医業利益は病床数で病院の規模を統制した上での各病院の本来業務からの利益額そのもの（金額水準）を表している。

　また各病院の財務業績の「程度」は表さないものの，各病院が黒字か赤字かは，財務業績を主目的としない（それゆえ黒字の「程度」は必ずしも大きな注目点でない）非営利組織である病院では特に，財務業績に関する極めて重要な関心事であり，また象徴的な業績指標でもある。厚生労働省が毎年実施している『病院経営管理指標』調査では，病院界全体や開設者別・病院種別などの各種分類別の赤字病院割合及び黒字病院割合が報告されているだけでなく，黒字・赤字病院群別の詳細な調査結果も報告されている。また，全国公私病院連盟と日本病院会は毎年連名で『病院運営実態分析調査』を実施しているが，その中で病院界全体としてはもちろん開設者分類別の赤字病院割合及び黒字病院割合を報告している。このように，病院界においては黒字か赤字かは，極めて関心の高い採算性に関する象徴的な指標である。そこで本研究においても，分析対象病院群間で黒字病院の割合を比較する形で，黒字か赤字かを財務業績の指標として活用することにした[6]。

　退院時転帰の指標としては，退院時転帰改善率，資源最大投入傷病による死亡率，退院時転帰悪化率を分析対象とした。「DPC影響評価報告」では，退院時転帰として，「治癒」，「軽快」，「寛解」，「不変」，「増悪」，「医療資源を最も投入した傷病による死亡」，「医療資源を最も投入した傷病以外による死亡」，「その他」のいずれかに各患者を分類している。そのうち，退院時転帰改善率とは，退院時転帰が「治癒」か「軽快」か「寛解」のいずれかであった（つま

り傷病が改善した）患者の割合である。改善の程度は疾患の種類によっても異なることから，改善の程度は問わず入院前よりもよくなった患者の割合を改善率として分析対象とすることにした。その逆が退院時転帰悪化率であり，「増悪」，「医療資源を最も投入した傷病による死亡」，「医療資源を最も投入した傷病以外による死亡」のいずれかであった患者の割合である。疾患の種類によっては通常は死亡まではしないといったこともあることから，悪化の程度を問わず，入院前よりも悪くなった患者の割合を分析対象とした。また，資源最大投入傷病による死亡率とは，転帰が「医療資源を最も投入した傷病による死亡」であった患者の割合である。

　再入院状況の指標としては，6週間以内での前回入院と同一病名での再入院率[7]（以下，6週内同病再入院率）と，6週間以内での前回入院と同一病名での予期せぬ再入院率（以下，6週内同病予期せぬ再入院率）を分析対象とした[8]。在院日数が年々短縮される中，「再入院率の変化は，主として6週間以内の再入院において起こっている（中央社会保険医療協議会・DPC評価分科会，2009, p.3）」ため，DPC評価分科会では6週間以内の再入院に限定した詳細な調査を実施している。また6週間を超える再入院率は前回入院以外の影響を受けやすくなると考えられることから，従来の研究と同様に本研究でも6週内再入院率に注目し，さらに前回入院と同一病名の再入院率は前回入院の結果とより関連が深いと考えられるため，6週内同病再入院率を分析対象とした。また6週内同病再入院は，「計画的再入院」と「予期された再入院」と「予期せぬ再入院」に区分されており，予期せぬ再入院率は医療の結果（質）をより純粋に反映すると考えられるため[9]，分析対象とした[10]。

　病棟利用状況の指標としては，病床利用率と平均在院日数を分析対象とした。病床利用率は病棟の稼働状況の高低を表す業績指標であり，平均在院日数は病床の効率的利用（医療提供プロセスの効率性）を表す業績指標である。

　病床利用率は，「DPC影響評価報告」から得られる各病院のDPC算定対象の病床及び患者に関する総入院患者数と平均在院日数とDPC算定病床数から算定した（（総入院患者数×平均在院日数）÷（DPC算定病床数×365））。データ制約のため，総病床ではなく，DPC算定病床（分析対象146病院平均で総病床の86.6%を占めている）を対象とした病床利用率を分析対象としている。そのため，

平均で13％程度を占める非DPC算定病床も同程度の病床利用率と仮定していることになる点に注意が必要である。しかし各DPC関連病院の病棟の稼働状況を見るには十分な指標であると考えられる。

　一方，平均在院日数としては，同様に「DPC影響評価報告」から得られる，その病院の実際の疾患構成（DPC分類ミックス）と各疾患の実際の在院日数に基づいた，補正なしの通常の平均在院日数をまず参考指標として分析対象とする。しかし疾患の種類によって医療提供にかかる日数は必然的に異なるため，各病院に入院した患者群の疾患構成の違いに通常の平均在院日数は影響されており，各病院の医療提供プロセスの効率性を十分には反映していない。そこで，プロセス効率性をより反映した指標である，各病院の実際の疾患構成を全国平均の疾患構成に変更した上で各病院の実際の疾患別在院日数を適用して算定した「疾患構成補正後の平均在院日数」を，病床の効率的利用業績を表す主たる指標として分析対象とする。いずれの平均在院日数も，DPC算定対象の患者を対象とした業績指標であり，その他の患者の平均在院日数は考慮されていない点には注意が必要であるが，各DPC関連病院の病床の効率的利用状況を見るには十分な指標であると考えられる。

　重要治療行為実施状況の指標としては，病床当たり手術有患者数と病床当たり手術／化学療法／放射線療法有患者数を分析対象とした。管理会計手法の存在により，一般に診療報酬額が高額な重要治療行為の実施状況が高まるのかどうかを検証することを狙いとしているため，総患者数の増減により影響を受ける該当患者の「割合」よりも，該当患者の「数」を指標とした方がよいと考えた。また病院規模による患者数の違いを統制するために，各病院の規模を表す最も基本的な指標である病床数を用いた。その際，ここでは手術有患者数も手術／化学療法／放射線療法のいずれかが有る患者数も，DPC算定対象患者に限定したものであるため，DPC算定病床数を利用した。なお，手術件数（手術有患者数）は，財務業績の向上のためにその増加の重要性がしばしば強調され，病院での経営管理や業績管理においても利用される指標であることから，本研究でも分析対象とした。また，本来手術を伸ばしたいが麻酔科医が稀少で十分に確保できないために化学療法や放射線療法に積極的に代替させている病院もあると言われていることや，化学療法及び放射線療法も「DPC影響評価報告」

において手術と同時に重要な治療行為として個別に把握・公表されていることから，本研究では重要治療行為有の患者数としてまとめて分析対象指標に加えた。

　以上のように，管理会計の実施状況が把握されていてかつ財務データを入手できた146病院の業績指標セットが構築された。このデータセットに対して，指標ごとに極めて外れた値（病院）がないか検討するため，外れ値検定を実施し，有意水準0.1％で外れ値と判定されたデータを除去した。その結果，各指標のデータ量など基本統計量は，**図表7-1**のとおりである。

| 図表7-1 | 業績指標の基本統計量 |

業績側面	採算性			病棟利用状況			重要治療行為実施状況	
変　数	医業利益率	病床当たり医業利益（千円）	赤字黒字	病床利用率	平均在院日数	疾患構成補正後平均在院日数	病床当たり手術有患者数	病床当たり手術/化学療法/放射線療法有患者数
n	146	145	146	146	146	145	146	146
平　均	−2.5%	−569	−	64.6%	13.55	13.34	7.36	8.88
中央値	−1.5%	−351	−	67.4%	13.33	13.33	7.64	8.76
標準偏差	9.1%	2,053	−	11.7%	1.87	1.53	2.76	3.43

業績側面	退院時転帰			再入院状況	
変　数	改善（治癒・軽快・寛解）率	資源最大投入傷病による死亡率	悪化（増悪・死亡）率	6週内同病再入院率	6週内同病予期せぬ再入院率
n	143	145	145	145	146
平　均	82.0%	2.6%	3.8%	7.9%	1.1%
中央値	82.6%	2.4%	3.7%	7.1%	1.1%
標準偏差	7.2%	1.4%	1.7%	4.3%	0.7%

　なお，本節での部門別収益予算管理の効果検証や，第9章第2節でのDPCサービス別損益計算管理の効果検証，第9章第4節でのDPCサービス価値企画の効果検証，第11章での事業計画の各種実践の効果検証は，いずれもこのデータセットを基本として実施されている。ただし，この146病院の中には，各種の管理会計実践に関する設問のすべてに回答していない病院が含まれるため，各管理会計手法の効果検証分析に際しては，146病院よりも若干少ない

データセットに基づいている分析も含まれる点には留意が必要である。具体的には，本節での部門別収益予算管理の効果検証に際しては，146病院のうちで，部門別収益予算管理の実施の有無を回答している138病院が対象となっている。同様に，第9章第2節でのDPCサービス別損益計算管理では144病院，第9章第4節でのDPCサービス価値企画では146病院，第11章での事業計画では基本的に130病院強[11]が対象となっている。

(3) 分析内容

本研究では，部門別収益予算管理の実施の有無別に，上述の各種業績指標の平均値に有意差があるかをt検定により検証した（黒字病院割合のみ比率の差の検定）。

部門別収益予算を編成している病院群と編成していない病院群との二群間に，採算性の違いが見られるのか，別の言い方をするならば，部門別収益目標管理の有無により財務業績が異なるのかを検証する。収益予算（目標）管理は，直接的には収益額の増加を目的とする管理手法であるが，人件費及び機器設備費など固定費の割合が大きい病院界では，実質的には同時に損益を管理する手法でもあり，また究極的な狙いも利益の確保にある。そこで本研究では，部門別収益予算管理の実施による損益への効果を検証する。

加えて本研究では，部門別収益予算管理の実施の有無は，病棟利用状況や重要治療行為実施状況，さらに退院時転帰や再入院状況などの医療の結果には，どのような影響を及ぼしているのか，実施の有無による採算性以外の業績側面への影響についても同時に検証する。

2.2　分析結果

部門別収益予算管理を実施している病院群と実施していない病院群との採算性の差を検証したところ，黒字病院割合については，実施病院の方が有意に高い。部門別収益予算管理を実施している病院の方が，少なくとも採算性の確保（黒字化）には成功している可能性が高い。また，医業利益率や病床当たり医業利益についても，有意性まではないものの，実施病院群の方がよい可能性が高いと考えられる結果となっており，財務業績の改善に効果を持っている可能

性が高い。

　一方，病棟利用状況や重要治療行為実施状況には，どの指標で見ても，有意な差はない。また，退院時転帰や再入院状況に関しても，どの指標についても有意差がない。

| 図表7-2 | 部門別収益予算管理と病院の業績との関係性 |

部門別収益予算管理と病院業績			部門別収益予算（目標）の設定		
業績指標			無	有	p値
採算性	医業利益率	n	112	26	0.136
		平　均	−3.0%	−0.1%	
	病床当たり医業利益（千円）	n	111	26	0.123
		平　均	−710	−89	
	黒字病院割合	n	112	26	0.025
		平　均	41.1%	65.4%	
病棟利用状況	病床利用率	n	112	26	0.580
		平　均	65.2%	63.8%	
	平均在院日数（参考）	n	112	26	0.650
		平　均	13.55	13.35	
	疾患構成補正後平均在院日数	n	112	25	0.798
		平　均	13.30	13.38	
重要治療行為実施状況	病床当たり手術有患者数	n	112	26	0.881
		平　均	7.46	7.56	
	病床当たり手術/化学療法/放射線療法有患者数	n	112	26	0.905
		平　均	9.02	8.93	
退院時転帰（アウトカム）	改善（治癒・軽快・寛解）率	n	110	26	0.160
		平　均	82.5%	79.9%	
	医療資源最大投入傷病による死亡率	n	112	26	0.624
		平　均	2.6%	2.8%	
	悪化（増悪・死亡）率	n	112	26	0.526
		平　均	3.7%	4.0%	
再入院状況	6週内同病再入院率	n	112	26	0.290
		平　均	7.8%	8.9%	
	6週内同病予期せぬ再入院率	n	112	26	0.721
		平　均	1.1%	1.0%	

2.3 考察とまとめ

　部門別収益予算管理実施病院群の方が，実施していない病院群よりも，黒字病院割合が有意に高く，部門別収益予算管理は採算確保に貢献していると考えられる。また，医業利益率や病床当たり医業利益で見ても，統計的有意性まではないものの，部門別収益予算管理実施病院群の方が，採算性が良い状況が推察される結果となっている。一方，病棟利用状況や重要治療行為実施状況には有意な差が見られず，部門別収益予算管理の効果は見られない。また，退院時転帰や再入院状況にも有意差がなく，部門別収益予算管理により医療の結果に悪影響がもたらされるということはないようである。

　ちなみに，類似研究（荒井，2011b）では，部門別「収益」目標管理ではないものの，部門別「損益」目標管理の実施の有無による業績の差を検証しており，実施病院群の方が，医業利益率及び黒字病院割合が有意に高い一方，補正後及び補正無平均在院日数や6週内同病再入院率及び予期せぬ再入院率には有意差がないという結果が得られており[12]，今回の研究と同様の結果であった。

　非営利組織である病院でも，営利企業と同様に，予算管理が客観的な財務業績に効果を持っているのか，従来，十分には明らかでなかった。しかしながら，本研究により，病院においても，部門別収益予算管理は，客観的な財務業績に良い効果をもたらしていることが明らかになった。しかも従来の研究ではまったく評価されていなかった，退院時転帰への影響についても検証がなされ，医療の結果に悪影響がもたらされることはないと考えられることも明らかとなった。

　ただし，本研究では部門別収益予算管理の実施の有無だけに注目しており，その手法の活用度や活用方法の違いにより財務業績等への効果の程度が異なる可能性もある点には留意する必要がある。

3 DPC対象病院における病院全体予算管理の効果

3.1 研究方法

　病院では予算の各種管理機能がどの程度利用されているか，またそうした管理機能はどのような予算管理実務においてより利用されているかは，荒井（2016e）により明らかにされてきた。しかし管理機能の利用度が高いと採算性向上が本当に実現するのか，特定の予算管理実務による高い機能利用度が採算性向上に本当に貢献しているのか，は明らかにされていない。そこで本節では，予算の各種管理機能の利用度と採算性，および荒井（2016e）において機能利用度を高めると推察された各種予算管理実務と採算性，の関係を分析することを通じて，予算管理が採算性向上に有効なのかを検証する。またその際，予算管理機能の利用度の高さや採算性を高める予算管理実務が，病院にとって重要な医療の結果に悪影響を与えてはいないかも限定的ながら確認する。

⑴　分析対象病院群

　2014年度DPC対象病院（1,585病院）に対して予算管理に関する質問票調査を実施し，266病院から有効回答を得た。この回答病院群に対して追加で2014年度の財務情報を調査し，さらに追加調査に無回答であった病院のうち，公立病院については『地方公営企業年鑑』から，国立病院については国立病院機構のWEBサイトから，財務情報を入手した。その結果，財務データが得られたのは193病院であったが，１病院はすべての収益が他会計繰入金収入である公立病院であったため，本研究の分析にふさわしくない対象として除外した。また，先行研究と同様に採算指標に対して外れ値検定を実施した結果，分析対象病院は，187病院となった。なお，187の分析対象病院のすべてが病院全体を対象とした予算管理を実施していた。

⑵　分析に用いる各種管理機能の利用度

　本調査では，病院全体予算の各種管理機能として，①費目間最適配分機能，

第7章　予算管理の効果の検証　131

②予算進捗管理機能，③院内での働きかけ機能，の3つの機能を以下のように
定義した上で，各機能をどの程度活用しているか，「全く活用してない」（1）
から「非常によく活用」（7）までの7段階評価で調査した。
- ①　費目（材料費・人件費・経費など）間の最適なバランスをとる（費目間最
適配分）機能
- ②　病院内経営管理者層による予算・実績差異把握を通じた病院全体予算達
成への進捗状況把握・管理機能
- ③　病院内経営管理者層による病院内部門管理者（診療科長等）への予算達
成への協力の働きかけ機能

　本研究では，これら各管理機能の利用度が高い病院の方が採算性が良いので
はないかとの仮説をまず検証する。その際，各機能利用度とも，利用度尺度の
中間値である利用度4を中程度の利用度とし，それよりも低い利用度である利
用度1～3を低，それよりも高い利用度である利用度5～7を高と3区分し，
各区分のサンプル量を確保して機能利用度と採算性との関係を分析する。

(3)　分析に用いる予算管理実務

　次に，荒井（2016e）で上記の各機能の利用度を高めると推察された以下の
各予算管理実務について，その実務が見られる病院の方が採算性が良いのでは
ないかとの仮説も検証する。
　荒井（2016e）では，まず，病院を統制する側である法人本部等が予算編成
を主導するよりも，予算の編成対象組織単位である病院施設の中の経営管理者
層が予算編成を主導する方が，費目間最適配分機能に限っては利用度が高いこ
とが判明した。そこで本研究では，本部等主導か病院内主導かによる採算指標
の差を検定する。
　また荒井（2016e）では，法人本部等と病院内の経営管理者層との間の対話
度が高い病院の方が，3つの予算管理機能の利用度がいずれも高いことが判明
した。本調査では，「予算を編成する際，法人本部／自治体／議会と病院内経
営管理者層（院長・看護部長・事務部長等）との協議を行うなどのコミュニケー
ションはどの程度とられていますか」を，「全く対話してない」（1）から「非

常によく対話」（7）までの7段階評価で把握している。本研究では，荒井（2016e）での区分と同様に，平均値前後の対話度4～5を中程度の対話度とし，それより低い対話度1～3を低，それより高い対話度6～7を高と3区分し，対話度区分ごとの採算指標の差を検定する。

さらに荒井（2016e）では，病院の戦略が予算にしっかりと反映されている方が，上記3機能すべての利用度が高いことが明らかとなっている。本調査では，「病院の経営政策（戦略）を具体的に表した中期経営（事業）計画をどの程度反映した予算編成となっていますか」を，「全く反映してない」（1）から「非常によく反映」（7）までの7段階評価で把握している。本研究では，荒井（2016e）での区分と同様に，平均値前後の戦略反映度4～5を中程度とし，それより低い反映度1～3を低，それより高い反映度6～7を高と3区分し，低中高の反映度区分ごとの採算指標の差を検定する。

さらに荒井（2016e）では，予算実績差異情報の主たる利用層の違いにも注目している。予算により病院を統制する側である本部等と，当該予算により統制される側である病院施設内の経営管理者層及び部門管理者層の，どちらが差異情報の主たる利用層かという実務の違いである。主利用層が現場病院側である方が3機能とも利用度が高いことが判明した。そこで本研究では，主利用層が本部等か病院内かによる採算指標の差を検定する。

また予算実績差異把握が月次と高頻度な病院の方が，年次・半年・四半期（内ほとんどが年次）と頻繁には実施していない病院よりも，3機能とも利用度が高いことが判明した。本研究では，差異把握頻度が月次か非月次かによる採算指標の差を検定する。

加えて荒井（2016e）では，発生差異に対して直接的な管理責任を有する病院内経営管理者層までに差異情報の開示を限定している病院よりも，差異の発生単位（病院全体）よりも細分化された病院内の部門単位の管理者やさらには職員全般まで差異情報を開示している病院の方が，3機能とも利用度が高いことが判明した。そこで開示階層範囲が病院内経営管理者層か部門管理者等下位階層を含むかによる採算性の差を検定する。

最後に，荒井（2016e）では，病院全体予算管理に対する直接的な責任を有する病院長がその予算達成状況により業績評価までされている病院の方が，院

第7章　予算管理の効果の検証　133

内での働きかけ機能の利用度が高いことが明らかになった。そこで病院長の業績評価に予算が利用されているか否かによる採算指標の差を検定する。

⑷　分析に用いる業績指標

　以上の管理機能利用度及び予算管理実務と採算性との関係の分析に際して利用する採算指標としては，他会計等からの繰入金や補助金・負担金の影響を避けるために，経常利益ではなく医業利益を用いることにした。また，医業収益に含まれる他会計負担金も控除した後の純粋な医業収益を算出し，そこから医業費用を控除して得られる純粋な医業利益を用いて，医業利益率と総病床当たり医業利益を算出した。

　また，予算管理の機能利用度の高さと，採算性を高めることが判明した予算管理実務については，そうした予算の利用状況及び実務が，病院のより本質的な組織業績である医療の結果（成果）に悪影響を与えていないかも併せて検証する。具体的には，中医協のDPC評価分科会による「DPC影響評価報告」から入手可能な医療の結果と関連の深い退院時転帰及び再入院に関する業績に悪影響を与えていないかを検証する。退院時転帰の指標としては改善率と悪化率を分析対象とし，再入院の指標としては，6週間以内での前回入院と同一病名での再入院の内の計画外再入院の率（以下，計画外再入院率）を分析対象とした。

　「DPC影響評価報告」では，退院時転帰として，「治癒・軽快」，「寛解」，「不変」，「増悪」，「医療資源を最も投入した傷病による死亡」，「医療資源を最も投入した傷病以外による死亡」，「その他」のいずれかに各患者を分類しているが，退院時転帰改善率とは，退院時転帰が「治癒・軽快」か「寛解」のいずれかであった患者の割合である。その逆が退院時転帰悪化率であり，「増悪」，「医療資源を最も投入した傷病による死亡」，「医療資源を最も投入した傷病以外による死亡」のいずれかであった患者の割合である。なお第7章第2節や第9章第2節及び第4節，第11章で論じる研究の時点までは，退院時転帰に関する指標として，「医療資源を最も投入した傷病による死亡」の割合も分析対象としてきた。しかし，本節や第5章第3節，第6章，第9章第3節で論じる，その後実施された研究では，分析対象外としている。「DPC影響評価報告」における死亡率ではリスク調整などがなされておらず，必ずしも適切にその病院の質と

しての結果が反映されないという点を重視して，分析対象外とした。

　同様に，「DPC影響評価報告」では，詳細区分分析として，6週内同病再入院の状況を，各病院に「計画的」，「予期された」，「予期せぬ」に分類して報告させてきた。そこで第7章第2節や第9章第2節及び第4節，第11章で論じる研究の時点では，再入院に関する指標として，医療の質を本来的には最も表すと考えられる6週内同病予期せぬ再入院率と，信頼性に若干の懸念がある予期せぬ再入院率を補完する観点から6週内同病再入院率（「計画的」，「予期された」，「予期せぬ」の合計）とを分析対象としてきた。しかし，中医協・DPC評価分科会などでの議論において，その後，「予期された」と「予期せぬ」の分類に病院・担当者間での一貫性の確保が困難であり，この分類の下では病院間の比較が必ずしも適切にできないという指摘が強まり，両者を統合し「計画外」の再入院としてとらえるべきであるとされるようになり，現在では統合して報告されるようになっている。そのため，本節や第5章第3節，第6章，第9章第3節で論じる，その後実施された研究では，計画外再入院率を分析対象指標とすることにした。一方で，従来，予期せぬ再入院率の不十分さを補完するために利用してきた6週内同病再入院率については，分析対象外とした。計画外再入院率を分析対象とした際には，それに「計画的」入院を加えた再入院率には，医療の質（結果）を表す指標としてもはや補完機能はあまりないと考えるからである。

3.2　分析結果

　まず予算管理機能の利用度と採算性との関係を分析した。費目間の最適配分機能については，医業利益率でも，病床当たり医業利益でも，利用度の高低と採算性とには有意な関係性は確認されなかった。ただし回答病院群では，機能利用度が低中高と高まるにつれて，どちらの採算指標で見ても段階的に改善しており，機能の利用度が高い方が採算性が高い様子が窺われる結果ではあった。予算進捗管理機能については，医業利益率で見た場合には，利用度の高低と採算性とに有意な関係性は確認されない一方，病床当たり医業利益で見た場合には10％水準ではあるが有意な関係性が見られた。具体的には，機能の利用度が高いほど，病床当たり医業利益が良い傾向が確認された。また医業利益率に関

図表7-3　病院全体予算管理の各機能利用度と採算性及び医療の結果

予算管理機能利用度	3区分	n	医業利益率		病床当たり医業利益		退院時転帰改善率		退院時転帰増悪率		計画外再入院率	
			平均	標準偏差	平均	標準偏差	平均	標準偏差	平均	標準偏差	平均	標準偏差
費目間最適配分機能	1～3	56	-8.1%	11.1%	-1,739	2,367	81.4%	9.5%	3.7%	1.6%	2.7%	0.7%
	4	43	-4.8%	11.1%	-1,338	2,291	82.1%	8.3%	3.8%	1.9%	2.5%	0.7%
	5～7	86	-4.6%	9.4%	-981	2,159	83.5%	6.8%	3.7%	1.8%	2.6%	0.8%
	分散分析		F値* 2.21	p値 0.112	F値 1.93	p値 0.148	F値 1.31	p値 0.273	F値 0.05	p値 0.949	F値 0.70	p値 0.497
予算進捗管理機能	1～3	35	-9.3%	14.6%	-2,142	2,885	80.0%	11.0%	3.7%	1.5%	2.7%	0.6%
	4	27	-6.1%	10.8%	-1,249	2,342	85.2%	4.4%	3.9%	2.1%	2.4%	0.7%
	5～7	125	-4.5%	8.6%	-1,030	2,006	82.7%	7.5%	3.7%	1.7%	2.6%	0.8%
	分散分析		F値* 2.16	p値 0.123	F値 2.66	p値 0.076	F値* 3.13	p値 0.051	F値 0.19	p値 0.828	F値 1.08	p値 0.340
院内での働きかけ機能	1～3	40	-8.7%	12.5%	-1,734	2,673	82.2%	8.0%	3.6%	1.3%	2.5%	0.7%
	4	39	-4.8%	11.0%	-1,327	2,282	82.3%	9.1%	3.9%	2.1%	2.5%	0.7%
	5～7	108	-4.8%	9.1%	-1,077	2,086	82.8%	7.7%	3.7%	1.8%	2.6%	0.8%
	分散分析		F値 2.27	p値 0.107	F値 1.25	p値 0.290	F値 0.12	p値 0.886	F値* 0.41	p値 0.665	F値 0.31	p値 0.731

＊ルビーン検定により等分散性が仮定できないことが判明したため、Brown-Forsythe検定を実施。

しても，回答病院群では，機能利用度が高まるにつれて段階的に改善しており，機能の利用度が高い方が採算性がよい様子を窺わせる結果であった。働きかけ機能については，どちらの採算指標で見ても，利用度の高低と採算性とに有意な関係は見られなかった。ただし回答病院群では，どちらの採算指標でも，機能利用度が高まるにつれて改善しており，院内での働きかけ機能の利用度が高い方が採算性が高い様子が窺われる結果であった。

　加えて機能の利用度と医療の結果との関係を分析してみたが，費目間最適配分機能と院内での働きかけ機能については，その利用度といずれの結果指標との間にも有意な関係は見られなかった。また予算進捗管理機能については，その利用度と退院時転帰増悪率及び計画外再入院率の間には有意な関係が見られない一方，退院時転帰改善率には有意な関係が見られた。ただしその有意差は，利用度が低い病院では改善率が低く利用度が中程度の病院では改善率が高いというものであり（利用度が高い病院の改善率は両者の中間），予算進捗管理機能の利用度が高いほど改善率が悪くなるというものではない。採算性向上への有意な効果が一部確認されている予算進捗管理機能を含め，3つのいずれの予算管理機能についても，その利用度が高いほど医療の結果が悪いということはないことが明らかとなった。

　以上をまとめると，予算進捗管理機能の利用度が高いと病床当たり医業利益が高いという結果を除けば，全体としては，予算管理機能の利用度が高い方が採算性が良いとは有意には言えないことが判明した。ただし，有意性はないものの，予算管理機能利用度が高い方が採算性が良い傾向があることを窺わせる結果ではあった。また，どの予算管理機能に関しても，少なくとも退院時転帰及び再入院状況の観点からは，より積極的な利用が医療の結果に悪影響を与えることはなさそうであることが明らかとなった。

　次に，予算管理機能の利用度の高さが採算性の向上に必ずしも十分にはつながっていない状況において，先行研究で上記3機能のいずれかの予算管理機能の利用度を高めることが確認された各種予算管理実務と採算性との関係を分析してみた。すると，本部・施設間対話度，戦略反映度，予算編成主導層，予算実績差異主利用層，予算実績差異開示階層範囲には，有意な関係性が見られなかった一方，予算実績差異の把握管理頻度と病院長の業績評価での予算利用に

は有意性が見られた。

　具体的には，予算実績差異を月次で管理している病院の方が，年次・半年など月次よりも間隔をあけた差異管理をしている病院よりも，医業利益率でも病床当たり医業利益でも，有意に採算性が良いことが判明した。また，予算管理上の業績を病院長の評価に利用している病院の方が，どちらの採算指標でも採算性が有意に良いことが判明した。

　加えて，採算性向上効果があると推察されるこの2つの予算管理実務と3つの医療の結果指標との関係を見てみたところ，両実務とも医療の結果に有意な違いをもたらしていないことが判明した。少なくとも退院時転帰及び再入院状況の観点からは，採算性向上に資する高頻度の予算実績差異管理及び予算の院長業績評価利用という実務は，医療の結果に悪い影響は与えていないと考えられる。

図表7-4　予算実績差異管理頻度及び病院長業績評価利用と採算性及び医療の結果

差異管理頻度	n	医業利益率		病床当たり医業利益		退院時転帰改善率		退院時転帰増悪率		計画外再入院率	
		平　均	標準偏差	平　均	標準偏差	平　均	標準偏差	平　均	標準偏差	平　均	標準偏差
月次	85	−3.8%	7.4%	−955	1,800	81.9%	9.0%	3.8%	1.9%	2.6%	0.7%
非月次	97	−7.5%	12.2%	−1,633	2,540	82.9%	7.2%	3.6%	1.7%	2.6%	0.8%
t検定		t値	p値	t値	p値	t値	p値	t値	p値	t値	p値
		2.55	0.012	2.10	0.037	0.77	0.441	0.78	0.438	0.30	0.765
院長業績評価利用	n	医業利益率		病床当たり医業利益		退院時転帰改善率		退院時転帰増悪率		計画外再入院率	
		平　均	標準偏差	平　均	標準偏差	平　均	標準偏差	平　均	標準偏差	平　均	標準偏差
利用無	151	−6.3%	10.7%	−1,443	2,302	82.4%	8.5%	3.7%	1.7%	2.6%	0.8%
利用有	34	−2.6%	8.2%	−503	1,971	83.4%	5.7%	3.7%	1.6%	2.5%	0.6%
t検定		t値	p値	t値	p値	t値	p値	t値	p値	t値	p値
		2.26	0.027	2.20	0.029	0.87	0.385	0.07	0.946	1.07	0.287

3.3 考察とまとめ

　予算の管理機能のより積極的な利用は採算性の向上に一定の効果を持っていそうであるものの，一部を除けば統計的には十分な結果となっていないことが明らかとなった。こうした現状の1つの理由は，営利企業とは異なり，非営利組織である病院では必ずしも採算性を向上させるように予算が編成されていないためではないかと考えられる。特に，非営利性が強く，また繰入金・補助金等の公的支援が期待できる公立病院等では，予算管理が採算性を向上させるための経営管理手法となっていないのではないかと思われる[13]。公立病院を中心に，前年度実績ベースの予算編成がなされ，採算改善を目指して厳しめの収益及び費用目標を設定しているわけではない病院が多く見られるためではないかと考えられる。前年度実績ベースの予算では，その管理機能の利用度が高く，予算が達成できたとしても，前年同様の採算水準（多くは赤字水準）が継続するだけであるため，予算管理機能の利用度の高さは，採算性の現状維持にはつながるものの，採算性の向上には貢献しないことになる。予算管理活動により採算の改善を図るためには，予算編成において，赤字予算であったとしても少なくとも赤字額を縮減できるように（可能であるならば黒字化できるように），前年度よりも採算水準が向上するような厳しめの収益及び費用予算を編成する必要がある。

　次に，予算管理機能の利用度を高める予算管理実務であっても必ずしも採算性を高めていないことが判明したが，機能利用度の高さが採算性向上にしっかりとは連動していない実態を考えれば，当然の帰結ともいえる。こうした中，高頻度の予算実績差異管理と予算管理業績の病院長評価での利用という実務は，採算性の向上につながっていることが判明した。

　予算実績差異の把握頻度の高さは，病院経営管理者層に採算状況を高頻度に認識させることになるため，彼らの採算管理意識全般を高めることにつながり，予算管理機能のより積極的な利用だけでなく，他のより多様な採算改善活動（DPCサービス別価値企画などのサービス単位の採算改善など）に積極的かつ適時に取り組むことを促しうる。その結果，多くの場合には前年度と同水準の損益と考えられる予算上の損益を超える損益結果（つまり採算性向上）がもたらさ

れたのではないかと考えられる。

　また，予算管理業績の病院長評価での利用は，採算業績により自らが評価されるという状況を生み出す。そのことで病院長の採算管理意識全般が高まり，予算管理に止まらない採算管理全般への病院長のより積極的な関与をもたらし，その結果，前年度と同程度の採算水準に止まることにつながりかねない予算損益の達成だけでなく，採算性の向上が実現しているのではないかと考えられる。

　なお，こうした予算管理実践に取り組んだ際，医療の結果には悪影響が及んでいないようであり，少なくとも現状の予算管理の下では，利用度を高めたり，予算実績差異把握を高頻度で行ったり，病院長業績評価に利用したりしても，副作用はなさそうである。

　本研究では，予算の管理機能の利用度を高めることは，採算性の向上に限定的な効果は持っている様子が窺われるものの，現状の予算管理では，必ずしも採算性の向上に統計的に有意なほどしっかりと繋がっているわけではないことが判明した。そのため，機能利用度を高めると推察された各種予算管理実務の多くは，採算性には効果を有していないようであることが明らかとなった。しかしそうした中でも，高頻度な予算実績差異管理（予算によるPDCAサイクルの速い回転）と予算管理業績の病院長評価での利用という実務は，採算性の向上に効果を有していると推察されることが判明した。予算管理活動を採算改善につなげるためには，①前年度損益実績を改善するように予算損益を作り込む（予算編成する）こと，②高頻度な予算実績差異管理と予算管理業績の病院長評価での利用に積極的に取り組むこと，が重要であることが推察される。

　ただし，採算性との関係を分析した予算管理機能の利用度は，回答者の主観的な評価に基づくものであるという限界が本研究にはある。また機能利用度の高さが必ずしも採算性の向上にしっかりとはつながっていない理由と推察した，病院（特に非営利性が強く財政支援も期待できる公立病院）における予算編成の採算改善に向けたストレッチ度の低さという実態は，今後しっかりと明らかにすべき研究課題である。

(注)

1 海外でも病院における予算に関する研究は多く見られる。しかしながら，日本と海外とでは，医師所有経営制や大学医局による医師派遣などを背景とした病院のガバナンスの違いや，医療保険制度，医療市場，国民の医療に対する価値観などの違いがあるため（荒井，2007），海外における研究は日本の病院における予算に関する課題に対応するという観点からは，あまり参考にならない。

2 病院機能評価とは，公益財団法人日本医療機能評価機構が実施する病院評価であり，当法人のWEB上での定義によれば，次のとおりである。「病院機能評価は，我が国の病院を対象に，組織全体の運営管理および提供される医療について，当機構が中立的，科学的・専門的な見地から評価を行うツールです。」（https://www.jq-hyouka.jcqhc.or.jp/accreditation/outline/　2019年1月19日参照）

3 損益計算などの管理会計の実施状況には病院の規模が関係していることが知られているが（荒井，2013，第9章），本調査の回答病院群の病床規模分布は，200床未満29.1％，200床台14.1％，300床以上56.8％であり，母集団としてのDPC関連病院の病床規模分布（200床未満30.0％，200床台19.2％，300床以上50.8％）と全体として大きな違いはない。したがって，本調査の回答病院群は母集団をある程度代表していると考えられる。

4 退院時転帰や再入院状況などの医療の結果や，病棟稼働状況や重要治療行為実施状況に関わる諸指標に対する外れ値検定の結果，どれか1つの指標でも外れ値となった病院を病院ごと分析対象外としてしまうと，サンプル量の減少が大きくなり，統計的検証にとって好ましくないため，当該指標データのみ分析対象外という方法を採用した。

5 合併症発生状況など他にも医療の結果と関係する側面はあるが，本研究の対象であるDPC関連病院におけるそうした側面のデータは公表されていないため，分析対象とできない。

6 このほか，総資産医業利益率や職員当たり医業利益なども採算指標としてはありうる。しかし，資産データを今回の質問票回答病院の大部分から入手することには困難が伴うことや，非営利組織である病院（特に公的な病院）では投下資本に対する利益という考え方には立っていないことから，資産利益率は分析対象指標としなかった。また，職員数は質問票の中で把握したが，調査回答データのため，職員数データが共通の定義（非正規職員含むか否か，常勤換算の有無）で回答されていない可能性があることから，職員当たり利益は分析対象指標としなかった。

7 再入院率の定義（計算方法）や同一病名の判定方法は，荒井（2013，補論2）を参照。

8 過去の研究では，より直接的に医療の結果を表す退院時転帰の情報が公開されていなかったこともあり，多くの再入院率に関する指標を分析対象としてきたが，この研究の時点では退院時転帰情報も公開されるようになり，再入院状況以外の多くの業績側面について分析対象としているため，医療の結果を見るという観点からより重要性の高い2つの再入院率指標に限定して分析対象とした。

9 一方で，「予期せぬ」には質の観点からネガティブな印象もある中，「予期された」との分類には担当者の裁量の余地があるため，「予期せぬ」への過少分類が生じている可能性もあることから，3つに細分類しない6週間同病再入院率も分析対象指標とすることにした。

10 ちなみに全日本病院協会（全日病）の「医療アウトカム評価事業」でも，再入院率としては，「予期しない再入院率」が指標として選択されている。ただしそこでの再入院率は，「同一の疾患で退院後1ヶ月以内に再度入院する場合」（厳密には4週間内と2週間内の同病再入院率が公表されている）と定義されており，本研究のデータ源である「DPC影響評価報告」の「予期せぬ再入院率」とは定義が異なり，むしろ6週間内同病

再入院率に近い定義の指標となっている。また，全日病も参加し公表している厚生労働省補助事業としての「医療の質の評価・公表等推進事業」では，「DPC影響評価報告」と同じ「予期しない再入院率」が用いられている。つまり，病院団体である全日病が公表している医療の質（アウトカム）の指標としての再入院率は，本研究で選択した2種類の再入院率と同様の指標である。

11　事業計画を実施している病院群におけるその実践の違いによる効果の違いを検証をしているため，事業計画の各種実践に関する各設問への回答数に応じて，分析対象病院数は若干異なる。個々の検証分析に際する分析対象数の詳細は，第11章の図表内の値を参照されたい。

12　荒井（2011b）では，病床当たり医業利益や病床利用率，重要治療行為実施状況及び退院時転帰の指標については，分析対象とされていない。

13　非営利性の高い公立病院といえども，地方公営企業として独立採算原則に基づき事業の継続性を前提に経営される以上，本来的には赤字経営は許容されないため，赤字病院の場合には，赤字額を減少させるように予算編成する必要がある。また技術革新に対応して各時代にふさわしい医療水準を保つためには，ある程度の黒字を確保する必要があるため，非営利組織としての病院であっても，わずかな黒字の場合には，ある程度の黒字を確保できるように予算編成する必要がある。現状では，公立病院のほとんどは赤字であり，技術革新に十分対応できるだけの黒字を確保できている病院は少ない。したがって，インタビュー調査でしばしば聞く前年度水準に基づく予算編成（前年度同様の赤字水準を実現させることになる予算編成）が，多数の公立病院において見られる実態であるとするならば，自治体等からの繰入金や補助金に依存した経営管理体質によるものと考えられる。ただし，どの程度の割合の病院において，前年度の採算性を改善するように予算編成がなされていないのかは，今後，実証的な研究が必要である。

第8章

病院全体予算管理による業績評価に対する病院長の受容性を高める予算管理実践の検証

1 問題意識

　現在，病院は厳しい財務環境下での経営を余儀なくされているため，しっかりと予算管理する必要性が高まっている。実効性のある予算管理を行うために，予算管理業績を管理者の業績評価に反映させ，賞与等の金銭的報酬にも反映させるという方法が，営利企業では広く行われている。病院でも，予算を現場管理者（病院長や部門長）の業績評価に活用することが予算管理活動をより有効にする場合があると考えられる。実際，第7章第3節での研究結果によれば，病院長業績評価に予算を利用することにより，病院全体予算管理による採算改善効果が高まることが明らかにされた。そのため，厳しい財務的環境に置かれた病院では[1]，病院長業績評価における予算管理の活用が妥当であると考えられる。

　しかしながら，現状では病院全体予算の病院長業績評価での利用は十分にはなされていない（荒井，2016a）。こうした現状の背景の1つには，自律性の高い医療職管理者の財務的業績による評価への受容性の低さがあると考えられる。医療職管理者は，医療提供とお金を結び付けて考えることを伝統的に嫌い，予算管理に対して反発までしないまでも少なくとも無関心であることが多いため，予算管理業績を基に評価されることには基本的に抵抗感があるからである。

　そのため，病院長の予算管理業績による評価の受容性を高めるような管理会計実践を明らかにすることは，非常に意義がある。しかし次節で述べるように，病院での予算管理と業績評価に関する先行研究は少ない。そこで本章では，予

算管理業績による評価への病院長の納得性を高め，予算管理の病院長業績評価での利用を促進すると考えられる管理会計実践を明らかにすることを試みる。なお本研究では，各種の観点からの予算管理実態の違いと病院長業績評価での予算利用との関係について，質問票調査データを活用して定量的に探索することとした。

2 先行研究

　管理者の業績評価を行う際に，予算管理業績を評価に反映させて金銭的報酬にも連動させることで予算管理の実効性を高めるという方法が，営利企業では広く行われている（岡本ほか，2008：上總，1993：吉田・福島・妹尾，2012，pp.90-91）。病院においても，予算管理業績を管理者業績評価，報酬に反映させることで，現場管理者の努力を引き出そうとする試みが行われている（Anthony and Young，2003，pp.590-591）。

　まず本章と関連するような海外の研究では，例えばアメリカの病院における業績評価と報酬の関係が定量的に調査されている（Eldenburg and Krishnan，2007）。多くの研究は，営利と非営利の違い，もしくは開設者の違い（私的か公的か）が，金銭的な誘因を利用する程度に与える影響を調査するものである（Brickley and Van Horn，2002；Eldenburg and Krishnan，2003，2008；Roomkin and Weisbrod，1999）。またLambert and Larcker（1995）は，メディケア償還制度[2]が大きく変化した1983年より前の財務的業績が悪い病院ほど，1983年以降に賞与ベースの報酬契約を利用する傾向が強かったことを示した。これは，財務的に厳しい状況に置かれている病院ほど，予算管理業績などの財務業績を管理者の業績評価及び金銭的報酬に反映するようになることを示唆している。このように一定の研究の蓄積はあるが，病院における予算管理実践の特徴が予算管理業績による管理者業績評価に与える影響に関しては，研究が行われていない。また，アメリカの病院を中心とした予算管理業績と業績評価，金銭的報酬の関係に関する研究結果は，アメリカの病院を前提としたものである。日米では，医師所有経営制や大学医局による医師派遣などを背景とした病院のガバナンスの違いや，医療保険制度，医療市場，国民の医療に対する価値観などの

違いがある（荒井，2007）。このように，日米で病院を取り巻く状況が大きく異なるという事実を踏まえると，アメリカでの研究結果が日本でも同じようにあてはまると考えることはできない。

日本でも，病院における予算管理を対象とした研究は増加しているが，その多くは予算管理と管理者業績評価の関係に注目したものではない（荒井，2013a，2013；荒井・尻無濱，2012，2013；荒井ほか，2013；衣笠，2012，2013a，2013b；藤原・松尾，2013）。例えば荒井（2013a，2013e）や衣笠（2012，2013a）は，病院を対象にインタビューを行い，予算管理業績と管理者業績評価及び報酬への反映についても調査しているが，予算管理と管理者業績評価の関連性に焦点を当てたものではなく，また病院界全般における状況を調査しているわけではない。病院における予算管理と管理者業績評価に焦点を当てた質問票調査はこれまで行われておらず，病院界全般における実態は明らかになっていない。

一方で，筆者による病院関係者へのこれまでのインタビュー調査から，予算損益管理の実践状況が管理者業績評価及び報酬連動に影響すること，そして影響を与えていそうな実践の背景には，現場施設の医療職管理者（特に医師）の予算損益管理及びその結果に基づく自身の業績評価及び報酬連動に対する納得性が関係していること，が示唆されている。荒井（2013a，第5章）によれば，予算損益管理業績と賞与等との連動がまったくない法人は，いずれも現場施設管理者の納得が得られづらい法人本部による集権的な予算損益管理がなされている法人であった。また荒井（2009，第3章）によれば，予算損益管理の基盤となる損益計算結果を巡る現場医療職の納得が得られないため，1回限りの取り組みに終わってしまう法人や，継続的に損益把握していても法人本部内での把握にとどまり，現場の反発を恐れてまったく現場に提示できず業績評価等に活用できていない法人が多い。つまり，これまでの筆者のインタビュー調査による知見に基づけば，医療職管理者の納得性がない場合，強い反発にあって業績評価に予算や損益結果を活用することが困難になる。

また，予算と通常対応関係のある事業計画に関して，荒井（2013a，第3章）は，その計画事項群が対象としている業績領域が非財務領域を含み多面的である病院の方が，また各計画事項間の因果関係をしっかりと考慮している病院の方が，その事業計画を管理者の業績評価に利用している割合が有意に高いこと

を明らかにしている。財務面のみではない多様な業績側面からの評価や，因果関係を考慮した根拠のしっかりとした経営手法による評価の方が，評価される側である医療職の納得が得られやすいためであると考えられている。この研究結果も，医療職管理者の納得性と関わる予算管理実践が管理者業績評価における予算活用に影響を与えるであろうことを示唆している。

　現場管理者の業績評価に際してその評価対象者の納得がある程度重要であることは，どの産業の組織でも同様と考えられるが，特に病院界では現場医療職管理者の納得が経営管理上極めて重要であることがわかっている（荒井，2009，第3章ほか）。日本では，形式上は病院に雇用されている診療科長等であっても，実質的な人事権は派遣元の大学医局が握っていることが多く，医師の特定の病院への帰属意識は非常に低い（荒井，2007）。また，大学医局の人事下にいない医師の場合も，経営上の中核的駆動力でありながら極めて希少性が高い職種であるために，多くの病院にとって確保が困難で獲得競争が展開されている状況であるため，容易に転職が可能である。このような業界環境にあるため，法人経営層は医療職管理者に対して人事権を背景とした強い対応をとることはできない。しかも，若手医師を中心に徐々に薄れてきているとはいえ（荒井，2009，補論2），伝統的に，医療提供上の意思決定に金銭的な要素を組み込むことを嫌う（少なくとも無関心な）文化があるため[3]，予算管理業績のような財務的業績による評価には元々抵抗感がある。こうした業界環境や職業文化のため，病院界では現場医療職管理者の納得性の確保が経営管理上極めて重要となる。

　以上の示唆から，本研究では，医療職管理者の納得性と関わりが深いと考えられる予算管理実践に注目し，管理者業績評価における予算活用状況との関連を探索的に分析する。具体的には，予算編成方法（予算編成主導層），本部施設間対話度，予算への戦略反映度，予算実績差異の主たる利用層，の各観点からの予算管理実践との関係性を分析する。

　また，管理者の業績評価での予算の利用は，一般に予算管理の実効性を高めることにつながると考えられている（岡本ほか，2008：上總，1993）。そのため，予算活用の積極度を表すと考えられる法人経営層（理事長・法人本部長など）から現場施設管理者層（病院長など）への働きかけ的な利用度が高い病院では，その実効性を高めるために，現場管理者（病院長など）の業績評価に予算を利

第8章　病院全体予算管理による業績評価に対する病院長の受容性を高める予算管理実践の検証　147

用する可能性が高いと考えられる。そこで、現場への働きかけ的利用という観点からの予算管理実践と管理者業績評価での予算活用との関係についても追加的に分析対象とした。なお、働きかけ的利用とは、予算実績差異の現場への積極的な提示などを通じて、法人経営層が現場施設管理者層に予算の達成を促す形で利用することであり、法人経営層が予算実績差異を通じて通常は各施設の状況を把握しているだけの利用（分析的利用）と対置される利用方法のことである。

3 研究方法

　総収益[4]額10億円以上の病院経営医療法人を対象として[5]、2013年11月に予算管理に関する郵送質問票調査を実施し、対象、2,847法人中285法人から有効回答を得た（有効回答率10.0%）[6]。本章では、本質問票調査の中でも、病院長業績評価での病院全体予算の活用状況と病院全体予算管理の各種実践状況の調査結果に注目し、相互の関連性を分析する。

　まず本研究では、病院長業績評価での病院全体予算の活用状況を調べるために、最初に収益予算と費用予算の別に予算編成の有無を調査した。次に収益予算か費用予算の少なくともどちらかの予算を編成している場合に、その予算管理上の業績を病院長の業績評価において利用しているかどうかを調査している。さらに、業績評価に利用している場合には、その評価結果を病院長の賞与等の金銭的報酬に反映しているかどうかを調査した。その結果は、**図表8-1**のとおりであった。

図表8-1　病院全体予算の編成と業績評価利用の状況

病院全体予算	収益予算編成		費用予算編成		業績評価利用		金銭的報酬反映	
	有	無	有	無	有	無	有	無
n	241	44	242	43	84	155	62	20
割合	84.6%	15.4%	84.9%	15.1%	35.1%	64.9%	75.6%	24.4%

　本研究では、この業績評価利用の有無と報酬への反映の有無を組み合わせた病院長業績評価での予算の利用状況（①利用していない、②利用しているが報酬

に反映なし，③利用しており報酬に反映あり）に関して，次に述べる５つの予算管理実践が影響を与えているかどうかを検証する。

まず質問票調査では，予算を編成している場合に，予算上の収益及び費用の水準設定を主導した層が法人経営層（本部）か現場施設管理者層かを把握している。そこで，予算編成方法（予算編成主導層）として，収益予算及び費用予算が共にトップダウン（法人本部主導）型である法人と共にボトムアップ（現場施設主導）型である法人を区分し，分析する（図表8-2）。

図表8-2 ┃ 予算管理の実践方法別の法人数及び割合

予算管理実践		実践方法・内容	
		トップダウン	ボトムアップ
予算編成方法	n	149	71
	割合	67.7%	32.3%
		低調	活発
本部施設間対話	n	165	79
	割合	67.6%	32.4%
		低い	高い
予算への戦略反映度	n	69	113
	割合	37.9%	62.1%
		法人経営層のみ	現場管理層含む
予実差異の主たる利用層	n	111	127
	割合	46.6%	53.4%
		低い	高い
現場への働きかけ的利用	n	94	89
	割合	51.4%	48.6%

第二に，本調査では，予算編成時にスラック対策として各種の対策[7]を講じているかを複数回答可能方式で質問している。そのうちの本部・施設間の綿密な話し合いや予算作成基準の提示，採算性の重要性認識・文化の浸透は，本部と施設との対話状況を反映している。そこでこの３つの対策のうちいくつを講じているかを集計し，対策数が０及び１の法人を本部施設間の対話度が低い法人，対策数が２及び３の法人を対話度が高い法人と分類し，本部施設間の対話が低調な法人と活発な法人の間で比較分析する（図表8-2）。

第8章　病院全体予算管理による業績評価に対する病院長の受容性を高める予算管理実践の検証　149

　第三に，本調査では，「法人の経営政策（戦略）を具体的に表した中期経営
（事業）計画をどの程度反映した予算編成となっていますか」を，「全く反映し
ていない」（1）から「非常によく反映」（7）までの7段階評価で回答しても
らい，予算編成時の戦略反映度を把握した。平均値が4.3で中央値が4である
ため，4を戦略反映度が中程度の法人とし，1〜3を反映度が低い法人，5〜
7を反映度が高い法人と区分し，本研究では戦略反映度が低い法人と高い法人
を分析対象として対比する（**図表8-2**）。
　第四に，本質問票では，「予算を編成している場合，定期的な予算・実績差
異情報の主たる利用層（者）は，どの階層」であるか，法人経営層（本部），施
設経営管理者層，施設内各部門管理者層の中から選択してもらっている。数法
人は複数の階層を主たる利用層と回答したが，本研究では，差異情報を用いて
施設を管理する側である法人経営層のみが主たる利用層である法人と，差異情
報による管理の対象である施設側の経営管理者層（部門管理者層含む）が主た
る利用層に含まれる法人に分類して，対比分析する（**図表8-2**）。この分類は，
法人本部主体の集権的管理の性格が強い法人と，現場施設主体の分権的管理の
性格が強い法人という観点からの分析である。
　第五に，本調査では，予算編成している場合に，現場（施設）への働きかけ
的利用という予算管理機能をどの程度活用しているか，「全く活用していない」
（1）から「非常によく活用」（7）までの7段階評価で調査した。この働きか
け的利用度は，その法人の予算管理活用の積極度を表していると考えられる。
平均値が4.8で，中央値が5であるため，現場への働きかけ的利用度が5の法
人を中程度の法人とし，1〜4の法人を利用度が低い法人，6〜7の法人を利
用度が高い法人と分類し，本研究では利用度が低い法人と高い法人を分析対象
として対比する（**図表8-2**）。

4　分析結果

　病院全体予算を編成している法人において，各観点からの予算管理実践の違
いにより，その予算の病院長業績評価での利用の有無や金銭的報酬への反映の
有無という利用状況に違いが見られるのか分析したところ，結果は**図表8-3**

のとおりであった。

　まず予算編成の主導層が法人本部（トップダウン型）か現場施設（ボトムアップ型）かによって，病院長業績評価での予算の利用状況が異なるか分析した。その結果，ボトムアップ型法人の方が，10％水準ではあるものの有意に，業績評価での予算活用に積極的であることが判明した。

| 図表8-3 | 予算管理実践別の病院全体予算の業績評価利用状況[8] |

施設長評価での利用		予算編成方法		本部施設間対話		予算への戦略反映度		予実差異の主たる利用層		施設への働きかけ的利用	
		トップダウン	ボトムアップ	低調	活発	低い	高い	法人経営層のみ	現場管理層含む	低い	高い
	n	147	68	160	77	68	107	109	124	94	87
利用していない	割合	66.7%	57.4%	70.0%	55.8%	85.3%	56.1%	73.4%	58.9%	77.7%	56.3%
利用しているが報酬に反映なし		10.9%	5.9%	6.9%	11.7%	2.9%	11.2%	7.3%	8.9%	6.4%	11.5%
利用しており，報酬に反映あり		22.4%	36.8%	23.1%	32.5%	11.8%	32.7%	19.3%	32.3%	16.0%	32.2%
χ^2検定		χ^2値	p値	χ^2値	p値	χ^2値	p値	χ^2値	p値	χ^2値	p値
		5.42	0.067	4.75	0.093	16.25	0.000	5.77	0.056	9.39	0.009

　また，予算編成時の本部と施設との対話の程度の高低により分析すると，10％水準ではあるものの有意に，本部施設間対話が活発な法人の方が病院長業績評価での予算活用に積極的であることが明らかとなった。なお，予算の業績評価利用の有無だけで見た場合には，5％水準で有意に（p値0.028），対話が活発な法人の方が業績評価によく利用している。

　第三に，予算への戦略反映度が低いか高いかにより分析したところ，有意に，戦略反映度が高い法人の方が病院長業績評価での予算活用に積極的である。

　第四に，予算実績差異の主たる利用層が法人経営層のみであるか現場施設管理者層を含むのかにより分析したところ，現場施設主体の分権的な差異管理の法人の方が，法人本部主体の集権的な管理の法人よりも，10％水準ではあるものの有意に，病院長業績評価での予算活用に積極的である。なお，予算の業績評価利用の有無だけで見た場合には，5％水準で有意に（p値0.021），現場分

権的管理法人の方が業績評価によく利用している。

　第五に，予算を現場への働きかけに利用している程度の高低により分析すると，働きかけ的利用度が高い法人の方が病院長業績評価での予算活用に，有意に積極的であることが明らかとなった。

5　考察とまとめ

　以上の5つの観点からの予算管理実践の違いは，いずれも，病院長業績評価での予算活用状況に違いをもたらしている可能性が高いことが明らかとなった。

　まず，現場施設主導で予算を編成している法人の方が予算の病院長業績評価での活用に積極的なのは，その予算がトップダウンで押し付けられた目標水準ではなく病院長自らが主導して設定した目標水準であるため，その予算の達成状況により評価されることに対して，病院長の納得が得られやすいからではないかと考えられる。

　また，予算編成に際する本部施設間の対話が活発な法人の方が病院長業績評価での予算活用に積極的なのも，同様の理由と考えられる。業績評価する側の法人本部と業績評価される側の病院長との間で，予算水準に関する対話がしっかりとなされていることにより，予算目標水準についての両者の合意が形成されており（荒井，2011c），それゆえ業績評価での予算利用に対する病院長の納得度が高いためではないかと考えられる。

　第三に，予算への戦略反映度が高い法人の方が予算の業績評価活用に積極的である。これは法人の中長期的な方針が予算にしっかりと反映されているために，病院長の予算に対する信頼感・納得感が高く，その予算水準の実現に責任を持ち，業績評価されることに十分に理解を示すためではないかと思われる。また，法人本部側としても，法人の中長期的方針をしっかりと反映した予算であると考えているために，その予算水準設定に自信を持っており，積極的に経営管理（病院長業績評価など）に使っていくことができているという面もあると思われる。

　第四に，予算実績差異の主たる利用層が現場施設管理者層である法人の方が予算の業績評価活用に積極的なのには，次のような背景があると考えられる。

現場が主利用者である法人では，病院長を初めとした施設経営管理者層が中心
となって，期中において予算実現に向けて予算と実績との差異を主体的に管理
しており，法人本部による予算実績差異管理の下で本部の指示で現場がその都
度状況に対応しているわけではない。つまり業績評価される病院長側が予算統
制で中心的な役割を任せられているため，その予算水準の実現の程度あるいは
有無により業績評価されることを病院長が受け入れやすい。

　第五に，本部による施設への働きかけ的利用に予算を積極的に活用している
法人の方が，予算の病院長業績評価での活用に積極的である。施設への働きか
けのために予算を積極的に活用している法人では，その実効性を高めるために，
予算の達成状況を病院長の業績評価に利用し，さらにその評価結果を金銭的報
酬と連動させているのではないかと考えられる。

　予算をどう業績評価に活用するかは，各法人の置かれた財務状況や従来の経
営管理文化などによっても異なると考えられるが，本研究で明らかになったよ
うに，予算管理実践の違いも明確に関係している。そしてその背景には，予算
により業績評価される現場管理者の納得性の高さや，予算管理の実効性を高め
たいという業績評価する法人本部側の意思があると考えられる。

(注) ────────

1　病院長などの管理者は基本的に医療職であり，伝統的に採算性などの財務面への関心
　が低いため，予算管理上の業績による評価により，彼らの採算管理意識を高めて病院の
　採算確保をより確実なものとできると期待される。一方で，管理者業績評価での予算活
　用は，運用方法次第では採算偏重という弊害が生じうる点には注意が必要である。その
　ため，病院が置かれた財務状況に応じた活用方法を考えるべきである。すなわち，慢性
　赤字で倒産の危機にある状況下では，継続的な医療提供を維持するために，業績評価上
　の予算の重みを調整するなどして予算偏重という弊害（副作用）を最小限に統制しつつ，
　予算を管理者業績評価に活用することが有効であると考えられる。一方で，継続的に十
　分な黒字を確保できている状況下などでは，弊害の可能性を考慮すると，必ずしも予算
　を管理者業績評価に活用する必要はないかもしれないし，また活用する場合も，業績評
　価上の予算の重みを最小限に止めて，管理者に損益面への留意を促す程度のものでよい
　かもしれない。
2　メディケア償還制度改革と病院の損益計算へのその影響は，荒井（2007）に詳しい。
3　医師育成上も，質や安全管理の重要性は教育されても，採算管理の重要性は教育され
　ない。
4　総収益とは，医療法人が提出する事業報告書等に含まれる損益計算書の標準様式にお
　ける，事業収益と事業外収益，特別利益を合計した収益である。医療法人が提出する事

第8章　病院全体予算管理による業績評価に対する病院長の受容性を高める予算管理実践の検証　153

業報告書等の内容についての詳細は，荒井（2017a）を参照されたい。なお，本章の研究では，調査対象法人抽出時までに構築されていた2010年度事業報告書等データベースにおける，総収益10億円以上の病院経営医療法人が調査対象となっている。

5　総収益額10億円未満の法人では，規模が小さく，法人経営層と現場施設管理者層とが分離していないことがほとんどであるため，本質問票調査で把握するような管理会計に対する必要性が相対的に低いと考えられることから，調査対象外とした。

6　郵送質問票調査を実施した2013年11月を含む会計年度における回答法人群の総収益額規模分布は，20億円未満40.4％，20億円台20.0％，30億円以上39.6％であり，調査対象法人を抽出した2010年度事業報告書等データベースに収載させている母集団の分布（20億円未満50.1％，20億円台21.4％，30億円以上28.5％）よりも全体としてやや規模が大きい。しかしながら回答法人群は，関連法人を含む医療法人グループ全体としての総収益額を回答しているのに対して，母集団の収益規模は事業報告書等から得られる当該法人のみの総収益額であるため，母集団の収益規模の方が本質的に小さくなる比較となっている。その点を考慮すると，母集団と回答法人群との経済規模分布はおおむね近似しているといえる。しかも，本研究は元々ある程度の規模以上の医療法人における実態の把握を目的としているため，この程度の分布の違いであれば大きな問題とはいえないだろう。また回答法人群の地域ブロック別分布は，北海道8.0％，東北6.8％，関東甲信越23.2％，北陸・東海10.6％，関西17.5％，中国7.6％，四国7.2％，九州・沖縄19.0％であり，母集団の分布（北海道6.1％，東北5.3％，関東甲信越27.6％，北陸・東海12.6％，関西17.3％，中国5.6％，四国5.6％，九州・沖縄19.8％）とほぼ一致している。

7　質問票では，「法人経営層と施設経営管理者層との綿密な話し合い」，「厳しい予算作成基準の提示」，「持続的な医療機能向上にとって十分な財源基盤（採算）が重要であるとの認識・組織文化の浸透」，「予算損益達成と金銭的報酬等との連動ではなく，達成損益（水準・改善）額そのものとの報酬連動」，「その他（自由記載）」という各種対策を提示している。いずれの対策も，筆者のこれまでのインタビュー調査からの知見に基づいて設定されている。

8　**図表8-2**上のｎと**図表8-3**上のｎが異なるのは，**図表8-2**上のｎに含まれる法人のうちで，病院長業績評価での利用状況についても回答している法人群を対象に分析しているからである。

第9章

DPCサービス別管理会計の効果の検証
──サービス別損益管理及び価値企画の有効性評価

1 問題意識

　病院でも採算管理が重要となる中，前章までに見てきたように，法人内の各施設事業や病院内の各部門といった責任センター別の採算管理が進展してきた。一方で，こうした責任センター別採算管理をより徹底していくためには，より多くの患者を診療し病床や機器の稼働率を高めつつ，個々のDPCサービスの採算性を改善していく必要があり（荒井，2013b），実際，そうした実務の展開が見られつつある（荒井，2014c）。

　従来，DPCサービス別の損益計算（荒井，2013a，第7章；荒井ほか，2017）や価値企画（荒井，2013a，第6章；荒井，2011a）の実施状況に関する定量的な調査はなされ，また詳細な質的実態も明らかにされてきた（荒井，2011a）。しかしながら，DPCサービス別の損益計算や損益管理，価値企画が，採算性などの病院業績の向上に効果を持っているのかに関する研究は，まだ十分にはなされてきていない。唯一見られるのは，主要なDPCサービスへの価値企画を実施している病院群の方が，効率性や採算性には有意な違いがない一方で，再入院率から見た医療の結果がよいことを明らかにしている荒井（2011a）くらいである。しかしこの研究は，DPC別包括払い制度開始後すぐにDPC対象病院となることができた，経営管理能力が高くまた規模の大きな病院群を対象としており，またサンプル病院数が少ないという限界がある。また当時の公開業績データには，病院のより本質的な業績である医療の結果を直接的に表すデータ（退院時転帰など）が含まれておらず，医療の結果を間接的に表す再入院デー

タに基づいて，価値企画の医療結果への効果・影響を検証せざるを得なかった。

そこで本章では，まず2012年に実施したDPCサービス別損益計算の実施の有無に関する調査データを活用して，DPCサービス別損益計算実施の採算性向上効果と退院時転帰などの医療の結果などへの影響について検証する。また2014年に実施したDPCサービス別の採算改善活動の実施状況に関する調査データを活用して，DPCサービス別の採算改善活動による病院全体としての採算性向上効果及び医療の結果などへの影響について検証する。さらに，2012年に実施したDPCサービス別価値企画の実施状況に関する調査データを活用して，事前の医療サービス価値の作り込み活動であるDPCサービス別価値企画の病院業績への効果を検証する。

2　DPCサービス別損益計算の効果

2.1　研究方法

本節では，2012年度のDPC関連病院を対象に実施したDPCサービス別損益計算を含む管理会計の実施状況に関する質問票調査のデータと，別途入手した調査回答病院の財務データ等を結合して，DPCサービス別損益計算の有効性評価を実施する。具体的には，まずDPCサービス別損益計算の実施状況の違いが採算性に違いをもたらしているのかを検証する。また病棟利用状況や重要治療行為実施状況，さらに退院時転帰や再入院状況などの医療の結果には，どのような影響を及ぼしているのかも，同時に検証する。

本節の研究で用いる業績データ，分析対象業績指標は，第7章第2節で紹介した研究におけるものと同一であるため，詳細はそちらを参照いただくこととし，以下では簡単に説明する。

質問票調査に回答した病院を対象に，まず財務業績データを収集した。財務業績データは，地方公営企業年鑑や病院のWEBサイトの他に，追加回答依頼や開示請求により入手した。また，上記の手続きを経て入手した医業収益及び医業費用から算定した医業利益率と病床当たり医業利益に対して，分析上大きな影響が生じるような外れ値がないかを検定した。その結果，1つの公立病院

第9章　DPCサービス別管理会計の効果の検証　157

は，医業利益率と病床当たり医業利益の両指標ともに，大きく外れ値であることが判明したため，この病院は分析対象外とした。また，もう1病院，病床当たり医業利益が外れ値とされた病院があったが，この病院については，後述の他の諸指標の外れ値データと同様に，当指標データのみ分析対象外の病院として扱い，病院自体は分析対象に含めることにした。一方，このプロセスを経て分析可能な財務業績データを入手できた病院について，「DPC影響評価報告」から，退院時転帰や再入院状況，病棟利用，重要治療行為実施に関する業績データを入手した。各業績側面を測定する具体的な指標としては，以下の指標を選択した。

　採算性の指標としては，まず医業利益率と病床当たり医業利益を選択した。また分析対象病院群間で黒字病院の割合を比較する形で，黒字か赤字かを財務業績の指標として活用する。

　退院時転帰の指標としては，退院時転帰改善率，資源最大投入傷病による死亡率，退院時転帰悪化率を分析対象とした。また再入院状況の指標としては，6週内同病再入院率と6週内同病予期せぬ再入院率を分析対象とした。さらに病棟利用状況の指標としては，病床利用率と平均在院日数を分析対象とした。加えて，重要治療行為実施状況の指標としては，病床当たり手術有患者数と病床当たり手術／化学療法／放射線療法有患者数を分析対象とした。

　本研究では，DPCサービス別損益計算を含む管理会計の実施状況が把握されている146病院の業績指標セットが対象となっているが，指標ごとに極めて外れた値（病院）がないか外れ値検定を実施し，外れ値と判定されたデータを除去した。その結果，対象となった各指標のサンプル量などは第7章の**図表7-1**のとおりであった。ただし，DPCサービス別損益計算の実施状況について無回答であった病院が2つあるため，本節の研究対象であるDPCサービス別損益計算の有効性の検証分析においては，分析対象数は144病院となっている。

　本研究では，DPCサービス別損益計算の実施の有無別に，上述の各種業績指標の平均値に有意差があるかをt検定により検証した（黒字病院割合のみ比率の差の検定）。

2.2 分析結果

　DPCサービス別損益計算を実施している病院群と実施していない病院群との採算性の差を検証したところ，黒字病院割合は10％有意ではあるものの，すべての採算指標について有意差が確認された。DPCサービス別損益計算を実施している病院群の方が採算性がよいと推察される。また重要治療行為実施状況や病床利用率（病棟稼働状況）については2群間に有意な差は見られないが，病床の効率的利用状況を示唆する平均在院日数は，疾患構成補正指標も補正なしの参考指標も，有意差が見られる。DPCサービス別損益計算実施病院の方が平均在院日数が有意に短く，病床が効率的に利用されていることが示唆される。

　加えてDPCサービス別損益計算実施の有無による医療の結果の違いを見たところ，再入院状況と退院時転帰の改善状況には有意差が見られない一方，退院時転帰の悪化状況には有意差が見られた[1]。具体的には，DPCサービス別損益計算実施病院群の方が，退院時転帰悪化率が有意に低く，また医療資源最大投入傷病による死亡率も10％水準ではあるものの有意に低い。つまり，DPCサービス別損益計算実施病院群の方が退院時転帰が悪化せず，相対的に医療の結果が良いと推察することができる。

2.3 考察とまとめ

　DPCサービス別損益計算を実施している病院群の方が，実施していない病院群よりも，医業利益率と病床当たり医業利益が有意に大きく，また10％有意ではあるものの黒字病院割合も有意に高い。DPCサービス別損益計算の実施は採算性の向上に繋がっているものと考えられる。また，病床の効率的利用状況を示唆する疾患構成補正後平均在院日数にも有意差が見られ，DPCサービス別損益計算実施病院の方が，医療提供プロセスが短く効率的である。DPCサービス別損益情報を基に，後発薬への変更や実施検査項目の削減などにより各DPCサービスの採算性を高めるとともに[2]，平均在院日数を短縮することにより診療単価を高めつつ，新たな入院患者を増やして病棟利用効率を高め，病院の採算性を向上させているものと推察される。

第9章　DPCサービス別管理会計の効果の検証　159

図表９-１　DPCサービス別損益計算と病院の業績との関係性

DPCサービス別損益計算と病院業績			損益計算実施		p値
業績指標			無	有	
採算性	医業利益率	n	115	29	0.017
		平　均	−3.4%	1.1%	
	病床当たり医業利益（千円）	n	114	29	0.048
		平　均	−748	141	
	黒字病院割合	n	115	29	0.060
		平　均	42.6%	62.1%	
病棟利用状況	病床利用率	n	115	29	0.865
		平　均	64.7%	64.3%	
	平均在院日数（参考）	n	115	29	0.008
		平　均	13.72	12.77	
	疾患構成補正後平均在院日数	n	114	29	0.029
		平　均	13.47	12.76	
重要治療行為実施状況	病床当たり手術有患者数	n	115	29	0.343
		平　均	7.29	7.83	
	病床当たり手術/化学療法/放射線療法有患者数	n	115	29	0.184
		平　均	8.73	9.73	
退院時転帰（アウトカム）	改善（治癒・軽快・寛解）率	n	113	28	0.785
		平　均	82.2%	81.8%	
	医療資源最大投入傷病による死亡率	n	114	29	0.059
		平　均	2.7%	2.3%	
	悪化（増悪・死亡）率	n	114	29	0.035
		平　均	3.9%	3.2%	
再入院状況	6週内同病再入院率	n	114	29	0.136
		平　均	7.6%	9.2%	
	6週内同病予期せぬ再入院率	n	115	29	0.588
		平　均	1.1%	1.0%	

　さらに，DPCサービス別損益計算を実施している病院群の方が，退院時転帰が悪化した症例の割合が有意に低く，また医療資源最大投入傷病による死亡率も10％水準では有意に低いことが判明した。すなわち，DPCサービス別損益計算実施病院群の方が，採算性がよいにもかかわらず，医療の結果が相対的に悪いということはなく，むしろ公表された指標で見る限り医療の結果も相対

的に良い。おそらく，DPCサービス別損益把握をしているようなDPCに関わる分析を徹底している病院群は，DPCごとの医療サービスに対する分析能力（分析のための情報も含め）に優れており，医療の結果を悪化させることなく採算性を向上させる余地を探索したり，さらには医療の結果を改善させることにより費用を抑える（効率性を向上させる）ことで採算性も向上させたりすることができるためだと考えられる。

　本研究により，DPCサービス別損益計算に基づく管理は，客観的な財務業績に良い効果をもたらしていることが明らかになった。しかも従来の研究ではまったく評価されていなかった，退院時転帰への影響についても検証がなされ，DPCサービス別損益計算管理により医療の結果に悪影響がもたらされることはないと考えられることも明らかとなった。ただし，本研究ではDPCサービス別損益計算管理の実施の有無だけに注目しており，その手法の活用方法の違いにより財務業績等への影響の程度が異なる可能性もある点には留意する必要がある。また医療の結果には多様な側面があり，本研究で選択した指標が医療の結果のすべての側面を網羅しているとはいえないため，DPCサービス別損益計算管理は医療の結果にまったく影響を与えていないとは言い切れない点にも注意が必要である。

3 DPCサービス別採算改善活動の効果

　財政難を背景とした診療報酬抑制が続く中，DPC別包括払い制度下の病院（DPC対象病院）では，支払い単位サービスであるDPCごとの採算性を管理することが課題であり，すでに多くの病院がDPCサービスごとの採算改善策に取り組んでいる（荒井，2011a）。しかしそうしたDPCサービスごとの採算管理活動が実際に病院全体としての採算性の向上につながっているのかについては，これまで明らかにされていない。そこで本節では，2014年に実施した質問票調査データを基に，DPCサービス別採算管理活動の実施状況を簡単に紹介しつつ，こうした活動が病院全体としての採算性の向上に期待どおり有効であるかを検証する。また，その際，医療の結果への悪影響が生じていないかを限定的ながら検討したい。

3.1　研究方法

(1)　質問票調査の概要

　2014年度のDPC対象1,585病院に，DPCサービスごとの採算改善策への取り組み状況などについて質問票調査（2014年6月調査）を実施し，264病院から回答を得た（回収率：16.7%）。厚生労働省の医療施設調査の区分に基づけば，回答病院の開設者は，国立等21病院，日赤・済生会・厚生連等の狭義の公的病院と公立病院などからなる公的医療機関110病院，社会保険関係団体6病院（以上，広義の公的病院137），医療法人78病院，その他法人48病院（以上，広義の私的病院126病院），不明1病院であった。

　本節に関係する設問について詳述すると，「DPC疾患群ごとの採算（収支）改善策としてどのような対策に取り組んでいますか」を先行研究（荒井，2011a，第3章）をもとに設定した選択肢から複数回答可能で調査している。各選択肢の具体的文言は，「0．特に何も対策に取り組んでいない」，「1．後発薬の採用」，「2．より安価な先発薬や医療材料の採用」，「3．医薬品・医薬材料の使用量の削減」，「4．外部の供給・委託者との価格交渉」，「5．実施行為（各種検査・画像診断など）の種類・量の適正化（削減）」，「6．入院実施行為（術前検査，術後画像診断，化学療法など）の外来での実施への変更（外来化）」，「7．医師／看護師業務の一部の看護師／コメディカルや医師事務作業補助者/病棟クラークなどへの転換」，「8．医療機器・病棟の稼働率向上による患者当たり固定費の低減」，「9．在院日数の短縮による患者1人1日平均単価（収益）向上と病棟回転率向上（患者当たり固定費低減）」，「10.その他」であった。

　本節では，こうしたDPCサービス別採算管理活動の効果および影響を検証する。

(2)　分析に用いる採算データ

　この検証のためには，本設問に回答した病院の採算データを入手できる必要があるが，現状では，広義の私的病院群に関しては，法人全体としての財務データはまだしも，病院施設の財務データを入手することは容易ではない。そこで本研究では，『地方公営企業年鑑』（公立病院）やWEB（国立病院など）等

から比較的容易に医業収益及び医業費用を入手できる広義の公的病院群のみを対象として採算データを収集した。本来であれば，広義の公的病院群だけでなく，広義の私的病院群をも対象として検証し，公私間での状況の違いの有無についても検証したいところであるが，残念ながら本研究ではそこまではできていない。

　さて，広義の公的病院群を対象に採算データの収集を行ったところ，『地方公営企業年鑑』（総務省自治財政局，2016）や国立病院機構HP等から103病院の医業収益及び医業費用を入手できた。しかし1病院は，医業収益のすべてが「他会計負担金」収益からなっていたため，対象外とした。本研究では，筆者の先行研究と同様に，医業収益から他会計負担金を控除した後の純粋な医業収益を算出し，そこから医業費用を控除して得られる医業利益を用いて，「医業利益率」（＝医業利益÷純粋な医業収益）と「病床当たり医業利益」（＝医業利益÷総病床数）を算定して分析に用いるため，そのような病院のデータは適切な分析対象データではないからである。また残りの102病院を対象として，医業利益率と病床当たり医業利益のそれぞれに対して外れ値検定（スミルノフ・グラブス検定）を実施し，筆者の従来の研究と同様に0.1％水準で外れ値と判断した。医業利益率と病床当たり医業利益のそれぞれにおいて，異なる1病院が外れ値であった。そこでこの2病院を分析対象外とし，結果として，分析対象となった広義の公的病院は100病院であった。

(3)　分析に用いる採算管理活動の活発度区分

　この100病院に関して，DPCサービス別採算管理活動の活発度を見るために，DPCサービス種類ごとの採算改善策として前記10種類の内でどの程度の種類の改善策に取り組んでいるのかを整理したところ，**図表9-2**のとおりとなった。病院により活動の活発度にはばらつきがあることがわかるが，各採算改善策数区分をそのまま活発度区分として病院全体の採算性との関係性を分析するには，あまりにもサンプル量が少ない区分があることから，活発度区分として一定程度区分を集約することにした。1つの区分に20以上のサンプル量を確保しつつ，可能な限り活発度の違いを細かに見るという観点から，平均値前後で2分割し，さらにその中を一番サンプル量が均等に近くなるように2分割する

という方法による4区分を用いることにした。DPCサービス別採算管理活動の活発度を異にする4つの病院群に関して，活発度による採算指標の分散分析を行った[3]。

図表9-2 分析対象病院の採算改善策数の分布と活動活発度区分

DPC採算 改善策数	0	1	2	3	4	5	6	7	8	9	10	合計	平均
サンプル量	1	3	11	15	21	16	11	10	10	1	1	100	4.7
活発度の 4区分	30				21	27		22					
	最小限				程々	積極的		最大限					

(4) 分析に用いる医療の結果に関連する指標

またこうしたDPCサービス別採算管理活動が，提供する医療の結果に悪影響を及ぼしていないかどうかを見ておくために，「DPC影響評価報告」から入手できる医療の結果に関連する指標（退院時転帰及び再入院の指標）のうちの主たる指標についても，採算管理活動の活発度による分散分析を実施した。具体的には退院時転帰の指標として，改善率と悪化率を分析対象とした。退院時転帰改善率とは，退院時転帰が「治癒」か「軽快」か「寛解」のいずれかであった（つまり傷病が改善した）患者の割合である。その逆が退院時転帰悪化率であり，「増悪」，「医療資源を最も投入した傷病による死亡」，「医療資源を最も投入した傷病以外による死亡」のいずれかであった患者の割合である。再入院の指標としては，6週間以内での前回入院と同一病名での再入院のうちの計画外再入院率を分析対象とした。

これらの指標によって医療の結果のすべての側面が把握されるわけではないが，DPCサービス別採算管理活動による医療の結果への悪影響の有無を部分的にではあっても確認することができる。

3.2 分析結果

改善策の種類数に基づいて4区分したDPCサービス別採算管理活動の活発度と病院全体としての採算性との関係を分析してみると，医業利益率の場合でも，病床当たり医業利益の場合でも，活発度と採算性には有意な関係性が見ら

れた（**図表9-3**）。DPCサービスごとの採算改善活動が活発な病院の方が，最小限の取り組みしか行っていない病院よりも，病院全体としての採算性がよく，DPCサービス別採算管理活動の病院採算性向上への有効性が確認された。

図表9-3 DPCサービス別採算管理活動活発度と病院採算性

DPC採算管理活動の活発度	n	医業利益率		病床当たり医業利益 (単位：千円)	
		平　均	標準偏差	平　均	標準偏差
最小限	30	−13.8%	11.3%	−3,142	3,046
ほどほど	21	−6.4%	8.0%	−1,422	1,758
積極的	27	−5.1%	8.3%	−1,106	2,109
最大限	22	−6.8%	7.8%	−1,627	2,084
分散分析		F値	p値	F値	p値
		5.11	0.003	4.15	0.008

また，こうしたDPCサービス別採算管理活動が医療の結果に悪影響を及ぼしていないか分析してみたところ，活動の活発度は退院時転帰及び再入院に関するいずれの指標とも有意な関係性を有していないことが確認された（**図表9-4**）。退院時転帰及び再入院の状況を見る限りでは，DPCサービスごとの採算改善活動を活発に行ったとしても，医療の結果に悪影響はもたらされないようである。

図表9-4 DPCサービス別採算管理活動活発度と医療の結果

採算管理活動活発度	n	退院時転帰改善率		退院時転帰悪化率		計画外再入院率	
		平　均	標準偏差	平　均	標準偏差	平　均	標準偏差
最小限	30	80.4%	9.8%	3.5%	1.8%	2.8%	0.9%
ほどほど	21	80.8%	7.4%	3.4%	1.6%	2.4%	0.6%
積極的	27	81.4%	7.4%	3.6%	1.4%	2.4%	0.6%
最大限	22	80.9%	10.0%	3.3%	1.2%	2.7%	0.8%
分散分析		F値	p値	F値	p値	F値	p値
		0.06	0.980	0.14	0.934	1.97	0.124

なお，DPCサービス別採算管理活動の病院採算性向上への有効性の検証に関しては，採算データの入手困難性のために広義の私的病院群を対象に分析で

第9章　DPCサービス別管理会計の効果の検証　165

きず，広義の公的病院群に限定した分析となったが，退院時転帰及び再入院の
データについては広義の私的病院群でも容易に入手できるため，参考までに，
広義の私的病院群でのDPCサービス別採算管理活動活発度と医療の結果との
関係性を分析してみた。広義の私的病院群でも同様に，DPCサービス別の採
算改善活動を活発に行ったとしても，退院時転帰及び再入院に悪影響はもたら
されないようである[4]。

図表9-5　広義の私的病院群におけるDPCサービス別採算管理活動の
活発度と医療の結果

採算管理 活動活発度	n	退院時転帰改善率		退院時転帰悪化率		計画外再入院率	
		平　均	標準偏差	平　均	標準偏差	平　均	標準偏差
最小限	34	79.8%	12.4%	5.1%	3.0%	2.7%	1.1%
ほどほど	36	80.5%	9.5%	4.2%	2.5%	2.5%	0.9%
積極的	33	82.4%	8.4%	3.7%	1.6%	2.4%	0.8%
最大限	22	79.8%	7.9%	3.1%	1.6%	2.3%	0.8%
分散分析		F値	p値	F値*	p値	F値	p値
		0.49	0.691	4.21	0.007	1.00	0.397

＊ルビーン検定により等分散性が仮定できないことが判明したため，Brown-Forsythe検定を実施。

3.3　考察とまとめ

　本節の分析結果より，公的なDPC対象病院では，支払い単位であるDPCサー
ビスごとの採算管理活動に熱心に取り組むことにより，期待通り，病院全体と
しての採算性を向上させることができることが明らかとなった。そして少なく
とも退院時転帰や再入院の観点からは，そうしたDPCサービス別採算管理活
動の活発化により医療の結果が悪化することはないと推察される。現状でも後
発薬の採用や入院行為の外来化は多くの病院が取り組んでいるが，今後はより
多様なDPCサービス別採算改善策に取り組むことにより，大きな赤字状態に
ある病院の採算性を改善させることができると考えられる。

　なお，より多様な採算改善策への取り組みを促す仕組みとして，DPCサー
ビス別損益計算によるDPCサービス別損益の見える化が有効であることが判
明している。本研究が基づいているのと同じ質問票調査に依拠した別の研究

（荒井ほか，2017）によれば，DPCサービス別損益計算実施病院群（改善策数平均4.9）と非実施病院群（改善策数平均4.4）の間で，実施しているDPCサービスごとの採算改善策種類数に有意な違いが見られ（ t 値2.11，p 値0.036），DPCサービス別損益計算実施病院群の方が採算改善策により多く取り組んでおり，損益計算による各DPCサービスの採算状況の明確化は，各DPCサービスの採算改善活動を促すことが明らかとなっている。

4 DPCサービス価値企画の効果

　DPCサービスを対象とした価値企画が実際に質や採算や在院日数などの業績にどのような効果をもたらしているのか，これまで必ずしも十分に明らかにされていない。たしかに荒井（2011a）は，主要なDPCサービスに対する価値企画を実施している病院群の方が，効率性や採算性には有意な違いがない一方で，再入院率から見た医療の結果がよいことを明らかにしている。ただし荒井（2011a）は，DPC別包括払い制度開始後すぐにDPC対象病院となることができた，経営管理能力が高くまた規模の大きな病院群（2008年度DPC対象718病院）を対象としているという限界や，サンプル病院数（77病院）が少ないという限界があった。また当時の公開業績データには，病院の本質的な業績である医療の結果を直接的に表すデータ（退院時転帰）が含まれておらず，医療の結果を間接的に表す再入院データに基づいて，価値企画の医療の結果への効果を検証せざるをえなかった。

　そこで，本節では，DPC別包括払い制度が開始されて10年目となり，一般的な急性期病院がDPC別包括払い制度に関わるようになった2012年度において，DPC関連病院である病院を対象とした（1,619病院）。また，DPCサービス価値企画が，採算や平均在院日数（医療提供プロセスの効率性）や再入院率（間接的な医療の結果）に与える効果だけでなく，より直接的に医療の結果を表す退院時転帰（アウトカム）に及ぼす効果も検証する。

4.1　研究方法

　本研究に際しては，2012年11月にDPC関連病院に対して実施したDPCサー

第9章　DPCサービス別管理会計の効果の検証　167

ビス価値企画を含む管理会計の現状に関する質問票調査に回答した病院（回答数221病院，回収率13.7％）を，業績データ収集対象病院とした。

　本節の研究で用いる業績データ，分析対象業績指標は，第7章第2節で紹介した研究におけるものと同一であるため，詳細はそちらを参照いただくこととし，以下では簡単に説明する。

　財務業績データについては，『地方公営企業年鑑』や病院のWEBの他に，質問票への追加回答依頼や開示請求により入手した。その入手した医業収益及び医業費用から算定した医業利益率と病床当たり医業利益に対して，分析上大きな影響が生じるような外れ値がないかを検定した。こうして分析可能な財務データを入手できた146病院について，「DPC影響評価報告」から，退院時転帰や再入院という医療の結果と平均在院日数に関する業績データを入手した。

　採算性の指標としては，医業利益率と病床当たり医業利益と黒字病院割合を選択した。退院時転帰の指標としては，退院時転帰改善率，資源最大投入傷病による死亡率，退院時転帰悪化率を分析対象とした。また再入院状況の指標としては，6週内同病再入院率と，6週内同病予期せぬ再入院率を分析対象とした。さらに平均在院日数の指標としては，プロセス効率性をより反映した指標である，各病院の実際の疾患構成を全国平均の疾患構成に変更した上で各病院の実際の疾患別在院日数を適用して算定した「疾患構成補正後の平均在院日数」を，医療提供プロセスの効率性を表す主たる指標として分析対象とする。

　本研究では，DPCサービス価値企画の実施状況が把握されていてかつ財務データ等が入手できた146病院の業績指標セットが分析対象となっているが，指標ごとに極めて外れた値（病院）がないか外れ値検定を実施し，外れ値と判定されたデータを除去した。その結果，分析対象となった各指標のデータ量は第7章の**図表7-1**のとおりである。

　なお，この146病院の開設者分類は，広義の公的病院が93病院（公立72，国立11，国保4，済生会2，厚生連2，日赤1，社会保険関係法人1），広義の私的病院が53病院（医療法人29，社会医療法人6，財団法人4，社会福祉法人4，学校法人3，医師会立3，公益法人2，医療生協2）であった。

　本研究では，以下に述べるような広義及び狭義の価値企画の実施の有無や実施の方法により，上述の各種業績指標の平均値に有意差があるかをt検定によ

り検証した（黒字病院割合のみ比率の差の検定）。また，その際，サンプル量の限界に留意しつつ，広義の公私病院群ごとの検証も試みた。

　まず，主要なDPCサービスに対して，包括収益と出来高換算収益[5]（あるいは本来の原価）との比較分析に基づき，診療プロトコル[6]（医療サービスの設計図・仕様書に相当）の開発・修正を実施しているかどうかにより，病院の各種の業績側面（採算，効率性，医療結果）に違いが見られるかを分析する。つまり荒井（2011a，第2章）における「広義の価値企画」[7]の有無が病院の各種業績に与える効果を検証する。

　また，こうしたDPCサービス価値企画を実施していない病院群と，実施した上で診療プロトコルの開発・修正前と開発・修正後との「包括・出来高差（あるいは本来の損益）の変化を把握」[8]している病院群との間に，病院業績に違いが見られるかも分析する。つまり荒井（2011a，第2章）における「狭義の価値企画」[9]の効果を検証する。

　なお，こうした広義及び狭義の価値企画の病院業績への効果について，広義の公的病院群と広義の私的病院群のそれぞれを対象としても，検証する。広義の公的病院と広義の私的病院では，経営管理意識などが異なるため，価値企画の効果が異なる可能性もあるからである。

　加えて，本研究が依拠する質問票調査ではDPCサービス別損益計算の実施の有無についても把握しており，価値企画実施病院群におけるこの損益計算の実施の有無は，当該DPCサービス価値企画が包括出来高差ではなく本来の損益に基づいて実施されているものかどうかを表している。そのため，DPCサービス別損益計算を伴い，したがって本来の損益に基づいて，DPCサービスの価値企画を実施している病院群を区分することができる。そこで，損益計算を伴い損益に基づく価値企画を実施している病院群と，価値企画を実施していない病院群[10]との間で，各種の病院業績を比較することにより，損益計算を伴う本格的な価値企画の効果を検証する。

4.2　分析結果

　主要なDPCサービスに対して広義の価値企画を実施しているかどうかにより，どの採算指標で見ても採算性に違いは見られない。また，どちらの平均在

院日数で見ても，医療提供プロセスの効率性にも統計的に有意な違いは見られない。医療の結果については，再入院の観点では有意な違いは見られないが，退院時転帰の観点では，改善率から見た場合には，10％水準で有意に価値企画実施病院群の方が良い。ただし悪化率や死亡率から見た場合には有意な違いはない。

　広義の公的病院と広義の私的病院の別に分析しても，公私どちらの病院群で

図表9-6　価値企画（広義）と病院業績の関係性

価値企画（広義）と病院業績		価値企画の実施			価値企画の実施					
					公的病院			私的病院		
業績指標		無	有	p値	無	有	p値	無	有	p値
採算性	医業利益率 n	79	67	0.656	50	43	0.748	29	24	0.514
	平均	−2.8%	−2.2%		−6.4%	−5.8%		3.3%	4.4%	
	病床当たり医業利益（千円） n	79	66	0.971	50	43	0.982	29	23	0.791
	平均	−563	−576		−1343	−1352		781	877	
	黒字病院割合 n	79	67	0.945	50	43	0.668	29	24	0.497
	平均	46.8%	46.3%		24.0%	27.9%		86.2%	79.2%	
在院日数	平均在院日数（参考） n	79	67	0.853	50	43	0.478	29	24	0.377
	平均	13.57	13.52		13.42	13.66		13.84	13.26	
	疾患構成補正後平均在院日数 n	79	66	0.305	50	43	0.852	29	23	0.207
	平均	13.46	13.20		13.32	13.27		13.71	13.08	
退院時転帰	改善（治癒・軽快・寛解）率 n	77	66	0.078	49	42	0.409	28	24	0.091
	平均	81.1%	83.2%		82.0%	83.2%		79.3%	83.2%	
	医療資源最大投入傷病による死亡率 n	78	67	0.428	50	43	0.989	28	24	0.321
	平均	2.7%	2.5%		2.5%	2.5%		3.1%	2.6%	
	悪化（増悪・死亡）率 n	78	67	0.378	50	43	0.992	28	24	0.235
	平均	3.9%	3.6%		3.5%	3.5%		4.6%	3.9%	
再入院	6週内同病再入院率 n	78	67	0.912	50	43	0.592	28	24	0.329
	平均	8.0%	7.9%		8.2%	8.7%		7.6%	6.5%	
	6週内同病予期せぬ再入院率 n	79	67	0.278	50	43	0.112	29	24	0.792
	平均	1.2%	1.0%		1.3%	1.1%		0.9%	1.0%	

も広義の価値企画の実施の有無により採算性とプロセス効率性に有意な違いが見られない点は同じである。しかし医療の結果については，退院時転帰の改善率に見られた有意差は，広義の私的病院群においてのみ確認され，広義の公的病院群ではまったく有意性が確認されなかった。また退院時転帰の悪化率及び死亡率や再入院状況の観点からは，全病院を対象とした分析と基本的に同様で有意差は見られなかった。

　次に，価値企画を実施していない病院群と価値企画の評価まで実施している病院群（狭義の価値企画実施病院群）とで比較分析しても，同様に，どの採算指標で見ても採算性には違いが見られない。一方，平均在院日数については，より純粋にプロセス効率性を表す疾患構成補正後の平均在院日数が，狭義の価値企画を実施している病院群の方が有意に短い。また医療の結果については，再入院の観点では有意な違いは見られないが，退院時転帰の観点では，改善率から見た場合には，10％水準で有意に狭義の価値企画実施病院群の方が良い。ただし，悪化率や死亡率から見た場合には有意な違いはない。広義の価値企画の場合と比べると，狭義の価値企画を実施すると補正後平均在院日数が有意に短くなることが大きく異なる点である。

　広義の公私病院群別に分析してみると，公私どちらの病院群でも，価値企画を実施していない病院群と狭義の価値企画を実施している病院群で，採算性に有意な違いは見られない。しかしプロセス効率性については，補正後平均在院日数に見られた有意差が広義の公的病院群ではまったく確認されない一方，広義の私的病院群では有意性が高まり，５％水準で有意に，狭義の価値企画実施病院の方が短い。また医療の結果についても，退院時転帰の改善率に見られた有意差は，広義の私的病院群においてのみ確認された。一方で，全病院を対象とした分析では有意差の見られなかった予期せぬ再入院率に関して，広義の公的病院群においては，狭義の価値企画実施病院の方が有意に低いことが明らかとなった。なお退院時転帰の悪化率及び死亡率や６週内同病再入院率の観点からは，全病院を対象とした分析と同様に，有意差は見られなかった。広義の価値企画の場合と比べると大きく異なる点は，広義の私的病院群において，狭義の価値企画実施病院群の方が補正後平均在院日数が有意に短い点である。

　最後に，DPCサービス別損益計算を伴い本来の損益に基づいて価値企画を

第9章　DPCサービス別管理会計の効果の検証　171

図表9-7　価値企画（狭義）と病院業績の関係性

価値企画（狭義）と病院業績			価値企画とその活動評価				公的病院 価値企画とその活動評価				（参考）私的病院 価値企画とその活動評価			
業績指標			価値企画無*	価値企画有 評価無	価値企画有 評価有	p値	価値企画無*	価値企画有 評価無	価値企画有 評価有	p値	価値企画無*	価値企画有 評価無	価値企画有 評価有	p値
採算性	医業利益率	n	69	27	38	0.609	45	18	24	0.433	24	9	14	0.649
		平均	-2.9%	-2.7%	-2.0%		-6.8%	-6.0%	-5.2%		4.3%	3.9%	3.4%	
	病床当たり医業利益（千円）	n	69	26	38	0.827	45	18	24	0.578	24	8	14	0.433
		平均	-603	-591	-522		-1,438	-1,301	-1,195		961	1,005	633	
	黒字病院割合	n	69	27	38	0.922	45	18	24	0.524	24	9	14	0.249
		平均	46.4%	44.4%	47.4%		22.2%	27.8%	29.2%		91.7%	77.8%	78.6%	
在院日数	平均在院日数（参考）	n	69	27	38	0.153	45	18	24	0.915	24	9	14	0.100
		平均	13.60	14.28	12.99		13.38	14.16	13.34		14.00	14.52	12.39	
	疾患構成補正後平均在院日数	n	69	26	38	0.077	45	18	24	0.723	24	8	14	0.043
		平均	13.52	13.67	12.99		13.32	13.59	13.21		13.89	13.86	12.61	
退院時転帰	改善（治癒・軽快・寛解）率	n	68	26	38	0.095	44	17	24	0.582	24	9	14	0.051
		平均	81.0%	82.6%	83.4%		82.0%	83.1%	83.0%		79.2%	81.6%	84.1%	
	医療資源最大投入傷病による死亡率	n	69	27	38	0.659	45	18	24	0.655	24	9	14	0.371
		平均	2.7%	2.5%	2.6%		2.4%	2.5%	2.5%		3.1%	2.5%	2.6%	
	悪化（増悪・死亡）率	n	69	27	38	0.506	45	18	24	0.707	24	9	14	0.210
		平均	3.8%	3.7%	3.6%		3.4%	3.6%	3.6%		4.6%	3.8%	3.7%	
再入院	6週内同病院再入院率	n	69	27	38	0.743	45	18	24	0.956	24	9	14	0.567
		平均	8.0%	8.0%	7.7%		8.2%	9.0%	8.3%		7.6%	5.9%	6.8%	
	6週内同病院予期せぬ再入院率	n	69	27	38	0.258	45	18	24	0.064	24	9	14	0.643
		平均	1.2%	1.0%	1.0%		1.3%	1.1%	1.0%		0.9%	0.8%	1.0%	

*価値企画なしだが、評価有とする例外的（矛盾）病院は除去済み。

実施している病院群と，価値企画を実施していない病院群との間で，病院業績の違いを分析した。上述の広義及び狭義の価値企画と異なり，損益計算を伴う本格的な価値企画は，医業利益率に有意な差をもたらしており，その他の採算指標にも違いを生んでいる可能性を窺わせる結果となっている。また，プロセス効率性を示す補正後平均在院日数にも有意な違いをもたらしている。さらに退院時転帰悪化率に有意な差をもたらしており，医療資源最大投入傷病による死亡率にも差があることを窺わせる結果であった。なお再入院状況については，広義及び狭義の価値企画と同様に有意な差が見られなかった。

4.3　考察とまとめ

　主要DPCサービスに対する広義の価値企画の実施の有無は，損益や平均在院日数に有意な違いをもたらしておらず，広義の価値企画は採算やプロセス効率性の向上には効果を有していないようである。一方，退院時転帰の改善率は価値企画実施病院群の方が有意に高く，広義の価値企画は医療結果の改善には役立っていると推察される。ただし広義の公私病院別に見ると，改善率の有意差は広義の私的病院群においてのみ確認され，こうした医療の結果向上への貢献は広義の私的病院群でのみもたらされていると考えられる。また，退院時転帰の悪化率及び死亡と再入院率には有意差が見られず，広義の価値企画は医療結果の悪化防止に効果を有しているわけではなさそうである。

　次に，価値企画を実施していない病院群と狭義の価値企画実施病院群の間で，損益に有意な違いは見られず，狭義の価値企画は採算の向上には効果を有していないようである。一方，退院時転帰の改善率には有意差が見られ，狭義の価値企画は医療結果の改善に役立っていると推察される。ただし広義の公私病院群別に分析すると，その有意差は広義の私的病院群でのみ確認され，この効果は広義の私的病院群でのみもたらされていると考えられる。また，再入院状況の予期せぬ再入院率は，広義の公的病院群では，狭義の価値企画実施病院群の方が有意に低く，狭義の価値企画は医療結果の悪化防止に効果を有しているようである。

　また，狭義の価値企画実施病院群の方が，疾患構成補正後平均在院日数が有意に短く，狭義の価値企画は医療提供プロセスの効率化に繋がっていると推察

第9章　DPCサービス別管理会計の効果の検証　173

図表9-8　損益計算を伴う本格的な価値企画と病院業績の関係性

価値企画と病院業績			価値企画とDPC別原価計算			
			価値企画無*	価値企画有		p値
業績指標				包括出来高差	包括原価差（損益）	
採算性	医業利益率	n	65	50	17	0.053
		平均	−3.3%	−3.7%	2.2%	
	病床当たり医業利益（千円）	n	65	49	17	0.168
		平均	−660	−865	259	
	黒字病院割合	n	65	50	17	0.140
		平均	44.6%	40.0%	64.7%	
在院日数	平均在院日数（参考）	n	65	50	17	0.055
		平均	13.67	13.78	12.74	
	疾患構成補正後平均在院日数	n	65	49	17	0.032
		平均	13.47	13.46	12.44	
退院時転帰	改善（治癒・軽快・寛解）率	n	63	49	16	0.232
		平均	81.4%	84.9%	83.3%	
	医療資源最大投入傷病による死亡率	n	64	50	17	0.105
		平均	2.8%	2.6%	2.3%	
	悪化（増悪・死亡）率	n	64	50	17	0.082
		平均	4.0%	3.8%	3.2%	
再入院	6週内同病再入院率	n	64	50	17	0.307
		平均	7.7%	7.5%	9.0%	
	6週内同病予期せぬ再入院率	n	65	50	17	0.491
		平均	1.2%	1.1%	1.0%	

＊DPC価値企画なしであるが，DPC別原価計算は実施している例外的病院除去済み。

される。ただし広義の公私病院群別に分析すると，その有意差は広義の私的病院群でのみ確認され，効率化効果は広義の私的病院群でのみもたらされていると考えられる。なお平均在院日数の短縮は，DPC別包括払い制度の下では日別包括払い額の逓減制のために，また包括化されていない出来高払い対象の医療行為をより短期間のうちに詰めて実施することになるために，患者1人1日当たり診療報酬単価（診療単価）を上昇させることに繋がる。そのため，平均在院日数の短縮化は，プロセス効率性の向上を示すとともに，診療単価の向上

もある程度示唆していると考えられる。したがって，広義の私的病院群においては，狭義の価値企画は，現在多くの病院において課題となっている診療単価の向上にも貢献していると考えられる[11]。

　なお，広義の公私病院群間に，採算や医療結果の面では価値企画の効果に大きな差はないが，プロセス効率性の面では価値企画の効果に大きな違いが見られた。広義の私的病院群でのみ狭義の価値企画がプロセス効率化をもたらしており，広義の私的病院における高い経営管理意識が反映されているのではないかと考えられる。

　加えて，DPCサービス別損益計算を伴う本来の損益に基づく本格的な価値企画は，医業利益率及び補正後平均在院日数に有意な差をもたらしており，価値企画を実施していない病院よりも採算が良くまた平均在院日数が短い。また退院時転帰悪化率にも有意差をもたらしており，価値企画を実施していない病院よりも医療結果の悪化率が低い。すなわち損益計算を伴う本格的な価値企画は，採算性やプロセス（病床利用）効率性を向上させつつ，同時に医療の結果も向上させており，DPCサービスの費用対成果を大きく改善していると推察される。包括出来高差という収益比較に基づく価値企画を中心とした広義の価値企画や，包括出来高差により価値企画活動の事後評価までしている狭義の価値企画と異なり，損益計算を伴う本格的な価値企画は，本来の損益に基づき価値企画を実施し，また損益によりその活動の効果を検証できる。そのため，広義及び狭義の価値企画と異なり，損益計算を伴う本格的な価値企画は採算性にも有意な改善効果をもたらすことが可能になっているものと考えられる。

　最後に，部門別採算業績管理のような管理会計手法は採算性の向上に一義的な目的があるのに対して，サービス価値企画という管理会計手法は，採算と医療結果（質）と在院日数などの同時統合的な作り込みによる，サービスの費用対成果としての価値の向上に目的がある。したがって，広義であれ狭義であれ，損益計算を伴わない価値企画は，採算性の向上はもたらしていないものの，採算性を維持しつつ医療の結果を向上させることによりDPCサービスの費用対成果を高めているため，その目的を一定程度果たしているといえる。つまり損益計算を伴わない価値企画であったとしても，その管理会計手法は有効性を持っているといえる。

第9章　DPCサービス別管理会計の効果の検証　175

　なお，費用対成果としての価値を高めるためには，医療の結果（質）を維持
しつつ採算を向上させる方法もありうるが，以上で見てきたように，病院で現
在一般的な損益計算を伴わない価値企画は，採算を維持しつつ医療の結果を向
上させてDPCサービスの価値を高めていることがわかる。この点，まだ先駆
的な病院のみで実践されている損益計算を伴う本格的な価値企画は，採算性も
医療の結果も同時に向上させており，医療サービスの費用対成果としての価値
を著しく高めている。

　価値企画活動が，実際に医療の結果や採算や在院日数（プロセス効率性）に
どのような効果をもたらしているのか，従来，必ずしも十分に明らかでなかっ
た。しかしながら本研究により，広義の価値企画は，採算性や効率性に影響を
及ぼすことなく，医療の結果の向上をもたらしていることが明らかとなった。
また企画活動の評価まで実施する狭義の価値企画は，採算性に影響を及ぼすこ
となく，医療の結果だけではなく，広義の私的病院群中心に効率性にも，よい
効果を与えていることが判明した。このことは，現在その実践が広まりつつあ
る価値企画活動が，その狙いとしての医療サービスの費用対成果（価値）の向
上に実際に繋がっていることを示唆している。ただし，現在の病院ではまだ広
く実践されてはいないものの，DPCサービス別損益計算を実施し，本来の損
益情報に基づき価値企画をすると，医療の結果やプロセス効率性だけでなく，
採算性にもよい効果がもたらされ，医療サービスの価値が著しく向上すること
も示唆された。今後は，DPCサービス別損益計算とDPC診療プロトコル開発
とを連動させた本格的なDPCサービス価値企画の普及が期待される。

（注）——————

　1　医療の結果については多面的に評価されるべきであるし，またDPC導入の影響評価で
　　も入院患者のリスク差については考慮されていないため，一概には判断できない。しか
　　し，再入院状況や退院時転帰は，少なくとも医療の結果の一側面ということはできる。
　2　DPCサービス別の日別包括払い収益の下で，先発薬よりも安い後発薬に変更したり，
　　実施していた検査を止めたりすることにより，費用を少なくすることで，DPCサービス
　　別の損益を改善することができる。
　3　ルビーン検定により等分散性が確認されたため，分散分析を実施した。
　4　むしろ悪化率については，活動が活発な病院の方が，有意に状況が良い様子が窺われ
　　る。おそらくDPCサービスごとの採算改善活動に熱心な病院は，DPCサービスごとの医

療結果の改善にも熱心であることが多い，すなわちDPCサービスごとに採算と医療結果（質）を作り込み費用対成果の高いDPCサービス提供プロセスを構築することが多い（荒井，2011a；2013a，第6章），といった背景が考えられる。

5　包括収益とは，現在のDPC別包括払い制度下での実際の各DPCサービスからの収益であり，出来高換算収益とは，仮に現行の支払い制度に移行する前の出来高払い制度の下であった場合に，当該DPCサービスから得られた収益である。

6　本書では，これまで同様に診療プロトコルという言葉を用いているが，今日の日本の医療界では，クリティカルパスやクリニカルパス，あるいはこれらを略称したパスという言葉の方がよく用いられている。

7　広義の価値企画とは，各DPCサービスに対応する診療プロトコルの開発修正（つまりDPCサービスの標準提供プロセスの設計）に際して，DPCサービスの外在的公定価格である包括価格（多くの病院ではこれ自体が目標原価）と，対応する診療プロトコルの既存の積上原価の代理指標としての出来高換算額（見做し原価）との差額分析（包括・出来高差把握）を行いながら，当該DPCサービスの費用対成果の作り込みをする経営管理活動である。

8　包括・出来高差とは，DPC別包括払い制度の下での包括収益と出来高払い制度であったならば得られたはずの出来高換算収益との比較収益差である。出来高払い制度下の各行為等の診療報酬額は伝統的に各行為等の原価を反映したものであると考えられてきたため，包括・出来高差はDPC別包括払い制度下の収益と原価（費用）の差（つまり本来の損益）の代理指標として経営管理に利用されてきた。しかしながら，あくまでも代理指標でしかないため，最近では一部の先駆的病院では，DPCサービス別損益計算を何らかの方法により実施し，本来の損益を把握するようになってきている。そこで，本質問票調査でも，「包括・出来高差（あるいは本来の損益）の変化を把握」しているかと質問している。

9　狭義の価値企画とは，ただ単に包括出来高差把握をして何らかの価値企画策を採っているだけでなく，価値企画後にDPCサービスに対応する診療プロトコルの包括出来高差がどのように変化したか，つまり診療プロトコル開発修正前後の包括出来高差の比較評価までもしっかりと行いつつ，診療プロトコルの開発修正をする経営管理活動である。

10　ただし，ここでの分析の目的から，DPC診療プロトコルの開発はしていないがDPCサービス別損益計算は実施している例外的病院は除いた。

11　ただし狭義の価値企画の実施が採算性には有意な差をもたらしていないように，診療単価が向上しても，同時に短期間により多くの費用をかけることになるため，必ずしも各DPCサービスの採算性の向上に繋がるわけではない。在院日数が短くなった分を埋め合わせるだけの入院患者数の増加がなければ，病院の採算性は悪化する可能性さえある。多くの病院が，採算性の改善を目指して診療単価の向上を図っているが，診療単価の向上が採算性の向上に直結するわけではないことに，注意が必要である。

第10章

バランスト・スコアカードの効果を
高める実践の検証

1　問題意識

　21世紀に入り，病院においても戦略的な経営が強く求められるようになり，今ではBSCの導入も広がってきた（渡邊ほか2015；荒井2016c）。しかし現在，地域医療構想といった各病院の機能の分化と連携をより強化する政策が推進されつつあり，より本格的で効果的な戦略的経営が必要となってきた。加えて医療法人では特に，多角化を背景とした各現場への権限委譲の進展により，各現場への戦略浸透や努力促進の必要性が強くなってきた。こうした中，BSCをより有効に活用することが重要な課題となっている。

　病院を対象としたBSCの研究は，もはや少なくはない。しかし本章が対象とするBSCの効果を高める実践（より有効に活用する方法）を明らかにする定量的な研究は極めて限られている。病院におけるBSCの効果に関する研究は見られるが，ほとんどの研究は，個別病院における事例を基に質的にBSCの効果について論じているものであり（荒井2005；大野ほか2008；奥野ほか2011），効果を定量的に検証している研究（岩佐2014；渡邊ほか2015）は限られている[1]。また定量的にBSCの効果を検証している研究であっても，岩佐（2014）や渡邊ほか（2015）はBSCの実施による効果を検証するものであり，BSC実施病院においてどのような実践によってBSCの効果を高めることができるかを明らかにしようとした研究ではない。岩佐（2014）は，17というかなり限定された数の公立病院を対象に，BSC導入前後の財務業績の比較により，BSCの実施による財務業績への効果を検証している。また渡邊ほか（2015）は，60強のDPC対象病院

を対象に，BSCの導入・運用担当者によるBSCの効果認識調査により，BSCの実施による広範な事項（戦略の浸透など10種類の事項）への効果を定量的に明らかにしている。

　なお海外でも，病院におけるBSCの効果に関して定量的に検証した研究が見られる（Chu et al. 2009；Lin et al. 2014；Meliones 2000；Naranjo-Gil 2009）。例えばNaranjo-Gil（2009）は，BSCをインタラクティブに利用している場合にはコスト削減や医療の質の向上に効果がある一方，診断的にのみ利用している場合には効果がないばかりか負の影響をもたらすことを明らかにした。またLin et al.（2014）は，BSCの利用，平均より多い評価指標数の活用，高い非財務指標割合が，高い病院業績に繋がることを示した。ただし海外と日本では，日本の多くの伝統的な病院では医師が病院の所有であり経営者であることや，大学医局による医師派遣などを背景に，病院のガバナンスが異なり，また医療保険制度，医療市場，国民の医療に対する価値観などの違いも大きく，海外での研究結果が日本でも同じようにあてはまるとは限らない。

　そこで本章では，まず次節において，日本の病院経営医療法人に対するBSCの実態調査（荒井，2016c）のデータを基に，BSC実施法人群におけるその実践の違いによりBSCの効果に違いが見られるかを分析し，効果を高める実践を明らかにする。また続く節では，国公立病院から医療法人まで多様な開設者による病院を含むDPC対象病院に対するBSCの実態調査（荒井，2017b）を基に，BSC実施病院群においてその実践の違いによりBSCで期待される事項への効果に違いが見られるのかを分析し，効果を高める実践を明らかにする。

2 病院経営医療法人におけるBSCの効果を高める実践

2.1 研究方法

　病院を経営する医療法人（総収益10億円未満[2]の零細法人除く）におけるBSCの実態に関する質問票調査を2014年9月下旬～10月下旬に実施した。調査への回答は，法人本部長，事務部長，企画部長ほか法人のBSCの状況に詳しい経営層の方に依頼し，対象2,847法人中，91法人から回答を得た（回答率3.2%）。そ

のうちBSCを実施している法人は40法人であった。本研究では，この40法人を対象に，BSCによる効果に影響を与えていると考えられる以下の３つの実践について分析する。

　１つ目として，戦略マップ活用への積極性の強弱が，BSCの効果に影響を与えているのではないかと考えた。特に，組織目標への現場職員の方向づけというBSCの主要な狙いに深く関わる，使命等[3]の浸透や，戦略の明確化及び浸透に関しては，戦略マップ活用に積極的な法人の方が効果が高いのではないかと考えた。使命等の浸透と戦略の明確化及び浸透は，戦略マップが直接的に狙いとするところであり，また戦略マップの視覚的なわかりやすさからもこうした事項に関する効果は高いと考えた。

　また組織目標への職員の方向づけを管理者に動機付ける方法の１つである管理者業績評価についても，戦略マップ活用への積極性は高い効果を持つのではないかと考えた。先行研究から，事業計画で目標事項間の因果関係を考慮する度合いが高いほど，事業計画が管理者の業績評価によく利用されることがわかっていた（荒井，2013，第３章）。また，病院において管理者の業績評価が受け入れられる（実践できる）ためには，評価される管理者の納得性が極めて重要であることも示唆されていた（荒井・尻無濱，2015）。そのため，戦略的目標間及び成果指標間の因果関係の考慮を促進する戦略マップの活用に積極的であれば，戦略及びその背景の因果関係に関する現場の理解が深まり，そのことでBSC上の戦略目標の達成状況により業績評価されることへの現場の納得性が高まるために，現場により業績評価が受け入れられやすくなるのではないかと考えた。

　さらに，組織目標への職員の方向づけを通じて達成したい組織成果（医療の質，患者満足，患者数・収入）の向上に対しても，戦略マップ活用への積極性は効果を持っているのではないかと考えた。戦略マップによって，組織の使命等や戦略への現場職員の理解が高まることで，組織目標に沿って自律的に努力するようになる可能性が高まると考えた。

| 図表10-1 | 戦略マップ活用への積極性の強弱 |

戦略マップの活用状況			
導入時の作成	有		無
その後の再構築	有	無	13
	24	3	
活用への積極性	強	弱	
	24	16	
	60.0%	40.0%	

　戦略マップ活用への積極性については，戦略マップを作成しその後も再構築している場合を積極性が強いとし，戦略マップを作成したことがないか一度作成したことがあるだけでその後まったく再構築したことがない場合を積極性が弱いと区分した（**図表10-1**）。

　2つ目として，BSC上の結果（実績）データに基づき対策検討会を実施している程度が，BSCの効果に対して影響を与えているのではないかと考えた。より具体的には，まず，高頻度の対策検討会は，戦略遂行手法であるBSCについて高頻度で検討するため，それだけ使命等や戦略の明確化や浸透には役立つのではないかと考えた。また高頻度の対策検討会は，頻度の分だけ検討会参加者の経営意識醸成や対話の機会が多くなるため，職員の経営意識醸成や職員間の対話の促進には効果があると考えた。さらに，高頻度の検討会は，より早期に対策を取れるため，増患・増収や質の向上といった成果にも繋がりやすいと考えた。

| 図表10-2 | 成果指標データに基づく対策検討会の実施状況区分 |

期間		月次	四半期	半年	年次	非実施
対策検討会の頻度	n	15	2	7	11	4
	割合	38.5%	5.1%	17.9%	28.2%	10.3%
頻度の区分		高頻度		低頻度・実施無		
		17 （43.6%）		22 （56.4%）		

　対策検討会の実施頻度については，月次あるいは四半期と短期間で繰り返し実施している場合を高頻度とし，実施していないか実施していても年次あるい

第10章　バランスト・スコアカードの効果を高める実践の検証　181

は半年に一度とあまりなされていない場合を低頻度・実施無として区分した（**図表10-2**）。

　3つ目として，BSCの結果を当BSCの構築対象責任センターの管理者の業績評価に利用するか否かが，いくつかの事項の効果に影響を与えているのではないかと考えた。具体的には，業績評価されることにより，管理者がより積極的にBSC活動にかかわるようになるため，戦略の浸透や職員の経営意識醸成により注力するようになり，これらの効果が高まるのではないかと考えた。また，より積極的にBSC活用にかかわるため，患者数・収入の増加，医療の質の向上，患者満足の向上といった組織成果にも良い効果がもたらされるのではないかと考えた[4]。なお，管理者の業績評価という事項に関しては，BSC結果の管理者業績評価での利用は，当然に効果認識に良い影響を与えると考えられる。

図表10-3　**管理者業績評価でのBSC利用状況区分**

BSC構築対象階層	BSC実施数	利用状況回答数	利用有	利用無
施設階層のみ	7	7	2	5
施設・部門両階層	24	23	12（内，8両階層，4部門のみ）	11
部門階層のみ	6	6	2	4
両階層とも非実施（法人全体のみ実施）	3			
管理者業績評価利用有無区分		n	16	20
		割合	44.4%	55.6%

　本研究では，法人階層，法人内の施設階層，施設内の部門階層の3層のBSC構築対象階層を想定してBSCの実施状況を把握しており，法人経営層により管理される施設階層管理者（病院長など）と，法人経営層や施設階層管理者により管理される施設内部門階層の管理者（診療科長など）に関して，施設BSC及び施設内部門BSCの業績評価での利用状況を調査した。**図表10-3**に示したように，施設や部門を対象にBSCを構築している37法人のうち，1法人は業績評価での利用状況を回答していないため，本分析では36法人が対象となり，BSCを業績評価に利用している16法人と利用していない20法人とを区分して分析する。本研究では，上記実践の違いにより区分された2つの病院群間の各事項に

関する効果認識の平均値の差を t 検定した。

2.2 分析結果

まず，戦略マップ活用への積極性が強い法人の方が，使命等の浸透，戦略の明確化及び浸透という戦略マップの直接的な狙いに関わる事項について，効果が有意に高いことが明らかとなった（**図表10-4**）。また，管理者の業績評価という面でも，戦略マップ活用に積極的な法人では効果が有意に高いことが判明した。加えて，医療の質の向上と患者満足の向上という組織成果についても，積極性が強い法人の方が，有意に効果が高い。一方，患者数・収入の増加という組織成果や，職員の経営意識醸成，職員間の対話の促進，職員満足の向上という組織成果の実現にとって重要な職員関連の戦略目標事項については，特に関係性は確認できない。

次に，BSC上の結果データに基づき対策検討会を実施する頻度が高い法人の方が，戦略の明確化と浸透というBSCの主要な狙いに関わる事項の効果が有意に高い（**図表10-4**）。また，対策検討会実施頻度が高い法人の方が，医療の質の向上の効果が有意に高く，また有意性まではないものの患者数・収入の増加の効果も高い様子が窺われる結果となっている。一方，その他の事項への高頻度な検討会による効果は確認されなかった。

最後に，施設BSCや部門BSCの結果を施設管理者や部門管理者の業績評価に利用している法人の方が，戦略の浸透という効果が有意に高い（**図表10-4**）。また，業績評価利用法人では，職員の経営意識醸成の効果も有意に高い。加えて，当然ではあるが，BSC結果を管理者業績評価に利用している法人の方が，管理者の業績評価という面での効果認識が有意に高い。一方，その他の事項については，管理者業績評価での利用の有無による有意な差は見られない。

2.3 考察とまとめ

事前の想定どおり，戦略マップの活用の積極性は，戦略マップの直接的な狙いである使命等や戦略の浸透，明確化によい効果をもたらしている。また，おそらくは，そのことを通じて，病院の使命等及び戦略と深く関わる医療の質や患者満足の向上という病院にとっての究極の組織成果にも良い効果をもたらす

第10章　バランスト・スコアカードの効果を高める実践の検証　183

| 図表10-4 | 各種BSC実践別の各事項の効果の程度[5] |

実践別の各事項の効果の程度		BSC実施法人全体	戦略マップ活用の積極性		対策検討会実施・頻度		管理者業績評価での利用	
			弱	強	無・低	高	無	有
(1)使命等の浸透	n	38	14	24	21	16	19	16
	平均	3.7	3.4	3.8	3.5	3.9	3.6	3.7
	p値		0.044		0.138		0.650	
(2)戦略の明確化	n	38	14	24	21	16	19	16
	平均	3.7	3.4	3.9	3.5	3.9	3.5	3.8
	p値		0.054		0.075		0.222	
(3)戦略の浸透	n	38	14	24	21	16	19	16
	平均	3.5	3.1	3.7	3.3	3.8	3.2	3.7
	p値		0.033		0.081		0.070	
(4)管理者の業績評価	n	38	14	24	21	16	19	16
	平均	3.1	2.5	3.5	3.0	3.4	2.7	3.6
	p値		0.003		0.284		0.018	
(5)職員の経営意識醸成	n	38	14	24	21	16	19	16
	平均	3.1	3.1	3.1	3.1	3.1	2.7	3.3
	p値		0.867		0.926		0.090	
(6)職員間の対話の促進	n	38	14	24	21	16	19	16
	平均	2.9	2.7	3.1	2.8	3.1	2.8	2.9
	p値		0.242		0.319		0.768	
(7)患者数・収入の増加	n	37	13	24	21	15	18	16
	平均	3.3	3.4	3.2	3.1	3.5	3.1	3.4
	p値		0.532		0.113		0.356	
(8)医療の質の向上	n	38	14	24	21	16	19	16
	平均	3.4	3.1	3.7	3.2	3.7	3.2	3.6
	p値		0.024		0.091		0.134	
(9)患者満足の向上	n	38	14	24	21	16	19	16
	平均	3.4	3.0	3.6	3.3	3.5	3.2	3.6
	p値		0.019		0.402		0.182	
(10)職員満足の向上	n	38	14	24	21	16	19	16
	平均	2.9	2.9	3.0	2.9	3.1	2.9	3.0
	p値		0.549		0.245		0.657	

ようである。また因果関係の考慮を促す戦略マップの積極的な活用は，管理者の業績評価という面でも良い効果をもたらしていそうであることもわかった。

次にBSC上の結果データに基づく対策検討会の高頻度の実施は，戦略の明確化及び浸透に有意に良い効果をもたらしており，会議の場でのBSCの結果に関する議論の繰り返しは，戦略遂行手法としてのBSCの主要な狙いに有効であることがわかった。また職員の経営意識醸成や職員間の対話の促進などの職員関連の戦略目標事項への効果はなさそうである一方，医療の質の向上や患者数・収入の増加という組織成果の向上には効果がありそうである。短期間で繰り返しBSC上の結果データを基に対策を検討しているため，組織成果にもある程度の効果をもたらしているものと考えられる。

最後に，管理者業績評価にBSCを利用している法人の方が，戦略の浸透や職員の経営意識醸成についての効果が有意に高い。BSC上の結果により業績評価されるために，管理者がより積極的にBSC活動にかかわるようになった結果，これら事項に良い効果がもたらされるようになっているものと考えられる。ただし患者数・収入の増加，医療の質の向上，患者満足の向上という組織成果への効果は確認されていない。

もっとも，医療の質の向上と患者満足の向上については，有意性はないものの，ある程度の差があり，業績評価利用法人の方が効果が高い可能性が窺われる結果ではある。また，財務視点と深く関連する患者数・収入の増加については，病院は非営利組織であるために，業績評価に利用されるBSCでの財務視点の位置づけにも依存している可能性がある[6]。すなわち財務視点をBSC上の最上位視点としている場合には，業績評価において財務視点は重視されると考えられるため，患者数・収入の増加への業績評価利用による効果は大きくなると考えられる一方，顧客視点など非財務視点を最上位視点としている場合には，業績評価における財務視点のウエイトが相対的に軽くなると考えられるため，患者数・収入の増加への業績評価利用による効果は小さくなると思われる。ちなみに，最上位視点が財務か非財務かによりBSC実施法人を2分類し，その法人群間で患者数・収入の増加の効果を比較検証すると，財務視点を最上位とする法人群（19法人：平均3.5）の方が，非財務視点を最上位とする法人群（16法人：平均2.9）よりも，効果が有意に高い（有意確率0.031）。

第10章　バランスト・スコアカードの効果を高める実践の検証　185

　本研究で明らかにした，3種類のBSC実践と各種事項の効果との関係性についての知見は，病院でのBSCの今後の有効活用にとって有益な示唆を与えている。ただし，本研究の分析対象法人のサンプル量が少なすぎ，この知見にはかなり限界がある点には注意が必要である。また，相互の関係性はあまりないと考えてはいるものの，3種類のBSC実践間の相互作用もあるかもしれない。さらに，各種事項に関する効果の程度は，あくまでもBSC実施法人自身による主観的な認識に基づく効果の程度であり，客観的に測定された効果の程度ではない点にも留意が必要である。

3　DPC対象病院におけるBSCの効果を高める実践

　前節の研究は，病院経営医療法人を対象としているため，急性期医療から慢性期医療までの多様な医療機能サービスを提供している病院が混在しており事業内容が同質的ではない。また，提供サービスに対する支払い方式も出来高払い制からDPC別包括払い制まで異なる支払い方式の病院が混在している[7]。その点，DPC対象病院はどの病院も，急性期医療を提供している病院であり，またDPC別包括払い制が適用されているため，事業内容と支払方式の観点から同質的な病院である。そのため，DPC対象病院群を研究対象とすることにより，病院間の事業内容の違いや支払方式の違いによる影響を統制することができ，各病院のBSC実践の違いによる各種事項への効果をより純粋に評価することができる。そこで本節では，DPC対象病院群を対象として，各種のBSC実践の違いによりBSCの効果に違いが見られるかどうかを検証する。

3.1　研究方法

　2015年度にDPC対象病院であった1,580病院を対象として，2015年10月中旬〜11月中旬に質問票調査（「病院におけるバランスト・スコアカード（BSC）の現状に関する調査」）を実施し，158病院から有効回答を得た（回収率：10.0%）。本調査では，質問票において「BSCとは，多様な【視点】（側面）から業績を測定し，また各【視点（内の諸目標）】間の因果関係（目的手段関係など含む）を重視した経営手法」と明記している[8]。調査への回答は，事務部長，企画部

長ほか病院のBSCの状況に詳しい方に依頼した。

　BSCを実施している病院は91病院見られた。本研究では，これらBSC実施病院を対象として，各種事項に関する効果認識データとBSC実践状況データを基に，BSC実践の違いが各種事項への効果に違いをもたらしているかどうかを検証する。より具体的には，以下に述べる各種事項へのBSCによる効果を高めると考えられる，①戦略マップ活用への積極性，②カスケードの徹底性，③因果関係考慮の徹底性，という３つの実践の違いが，各種効果に違いを生んでいるか，つまりこれら３つの実践の効果向上への有効性を検証する。

　検証の際には，病院経営医療法人を対象とした前節の研究と同じ，使命等の浸透，戦略の明確化，戦略の浸透，職員の経営意識醸成，職員間の対話の促進，職員満足の向上，管理者の業績評価，医療の質の向上，患者満足の向上，患者数・収入の増加，の10種類の効果事項を対象とする。使命等の浸透，戦略の明確化，戦略の浸透は，組織目標への現場職員の方向づけの次元に関わる事項である。また，職員の経営意識醸成，職員間の対話の促進，職員満足の向上，管理者の業績評価は，組織成果向上のためのプロセスで重要と考えられる職員関連の次元に関わる事項であるといえる。さらに，医療の質の向上，患者満足の向上，患者数・収入の増加は，組織成果の次元に関わる事項である。なお，各事項の効果は，「効果がなかった」（１）から「効果があった」（５）までの５段階評価で調査している。

　効果向上への有効性を検証する１つ目の実践として，まず戦略マップ活用への積極性がある。積極性の強弱がBSCの効果に影響を与えているのではないか，すなわち戦略マップをより積極的に活用することによって効果が向上するのではないかと考えた。特に，組織目標への現場職員の方向づけというBSCの主要な狙いに深く関わる，使命等の浸透や戦略の明確化及び浸透に関しては，戦略マップ活用への積極性が強い病院の方が，効果が高いのではないかと考えた。これらの事項は，戦略マップがまさに狙いとするところであり，また戦略マップの視覚的なわかりやすさからも，こうした事項に関する有効性は高いと考えた。

　また，組織目標への職員の方向づけを通じて達成したい組織成果や，成果向上へのプロセスにおいて重要と考えられる職員関連事項の効果に対しても，戦

略マップへの強い積極性は多少の有効性を持っているのではないかと考えた。戦略マップによって，組織の使命等や戦略への現場職員の理解が高まることで，職員の経営意識が高まり，戦略実現のために職員間で積極的にコミュニケーションが行われ，また職員満足度も向上することで，戦略に沿って現場職員が自律的に努力するようになる可能性が高まり，その結果，医療の質や患者満足が向上し，増患・増収にもつながると考えた。

図表10-5 | 戦略マップ活用への積極性の強弱

戦略マップの活用状況		
導入時の作成	有	無
その後の再構築	有	無	25
	55	10	
活用への積極性	強	弱
	55	35
	61.1%	38.9%

　戦略マップ活用への積極性については，戦略マップを作成しその後も再構築している場合を積極性が強いとし，戦略マップを作成したことがないか導入時に一度作成したことがあるだけでその後まったく再構築したことがない場合を積極性が弱いと区分した（**図表10-5**）。

　2つ目として，カスケードの徹底性の強弱がBSCの効果に影響を与えているのではないか，すなわちカスケードをより徹底することによって効果が向上するのではないかと考えた。特に，組織目標への現場職員の方向づけに関係する，使命等の浸透や，戦略の明確化及び浸透については，カスケードの徹底性が強い病院の方が，効果が高いのではないかと考えた。病院階層と病院内の部門階層の両階層へBSCを展開し，そのBSC階層間の連動性が高い病院では，病院組織としての使命等や戦略が現場により浸透しやすいと考えられるからである。

　また，使命等や戦略の浸透を通じて達成したい組織成果や，そのプロセスにおいて重要と考えられる職員関連事項に対しても，カスケードの徹底性は効果の向上に少しは有効なのではないかと考えた。カスケードの徹底によって，組織の使命等や戦略への現場職員の理解が高まることで，戦略実現に向けた職員

間のコミュニケーションが促され，職員満足度も向上し，組織目標に沿って自律的に努力するようになる結果，組織の成果が向上すると考えた。

図表10-6 カスケードの徹底性の強弱

カスケードの実施状況			
多階層展開	有		無
階層間連動性の程度	平均値以上	平均値未満	22
	46	23	
カスケードの徹底性	強	弱	
	46	45	
	49.5%	50.5%	

　カスケードの徹底性については，病院全体と病院内の部門の両階層へとBSCを多階層展開し，そのBSC階層間の連動度が平均値以上（連動度5〜7）である場合を徹底性が強いとし，多階層展開をしていないか多階層展開しているが階層間連動度が平均値に満たない（連動度1〜4）場合を徹底性が弱いと区分した（**図表10-6**）。なお階層間の連動度は，「病院全体と病院内の各部門の両階層でBSCを導入している場合，両階層のBSCの間に，どの程度の連動性」があるかを，「全く連動してない」（1）から「非常によく連動」（7）までの7段階評価で調査しており，平均値は4.9であった。

　3つ目として，BSCの重要な特徴の1つであり，構築及び運用に際して重視することの必要性が強調されている因果関係考慮の程度が，BSCの効果に影響を与えているのではないか，つまり因果関係の考慮度が高いほど効果がより高まるのではないかと考えた。具体的には，戦略的目標間や戦略的目標の測定尺度としての成果指標間（以下，まとめて戦略的目標間と略す）の因果関係を徹底的に考慮することは，組織目標とその実現のための戦略をより明確にし，現場の戦略理解を促進して戦略の浸透につながる。また現場職員の組織目標及び戦略の理解が進むことで，職員の経営管理意識が醸成され，組織目標の実現のために職員間で積極的にコミュニケーションがなされるようになり，また組織目標及び戦略の理解は組織内での自身の貢献（役割）の認識を高めて満足度を向上させ，組織目標に向かって自律的に努力するようになる結果，医療の質や患

者満足が向上し，増患・増収にもつながると考えた。

図表10−7 因果関係考慮の徹底性の程度

戦略的目標間（及び成果指標間）の因果関係の考慮度								
考慮度	1	2	3	4	5	6	7	合計
n	1	4	12	11	30	21	10	89
平均による 3区分	平均より低い				ほぼ 平均値	平均より高い		平均値
	低 28（31.5%）				中30 （33.7%）	高 31（34.8%）		4.9

　因果関係考慮の徹底性については，戦略的目標間の因果関係の考慮度がほぼ平均値である考慮度5を中程度とし，考慮度5（ほぼ平均）よりも因果関係の考慮を徹底している場合を考慮度が高い，考慮度5（ほぼ平均）よりも因果関係の考慮がなされていない場合を考慮度が低いと区分した。なお因果関係の考慮度は，「BSCの導入・運用に際して，各戦略的目標（重要成功要因）間や各成果指標（重要業績指標）間の因果関係（目的・手段関係など含む相互関係全般）をどの程度考慮（検討）して」いるかを，「全く考慮してない」（1）から「非常によく考慮」（7）までの7段階評価で調査しており，平均値は4.9であった。

　本研究では，上記実践の違いにより区分された病院群間の各事項に関する効果認識の平均値の差をt検定及び分散分析した。

3.2　分析結果

　まず，戦略マップ活用への積極性が強い病院の方が，組織目標への現場職員の方向づけというBSCの狙いと関わる，使命等の浸透，戦略の明確化及び浸透について，効果が有意に高いことが明らかとなった（**図表10-8**）。また，組織成果向上へのプロセスにおいて重要と考えられる職員関連事項に関しては，職員間の対話の促進と職員満足の向上について，戦略マップ活用に積極的な病院の方が，効果が有意に高いことが判明した。ただし職員の経営管理意識の醸成や管理者の業績評価での利用促進とは，特に有意な関係性は見られなかった。また，組織成果の向上に関しても，戦略マップ活用への積極性の強弱との間に

図表10-8 戦略マップ活用積極性及びカスケード徹底性の効果向上への有効性

実践状況別の3つの次元に関わる各事項の効果の程度			BSC実施病院全体	戦略マップ活用の積極性		カスケードの徹底性	
				弱	強	弱	強
組織目標への現場の方向づけ	使命等の浸透	n	89	34	55	43	46
		平均	3.72	3.53	3.84	3.60	3.83
		t検定		t値	p値	t値	p値
				−1.72	0.088	1.27	0.208
	戦略の明確化	n	89	34	55	43	46
		平均	3.84	3.56	4.02	3.65	4.02
		t検定		t値	p値	t値	p値
				−2.69	0.009	2.20	0.030
	戦略の浸透	n	89	34	55	43	46
		平均	3.58	3.24	3.80	3.35	3.80
		t検定		t値	p値	t値	p値
				−3.38	0.001	2.75	0.007
組織成果向上に重要な職員関連事項	職員の経営意識醸成	n	89	34	55	43	46
		平均	3.42	3.38	3.44	3.35	3.48
		t検定		t値	p値	t値	p値
				−0.27	0.786	0.67	0.502
	職員間の対話の促進	n	89	34	55	43	46
		平均	3.35	3.09	3.51	3.12	3.57
		t検定		t値	p値	t値	p値
				−2.01	0.048	2.21	0.030
	職員満足の向上	n	87	34	53	43	44
		平均	3.09	2.88	3.23	3.00	3.18
		t検定		t値	p値	t値	p値
				−1.72	0.090	0.92	0.361
	管理者の業績評価	n	85	34	51	41	44
		平均	2.71	2.71	2.71	2.66	2.75
		t検定		t値	p値	t値	p値
				0.00	1.000	0.40	0.689
組織成果	患者数・収入の増加	n	87	33	54	42	45
		平均	3.36	3.39	3.33	3.07	3.62
		t検定		t値	p値	t値	p値
				0.29	0.769	2.88	0.005
	医療の質の向上	n	86	33	53	42	44
		平均	3.52	3.39	3.60	3.45	3.59
		t検定		t値	p値	t値	p値
				−1.15	0.252	0.78	0.438
	患者満足の向上	n	86	33	53	42	44
		平均	3.41	3.24	3.51	3.33	3.48
		t検定		t値	p値	t値	p値
				−1.46	0.149	0.80	0.425

第10章　バランスト・スコアカードの効果を高める実践の検証　191

有意な関係性は確認できない。

　次に，カスケードの徹底性が強い病院の方が，組織目標への現場職員の方向づけというBSCの主要な狙いに深く関わる，戦略の明確化及び浸透の効果が有意に高いことが明らかとなった（**図表10-8**）。使命等の浸透については，有意な関係性はなかったものの，今回の調査結果そのものを見ると，カスケードを徹底している病院の方が，効果がある程度高い。また，組織成果向上へのプロセスにおいて重要と考えられる職員関連事項に関しては，職員間の対話の促進について，カスケードを徹底している病院の方が，効果が有意に高いことが判明した。さらに，組織成果の向上に関しては，患者数・収入の増加について，カスケードを徹底している病院の方が，効果が有意に高い。しかし，その他の組織成果とカスケードの徹底性の間には有意な関係性は見られない。

　最後に，戦略的目標間の因果関係の考慮度が高い病院ほど，組織目標への現場職員の方向づけと関わる，使命等の浸透，戦略の明確化及び浸透について，効果が有意に高いことが明らかとなった（**図表10-9**）。また，組織成果向上へのプロセスにおいて重要と考えられる職員関連事項に関しては，職員の経営意識の醸成と職員間の対話の促進，職員満足の向上について，因果関係考慮度が高い病院ほど，効果が有意に高いことが判明した。さらに，組織成果の向上に関しては，医療の質の向上，患者満足の向上，患者数・収入の増加のいずれの面でも，因果関係の考慮度が高い病院ほど，効果が有意に高い。

3.3　考察とまとめ

　事前の想定どおり，戦略マップ活用への強い積極性は，使命等の浸透や戦略の明確化及び浸透という組織目標・戦略への現場職員の方向づけに関わる事項に，良い効果をもたらしていることが明らかとなった。これらの事項は戦略マップがまさにその重要な狙いの1つとしている事項であるが，その狙いどおりの有効性を有しているといえる。

　また，組織目標・戦略への現場職員の方向づけを通じて達成したい狙いともいえる，組織成果向上のためのプロセスにおいて重要であると考えられる職員関連事項の効果向上にも，部分的に有効であった。すなわち戦略マップによって，戦略実現のために職員間で積極的にコミュニケーションが行われ，また職

| 図表10-9 | 因果関係考慮の効果向上への有効性 |

因果関係考慮度別の３つの次元に関わる各事項の効果の程度			因果関係の考慮度			目的適合度
			低い	中程度	高い	
組織目標への現場の方向づけ	使命等の浸透	n	27	30	31	90
		平均	3.41	3.70	4.00	4.12
		分散分析	F値	p値		
			3.94	0.023		
	戦略の明確化	n	27	30	31	90
		平均	3.41	3.83	4.23	4.39
		分散分析	F値	p値		
			8.54	0.000		
	戦略の浸透	n	27	30	31	90
		平均	3.00	3.60	4.06	4.19
		分散分析	F値	p値		
			16.94	0.000		
組織成果向上に重要な職員関連事項	職員の経営意識醸成	n	27	30	31	90
		平均	3.11	3.33	3.74	4.02
		分散分析	F値	p値		
			3.91	0.024		
	職員間の対話の促進	n	27	30	31	90
		平均	2.89	3.23	3.84	3.63
		分散分析	F値	p値		
			8.20	0.001		
	職員満足の向上	n	27	30	29	89
		平均	2.70	3.07	3.45	3.63
		分散分析	F値	p値		
			4.98	0.009		
	管理者の業績評価	n	26	30	28	88
		平均	2.54	2.63	2.89	**2.85**
		分散分析	F値	p値		
			0.85	0.432		
組織成果	患者数・収入の増加	n	26	30	30	89
		平均	2.92	3.20	3.90	3.93
		分散分析	F値	p値		
			10.13	0.000		
	医療の質の向上	n	26	30	29	89
		平均	3.15	3.47	3.90	4.08
		分散分析	F値	p値		
			6.36	0.003		
	患者満足の向上	n	26	30	29	89
		平均	3.00	3.37	3.79	3.96
		分散分析	F値	p値		
			7.15	0.001		

員満足も向上しているようである。

　しかしながら，戦略マップが戦略等の浸透を通じて達成したいと考えている，組織成果の向上には有意な影響は確認できない。戦略マップ活用への積極性は，戦略等への職員の方向づけとその実現による職員間対話の促進などの狙いまでは有効であるが，組織成果の向上にまではつながっていないようである。もっとも，今回の調査の結果データそのものでは，医療の質の向上と患者満足の向上については，戦略マップ活用に積極的な病院の方が効果がある程度高く，組織成果向上にも有効である可能性は窺われている。

　次に，カスケードの強い徹底性は，戦略の明確化及び浸透という組織目標・戦略への現場職員の方向づけに関わる事項に有意に良い効果をもたらしていた。両階層へBSCを展開し両者間の連動性を徹底しているために，病院組織としての使命等や戦略がしっかりと現場に落とし込まれているからであろう。これらの事項は，カスケードの重要な狙いであり，カスケードの徹底はその狙いどおりの有効性を持っているといえる。

　また，組織目標・戦略への現場職員の方向づけの実現を通じて達成したい，組織成果向上のために重要と考えられる職員関連事項の効果向上にも，部分的に有効であった。すなわちカスケードの徹底によって，戦略実現に向けた職員間のコミュニケーションが促されているようである。

　さらに，カスケードの重要な狙いである戦略等の現場への浸透を通じて達成したい組織成果の向上のうち，患者数・収入の増加については，カスケードの強い徹底が有効であることがわかった。ただし，医療の質や患者満足の向上という病院にとってより本質的な組織成果への有効性は確認されなかった[9]。カスケードの徹底は，組織目標・戦略への現場職員の方向づけだけでなく，組織成果の向上にも限定的に有効であるといえる。

　最後に，BSCの最も本質的な要素である因果関係考慮の徹底性は，組織目標への職員の方向づけに関わる使命等及び戦略の浸透，組織成果を向上させるプロセスにおいて重要と考えられる各種の職員関連事項（管理者業績評価除く），医療の質及び患者満足の向上と増患・増収という組織成果，のすべての次元の各種効果の向上に有効である。戦略的目標間の因果関係を徹底的に考慮することで，組織目標とその実現のための戦略がより明確になり，使命等及び戦略の

現場による理解が進むのだと考えられる。また現場職員の組織目標及び戦略の理解が進むことで，職員の経営管理意識が醸成され，組織目標の実現のために職員間で積極的にコミュニケーションがなされるようになるのであろう。さらに組織目標及び戦略の理解は，自身の業務が組織目標にどのようにつながっていて，どのような貢献をできているのかの理解を促進するため，職員の満足度を向上させているものと考えられる。その結果，組織目標に向かって現場職員が自律的に努力するようになり，病院にとって最も本質的な組織成果である医療の質や患者満足が向上し，また患者数・収入の増加にもつながっているのだろう[10]。

　なお，因果関係の徹底的な考慮によっても，管理者の業績評価という事項についてだけは有効性が確認されていないが，それは，管理者の業績評価がそもそもBSCによる狙いとしてあまり期待されているわけではないためではないかと考えられる。本研究では，各効果事項について，BSCの導入・運用目的としてどの程度あてはまるのか，「あてはまらない」（1）から「あてはまる」（5）までの5段階評価で調査し，各事項のBSC目的としての期待度（適合度）も把握している。各事項のこの期待度を見ると，組織目標への現場職員の方向づけに関する各種事項は4.1～4.4，組織成果に関する各種事項は3.9～4.1であり，また組織成果向上のために重要と考えられる職員関連事項のうち管理者の業績評価以外の各種事項は3.6～4.0である中，管理者の業績評価への期待度だけは尺度中間値である3に満たない2.85であり，この事項だけ目的としての期待度が極端に低い（**図表10-9**右端欄）。そもそもあまり期待されていないがゆえに，どのようなBSC実践（積極的な戦略マップ活用，徹底的なカスケード，徹底的な因果関係考慮）に取り組んでいようが，その効果が高まらないのであろう。

　以上を整理すると，戦略マップ活用への積極性やカスケードの徹底性は，その中心的な狙いといえる戦略の明確化及び浸透には有効性を有している。またその実現を通じて促進したい職員関連事項については，職員間のコミュニケーションの促進にはよい影響をもたらし，特に戦略マップ活用への積極性は職員満足の向上にも有効である。さらに，組織目標・戦略への現場職員の方向づけを通じて実現したい組織成果の向上に関しては，カスケードの徹底性は患者数・収入の増加に有効である。ただし，戦略マップ活用への積極性もカスケー

第10章 バランスト・スコアカードの効果を高める実践の検証 195

ドの徹底性も，医療の質や患者満足の向上というより本質的な組織成果への有意な有効性は確認されなかった。一方，BSCの重要な特徴であり構築及び運用に際する重視が強調される因果関係の徹底した考慮は，期待されていない管理者業績評価を除くすべての事項の効果向上に対して有効である。

これらの知見は，病院界でBSCを今後より有効に活用していく上での示唆を与えている。すなわち，①戦略マップをBSC導入時のみ構築するだけではなく，戦略マップを毎期再構築（検討）することにより，戦略を現場により浸透させることが可能になることや，②単に病院全体と各部門の両階層でBSCを作成するだけではなく，両BSC間の連動性（整合性）をより徹底することにより，戦略を現場により浸透させたり患者数や収入をより増加させたりすることが可能になること，③戦略的目標間の因果関係をより徹底的に考慮することにより，戦略をより浸透させ，職員間の対話をより促進し，職員の満足度をより高め，患者数・収入をより増やすだけでなく医療の質や患者満足もより高めることが可能になること，などが示唆された。

ただし，各種事項に関する効果の程度は，あくまでもBSC実施病院自身の認識に基づく効果の程度であり，客観的に測定される再入院率や医業利益率といった指標に基づく効果の程度ではないという点には留意が必要である。こうした客観的な指標による検証を併せて実施することは今後の課題である。

（注）————

1 　営利企業を対象とした定量的研究は，これまでも蓄積されてきた。Franco-Santos et al.（2012）によれば，BSCなどの包括的業績測定システムが，営利企業の業績に正の影響を与えているという研究や影響がほとんどないという研究，調整変数の影響により結果が異なるという研究が見られるという。ただし営利企業を対象とした研究の知見が，営利を目的としない組織であり，また職員の意識も営利企業の職員とは異なる可能性が高い，病院においても同様に当てはまるとは限らない。

2 　調査対象法人抽出時までに筆者らにより構築されていた2010年度事業報告書等データベースにおける，総収益10億円以上の病院経営医療法人が調査対象となっている。

3 　調査票では，「使命・理念及び未来像・将来展望（以下，使命等）」と定義している。

4 　管理者がBSCにより積極的になると，BSC効果の一要素である職員満足向上にも力を入れるはずであるが，一方で他の要素の効果向上のために現場職員はいっそうの努力を求められることにもなる。そのため，BSCの管理者業績評価での利用の有無は，職員満足向上という事項（効果）とは複雑な関係にあると考えている。

5 　BSC実施40法人のうち若干の法人は効果の程度に関する設問に無回答あるいは部分的に回答であったため，サンプル量は40未満となっている点に注意されたい。

6 一方，医療の質の向上や患者満足の向上については，病院にとっての究極的な目的に関わる組織成果事項であるため，これら事項（顧客視点を中心とした非財務視点）の戦略マップ上での位置づけに関わりなく，業績評価上常に重視されていると考えられる。

7 ただし開設者としては医療法人に限定されており，統制されている。また医療法人は病院開設者の3分の2を占めていて，日本を代表する開設者であることから，検証に値する対象ではある。

8 一方，戦略マップについては，使命等につながる戦略を表現するものであることは明確にされているものの，「戦略マップとは」という形では定義しなかった。それは，①BSCを定義した上でBSCの状況に詳しい方に回答を依頼した点，②定義したBSCを実際に実施している病院のみがその他の質問に回答することになっている（BSCに詳しくないであろう非実施病院の想定回答はさせていない）点，③本調査実施前に回答対象者と想定される複数の病院内担当者に本質問票で病院担当者が適切に理解できるかの確認・意見をもらった上で質問票を確定している点から，「戦略マップとは」という形で定義をしなくともまったく見当違いのことを戦略マップと理解することはないと考えた一方，枚数の多い質問票では回収率が低下するというトレードオフ（紙幅制約）も考慮する必要があったためである。

9 今後のさらなる研究を踏まえた慎重な検討が必要であるが，医療の質や患者満足の向上という病院の本質的成果の向上には，カスケードの徹底性以外の要因も重要な役割を果たしている可能性が高い。またカスケードの徹底や戦略マップの積極的活用は，必ずしも直接的に病院の本質的成果の向上に機能しているわけではなく，戦略等の現場への浸透を通じて間接的に機能している可能性も高い。

10 もっとも，今回の研究では，戦略マップの積極活用，カスケードの徹底，因果関係の徹底的な考慮というBSC担当者が直接的に関与するBSC活動上の実務（手段）が，各側面（現場方向づけ，職員関連事項，組織成果）に対して有している影響力を明らかにすることに主眼があったため，BSC活動が組織成果の向上へとつながっていく一連の機能プロセスの解明は行われていない。一連の機能プロセスについての記述は，上記3手段の有する各側面への有意な影響力の背景に関するあくまでも筆者の考察であり，今後検証が必要な研究課題である。

第11章

事業計画の効果を高める実践の検証

1 問題意識

　DPC別包括払い制度の浸透や質が高く効率的な医療への要求の高まりなどを背景として，病院でも本格的な経営管理の重要性が高まり，事業計画などの管理会計を適切に利用することが，課題となっている。実際，先行研究（荒井，2013a，第3章）によれば，DPC関連病院では9割以上，病院経営医療法人では9割弱が，既に事業計画による管理を実践している。そして，現在実施されている事業計画におけるその計画管理事項の範囲や各事項間の因果関係考慮の程度など，現状の事業計画の特徴も明らかにされてきた。

　しかし，病院で現在利用されている事業計画が，実際に財務業績を中心とした病院の多様な業績側面に効果をもたらしているのか，また事業計画をどのように運用すると病院の業績により効果がもたらされるのか，これまで十分に明らかにされていない。

　事業計画等が業績に与える効果に関する営利企業を対象とした研究は，これまでも蓄積されてきた。例えば福嶋ほか（2013）は，東証一部上場製造業を対象に経営計画と企業業績の関係を検証し，経営計画の策定目的や更新方法が総資産利益率に有意な影響を与えていることを明らかにした。しかし，営利企業におけるこうした知見が，非営利組織である病院においても成立しているとは限らない。事業計画等が主たる狙いとする財務業績の向上は，非営利組織では主目的ではないし，そこで働く職員の意識・行動は営利企業の職員の意識・行動とは多くの場合異なるからである。しかも病院の場合，組織への帰属意識が

必ずしも高くなく，また自律性の高い専門職集団の集まりという特質もある。

　そこで，本章では，病院における事業計画の現状に関する質問票調査のデータと，別途入手した調査回答病院の財務データ等を結合して，病院における事業計画の実践状況の違いが，採算性や病棟稼働状況，重要治療行為実施状況，退院時転帰，再入院状況に与える効果を検証する。

2　研究方法

2.1　業績データの収集と業績指標の選択

　今回の研究に際しては，2012年11月にDPC関連病院に対して実施した事業計画を含む管理会計に関する質問票調査に回答した病院を業績データ収集対象病院とした。その詳細は，第7章第2節を参照いただくこととして，ここでは簡単に説明する。

　事業計画の有効性を検証する上で重要な財務業績データについては，公立病院に関しては『地方公営企業年鑑』から入手した。また国立病院と国公立大学病院に関しては，インターネット（WEB）上で公開されている財務データを利用した。それ以外の質問票調査回答病院に対しては財務業績データに関する追加回答依頼をした。その上で，追加回答を得られなかった病院に関しては，財務諸表の開示請求をした。

　上記の手続きを経て入手した医業収益及び医業費用から算定した医業利益率と病床当たり医業利益に対して，分析上大きな影響が生じるような外れ値がないかを検定した。その結果，1つの公立病院は，医業利益率と病床当たり医業利益の両採算指標ともに，大きく外れ値であることが判明したため，この病院は分析対象外とした。また，もう1病院，病床当たり医業利益が外れ値とされた病院があったが，この病院については，後述の他の諸指標の外れ値データと同様に，当指標データのみ分析対象外の病院として扱い，病院自体は分析対象に含めることにした。

　こうして分析可能な採算データを入手できた病院について，「DPC影響評価報告」から，退院時転帰や再入院状況などの医療の結果や，病棟稼働や重要治

療行為実施に関する業績データを入手した。病院における今日の事業計画は必ずしも採算や効率運営のみを目的として実施されているわけではなく（荒井，2013a，第3章），再入院状況などの医療の結果の計画管理も目指されているからである。また，病院などの財務業績を組織目的とするわけではない非営利組織での事業計画の有効性評価においては，財務業績以外の多様な業績への効果・影響評価も，非常に重要になる。

　各業績側面を測定する具体的な指標としては，以下の指標を選択した。

　採算業績の指標としては，まず医業利益率と病床当たり医業利益を選択した。また分析対象病院群間で黒字病院の割合を比較する形で，黒字か赤字かを採算業績の指標として活用することにした。

　退院時転帰の指標としては，退院時転帰改善率，資源最大投入傷病による死亡率，退院時転帰悪化率を分析対象とした。また再入院状況の指標としては，6週間以内での前回入院と同一病名での再入院率（以下，6週内同病再入院率）と，6週間以内での前回入院と同一病名での予期せぬ再入院率（以下，6週内同病予期せぬ再入院率）を分析対象とした。

　さらに，病棟利用状況の指標としては，病床利用率と平均在院日数を分析対象とし，重要治療行為実施状況の指標としては，病床当たり手術有患者数と病床当たり手術／化学療法／放射線療法有患者数を分析対象とした。

　本研究では，質問票調査により管理会計実施状況が把握されかつ財務データ等を入手できた病院の業績指標セットが構築されているが，指標ごとに極めて外れた値（病院）がないか外れ値検定を実施し，外れ値を除去した。その結果，分析対象となった各指標のサンプル量は第7章の**図表7-1**のとおりである。ただし事業計画の各種実践についての多様な設問のすべてには回答していない病院が含まれるため，事業計画に関する各種実践の有効性の検証分析においては，**図表7-1**上のサンプル量よりも若干少ない病院数が対象となっている点に留意されたい。各種実践の有効性分析に際する具体的な分析対象病院数は，各実践に関する分析結果を示している図表の中の値を参照されたい。

2.2　分析内容

　本研究では，事業計画の実践状況を異にする病院群間に，上述の各種業績指

標の平均値に有意差があるかをt検定により検証した（黒字病院割合のみ比率の差の検定）。本研究では，原則として，比較する両群それぞれに20サンプル以上ある場合に，その事業計画実践の違いによる病院業績の違いを分析することにした。ただし，広義の公私病院群ごとの分析と事業計画の業績評価での利用の有無別分析においては，20サンプルの確保が困難であるものの，その分析の重要性に鑑みて，参考扱いとした上で分析することにした。なお，事業計画を実施しているか否かによる病院業績の違いは，事業計画を実施していない病院群が11病院と極めて少なくサンプル数の制約があるため，分析対象となっていない。

　本研究では，第一に，事業計画実施病院群において，その事業計画において設定されている計画（目標）事項の間の大半の因果関係[1]を考慮している程度が相対的に低い病院群と中程度以上の病院群との二群間に，病院業績の違いが見られるのかを検証する。事業計画を実施している病院であっても，計画事項を並べただけの事業計画と計画事項間の因果関係をしっかりと考慮して編成した事業計画とでは，その事業計画活動への取り組み度が異なるし，また事業計画が持つ機能や効果が異なる可能性があるため，因果関係考慮度の違いによる病院業績の違いを分析する。その際，広義の公的病院群と広義の私的病院群の別にも，因果関係考慮度の違いによる病院業績の違いを検証する。

　なお計画事項間の因果関係考慮度の相対的な高低は，質問票調査での7段階評価（大きい値ほど考慮度高い）での考慮度の分布において，中間値が5で平均値が4.8であったことから，考慮度1〜4を低い，考慮度5を中程度，考慮度6〜7を高いと定義している（荒井，2013a，第3章）。この因果関係考慮度の相対的な程度に基づき，本研究では，考慮度が相対的に低い病院群と中程度以上の病院群の二群に区分して分析する。本来は，考慮度の違いによる病院業績の違いをみるためには，考慮度が中程度の病院群と高い病院群も区分した3区分で分析した方が，より良い。しかし質問票調査回答データに財務データ等を連結できた病院数に限りがあるため，3区分した場合，特に広義の公私病院群別に分析する際，安定した分析に必要なサンプル数が中程度区分や高い区分に確保できない。そこで，因果関係考慮度が中程度と高い病院群を統合して2区分で分析した。なお，以下の利用度区分別の病院業績の違いの分析に際して2

第11章　事業計画の効果を高める実践の検証　201

区分で分析せざるをえないのも，同じ理由である。

　本研究では第二に，事業計画実施病院群において，その事業計画を病院の
トップ経営層が経営状況の分析のために利用している程度が相対的に低い病院
群と中程度以上の病院群との二群間に，病院業績の違いが見られるのかを検証
する。事業計画を実施している病院であっても，利用度が低い事業計画と高い
事業計画とでは，その事業計画活用への積極度が異なるし，また事業計画が持
つ効果も異なる可能性があるため，利用度の違いによる病院業績の違いを分析
する。その際，広義の公的病院群と広義の私的病院群の別にも検証するが，広
義の私的病院群での検証に際しては，利用度が低い病院群のサンプル数が少な
く，十分ではない点には留意が必要である。

　なお，分析的利用度の相対的な高低は，質問票調査での7段階評価（大きい
値ほど利用度高い）での分析的利用度の分布において，中間値が5で平均値が
5.1であったことから，利用度1～4を低い，利用度5を中程度，利用度6～
7を高いと定義している（荒井，2013a，第3章）。この分析的利用度の相対的
な程度に基づき，本研究では，サンプル数の制約から，利用度が相対的に低い
病院群と中程度以上の病院群の二群に区分して分析した。

　第三に，事業計画実施病院群において，その事業計画を病院のトップ経営層
が現場管理者及び職員への働きかけ（経営管理面の意識醸成や自律性促進）のた
めに利用している程度が相対的に低い病院群と中程度以上の病院群との二群間
に，病院業績の違いが見られるのかも検証する。事業計画を実施している病院
であっても，利用度が低い事業計画と高い事業計画とでは，その事業計画活用
への積極度が異なるし，また事業計画が持つ効果も異なる可能性があるため，
利用度の違いによる病院業績の違いを分析する。その際，広義の公的病院群と
広義の私的病院群の別にも検証するが，広義の私的病院群での検証に際しては，
利用度が高い病院群のサンプル数が少ない点には留意が必要である。

　なお，働きかけ的利用度の相対的な高低は，質問票調査での7段階評価（大
きい値ほど利用度高い）での働きかけ的利用度の分布において，中間値が5で
平均値が4.5であったことから，利用度1～4を低い，利用度5を中程度，利
用度6～7を高いと定義している（荒井，2013a，第3章）。この働きかけ的利
用度の相対的な程度に基づき，本研究では，サンプル数の制約から，利用度が

相対的に低い病院群と中程度以上の病院群の二群に区分して分析した。

　第四に，事業計画実施病院群において，その事業計画の達成度を事業管理者（病院長）の業績評価に利用しているか否かの二群間に，病院業績の違いが見られるのかを検証する。事業計画の管理者業績評価での活用により，事業計画の有効性が高くなる可能性があるため，業績評価利用の有無別に病院業績の違いを分析する。ただし，業績評価での利用をしている病院が極めて少ないため，利用群のサンプル数は20に満たない点に留意が必要である。しかし，病院における管理会計の業績改善効果に関するこれまでの研究（荒井・尻無濱・岡田，2014）において，管理者の業績評価でのその管理会計手法の活用がその手法の効果を高めることが判明しており，事業計画の業績評価での利用の有効性の検討は意義が高いことから，参考扱いとしつつ分析する。

3 分析結果

　事業計画上で設定されている計画事項間の因果関係の考慮度と病院の各種業績との関係を分析してみた（**図表11-1**）。まず，因果関係考慮度が高い病院群の方が，採算性がややよい様子が窺われるが，統計的に有意（10％水準）なのは，黒字病院割合のみであった。また広義の公的病院群と広義の私的病院群の別に因果関係考慮度と採算性との関係を見てみると，広義の私的病院群ではほぼ関係性がないようであるのに対して，広義の公的病院群では因果関係考慮度の高い病院群の方が採算性がよい傾向が明確になった。広義の公的病院群では，因果関係考慮度の高い病院群の方が，黒字病院割合に加えて，医業利益率も有意に高く，また病床当たり医業利益も高い様子が窺われる。

　また，因果関係考慮度と病棟稼働や重要治療行為実施に関する業績との関係性を見ると，手術などの重要治療行為の実施状況や平均在院日数とは有意な関係が見られない一方，病床利用率は因果関係考慮度が高い病院群の方が有意に高いことがわかる。これらの関係性を広義の公私病院群別に分析してみると，広義の私的病院群では病床利用率の有意差は見られず，広義の公的病院群のみで有意差が確認された。また病院群全体では有意差が見られなかった重要治療行為実施状況についても，広義の私的病院群では同様に有意差がない一方，広

図表11－1　計画事項間の因果関係考慮度と病院業績

事業計画と病院業績	業績指標		計画設定項目間の因果関係考慮度（計画事項間の因果関係考慮度）			計画設定項目間の因果関係考慮度 公的病院			私的病院		
			低(1-4)	中以上(5-7)	p値	低(1-4)	中以上(5-7)	p値	低(1-4)	中以上(5-7)	p値
採算性	医業利益率	n	56	74	0.245	35	49	0.080	21	25	0.839
		平均	-3.8%	-1.8%		-8.3%	-4.8%		3.7%	4.0%	
	病床当たりの医業利益（千円）	n	55	74	0.264	35	49	0.107	20	25	0.965
		平均	-848	-420		-1,797	-1,058		812	830	
	黒字病院割合	n	56	74	0.054	35	49	0.009	21	25	0.506
		平均	35.7%	52.7%		11.4%	36.7%		76.2%	84.0%	
病床稼働	病床利用率	n	56	74	0.022	35	49	0.038	21	25	0.260
		平均	62.7%	67.2%		65.3%	69.5%		58.4%	62.8%	
	平均在院日数（参考）	n	56	74	0.458	35	49	0.117	21	25	0.544
		平均	13.70	13.45		13.90	13.29		13.36	13.76	
	疾患構成補正後平均在院日数	n	55	74	0.560	35	49	0.278	20	25	0.635
		平均	13.46	13.30		13.54	13.16		13.33	13.57	
重要治療	病床当たりの手術有患者数	n	56	74	0.184	35	49	0.042	21	25	0.823
		平均	6.97	7.66		7.27	8.38		6.48	6.25	
	病床当たりの手術/化学療法/放射線療法有患者数	n	56	74	0.211	35	49	0.105	21	25	0.919
		平均	8.47	9.26		9.05	10.23		7.49	7.38	
退院時転帰	改善（治癒・軽快・寛解）率	n	55	72	0.504	34	48	0.287	21	24	0.837
		平均	81.3%	82.2%		81.2%	82.9%		81.5%	80.9%	
	医療資源最大投入傷病による死亡率	n	56	73	0.004	35	49	0.006	21	24	0.157
		平均	3.1%	2.4%		3.0%	2.3%		3.3%	2.5%	
	悪化（増悪・死亡）率	n	56	73	0.020	35	49	0.040	21	24	0.212
		平均	4.2%	3.5%		3.9%	3.3%		4.7%	3.8%	
再入院	6週内同病再入院率	n	56	73	0.299	35	49	0.740	21	24	0.138
		平均	8.5%	7.7%		8.7%	8.4%		8.2%	6.2%	
	6週内同病予期せぬ再入院率	n	56	74	0.085	35	49	0.104	21	25	0.402
		平均	1.2%	1.0%		1.3%	1.1%		1.1%	0.9%	

義の公的病院群では有意差が見られ，因果関係考慮度の高い病院群の方が，手術などの重要治療行為の病床当たり実施患者数が多いことが判明した。

　さらに，因果関係考慮度と医療の結果に関する業績との関係を見ると，因果関係考慮度の高い病院群の方が，退院時転帰でも再入院状況でも，結果が良い様子が窺われる。具体的には，医療資源最大投入傷病による死亡率と退院時転帰悪化率，また6週内同病予期せぬ再入院率は，いずれも因果関係考慮度が高い病院群の方が有意に低く，医療の結果がよい。これらの関係性を広義の公私病院群別に分析したところ，広義の私的病院群ではいずれの指標にも有意差は見られない一方，広義の公的病院群では予期せぬ再入院率以外は同様に有意差が確認された。また予期せぬ再入院率についても，広義の公的病院に限定したことによるサンプル数の減少もあり有意性まではなくなったものの，なお因果関係考慮度が高い病院群の方が低い様子が窺われる結果である。

　第二に，事業計画の分析的利用度と病院の各種業績との関係を分析してみた（図表11-2）。まず，採算性との関係については，分析的利用度が高い病院群の方が，採算性がやや良い様子が窺われる。ただし統計的に有意なのは，黒字病院割合のみであった。また広義の公私病院群別に分析したところ，広義の私的病院群では，利用度の高い病院群で黒字病院割合が有意に大きい。しかし広義の公的病院群では，いずれの採算指標にも有意差は見られない。

　また，分析的利用度と病棟稼働や重要治療行為実施に関する業績との関係性を見ると，病棟稼働状況や手術・化学療法・放射線療法の実施患者数状況とは有意な関係が見られない一方，病床当たり手術有患者数は利用度が高い病院群の方が有意に高い。これらの関係性を広義の公私病院群別に分析してみると，広義の私的病院群ではいずれの指標にもまったく有意差は見られない一方，広義の公的病院群では，分析的利用度の高い病院群の方が，病床当たり手術有患者数が有意に多く，また手術以外も含む重要治療行為の実施患者数も有意ではないものの多い様子が窺われる結果であった。また病院群全体では有意差が見られなかった病棟稼働状況についても，広義の私的病院群では同様に有意差がない一方，広義の公的病院群では平均在院日数に有意差が見られ，また病床利用率にも有意差まではないが一定の違いがある様子が窺われ，利用度の高い病院群の方が病棟稼働状況が良い様子が窺える。

第11章　事業計画の効果を高める実践の検証　205

図表11-2　事業計画の分析的利用度と病院業績

事業計画と病院業績			事業計画の分析的利用度 トップ層による分析的利用度			トップ層による分析的利用度 公的病院			(参考) 私的病院		
業績指標			低(1-4)	中以上(5-7)	p値	低(1-4)	中以上(5-7)	p値	低(1-4)	中以上(5-7)	p値
採算性	医業利益率	n	41	90	0.182	27	58	0.217	14	32	0.457
		平均	-4.5%	-1.9%		-8.1%	-5.4%		2.6%	4.3%	
	病床当たりの医業利益(千円)	n	40	90	0.187	27	58	0.249	13	32	0.525
		平均	-1,011	-435		-1,781	-1,175		587	906	
	黒字病院割合	n	41	90	0.091	27	58	0.290	14	32	0.068
		平均	34.1%	50.0%		18.5%	29.3%		64.3%	87.5%	
病棟稼働	病床利用率	n	41	90	0.161	27	58	0.134	14	32	0.478
		平均	62.9%	65.9%		65.6%	68.8%		57.6%	60.8%	
	平均在院日数(参考)	n	41	90	0.100	27	58	0.031	14	32	0.902
		平均	13.91	13.29		14.22	13.23		13.31	13.39	
	疾患構成補正後平均在院日数	n	41	89	0.572	27	58	0.749	14	31	0.622
		平均	13.45	13.26		13.40	13.27		13.54	13.23	
重要治療	病床当たりの手術有患者数	n	41	90	0.054	27	58	0.030	14	32	0.577
		平均	6.71	7.72		7.06	8.34		6.03	6.59	
	病床当たりの手術/化学療法/放射線療法有患者数	n	41	90	0.226	27	58	0.131	14	32	0.894
		平均	8.40	9.22		8.92	10.14		7.38	7.54	
退院時転帰	改善(治癒・軽快・寛解)率	n	40	88	0.132	26	57	0.494	14	31	0.141
		平均	80.2%	82.6%		81.3%	82.6%		78.2%	82.6%	
	医療資源最大投入傷病による死亡率	n	41	89	0.022	27	58	0.026	14	31	0.315
		平均	3.1%	2.4%		3.0%	2.3%		3.2%	2.6%	
	悪化(増悪・死亡)率	n	41	89	0.083	27	58	0.063	14	31	0.531
		平均	4.2%	3.5%		4.0%	3.4%		4.4%	3.9%	
再入院	6週以内同病再入院率	n	41	89	0.041	27	58	0.343	14	31	0.043
		平均	9.4%	7.4%		9.3%	8.1%		9.6%	6.0%	
	6週以内同病予期せぬ再入院率	n	41	90	0.412	27	58	0.095	14	32	0.352
		平均	1.2%	1.1%		1.4%	1.1%		0.8%	1.0%	

さらに，分析的利用度と医療の結果に関する業績との関係を見ると，利用度の高い病院群の方が，退院時転帰でも再入院状況でも，結果が良い様子が窺われる。具体的には，医療資源最大投入傷病による死亡率と退院時転帰悪化率，また6週内同病再入院率は，いずれも利用度が高い病院群の方が有意に低い。これらの関係性を広義の公私病院群別に分析したところ，広義の私的病院群では，退院時転帰に有意差は見られない一方で，6週内同病再入院率に有意差が確認された。一方，広義の公的病院群では，退院時転帰の2つの指標に有意差が確認される一方で，6週内同病再入院率には有意差が見られず，代わって病院群全体では有意差が見られなかった予期せぬ再入院率に有意差が確認された。

第三に，事業計画の働きかけ的利用度と病院の各種業績との関係を分析してみた（**図表11-3**）。まず採算性については，働きかけ的利用度の違いは関係ないようである。ただし広義の公私病院群別に分析すると，サンプル数の関係から参考ではあるものの，広義の私的病院群では，利用度の低い病院群の方が病床当たり医業利益が大きい。

また，働きかけ的利用度と病棟稼働や重要治療行為実施に関する業績との関係性を見ると，平均在院日数や病床当たり手術・化学療法・放射線療法有患者数とは有意な関係が見られない一方，病床利用率と病床当たり手術有患者数は利用度が高い病院群の方が有意に大きい。これらの関係性を広義の公私病院群別に分析してみると，広義の私的病院群ではいずれの指標にもまったく有意差は見られない一方，広義の公的病院群では，働きかけ的利用度の高い病院群の方が，病床利用率が有意に高く，また病床当たり手術有患者数も，広義の公的病院に限定したことによるサンプル数の減少もあり有意性まではないものの，多い様子が窺われる結果であった。

さらに，働きかけ的利用度と医療の結果に関する業績との関係を見ると，退院時転帰でも再入院状況でも，基本的に関係性はないようである。広義の公私病院群別に分析しても，同様の状況である。

第四に，事業計画の管理者業績評価での利用の有無と病院の各種業績との関係を分析してみた（**図表11-4**）。まず，事業計画を業績評価に利用している病院群の方が，すべての採算指標において有意に採算性がよい。一方，病棟稼働や重要治療行為実施に関する業績との関係を見ると，基本的にはいずれの業績

図表11-3 事業計画の働きかけ的利用度と病院業績

事業計画と病院業績		統計	トップ層から現場への働きかけ的利用度			トップ層から現場への働きかけ的利用度（公的病院）			（参考）私的病院		
大分類	業績指標		低(1-4)	中以上(5-7)	p値	低(1-4)	中以上(5-7)	p値	低(1-4)	中以上(5-7)	p値
採算性	医業利益率	n	70	59	0.592	41	43	0.367	29	16	0.264
		平均	-2.3%	-3.2%		-7.1%	-5.3%		4.4%	2.5%	
	病床当たり医業利益（千円）	n	69	59	0.472	41	43	0.441	28	16	0.066
		平均	-483	-748		-1,520	-1,171		1,036	388	
	黒字病院割合	n	70	59	0.851	41	43	0.388	29	14	0.260
		平均	45.7%	44.1%		22.0%	30.2%		79.3%	92.9%	
病棟稼働	病床利用率	n	70	59	0.005	41	43	0.039	29	16	0.166
		平均	62.4%	68.2%		65.7%	69.8%		57.7%	63.9%	
	平均在院日数（参考）	n	70	59	0.503	41	43	0.118	29	16	0.569
		平均	13.59	13.37		13.83	13.26		13.25	13.67	
	疾患構成補正後平均在院日数	n	70	58	0.891	41	43	0.699	29	15	0.442
		平均	13.29	13.33		13.35	13.23		13.20	13.61	
重要治療	病床当たりの手術有患者数	n	70	59	0.085	41	43	0.114	29	16	0.786
		平均	7.02	7.84		7.49	8.31		6.35	6.60	
	病床当たりの手術/化学療法/放射線療法有患者数	n	70	59	0.288	41	43	0.393	29	16	0.845
		平均	8.67	9.30		9.42	10.01		7.60	7.40	
退院時転帰	改善（治癒・軽快・寛解）率	n	67	59	0.946	39	43	0.789	28	16	0.694
		平均	81.8%	81.8%		82.0%	82.4%		81.4%	80.4%	
	医療資源最大投入傷病による死亡率	n	69	59	0.140	41	43	0.217	28	16	0.448
		平均	2.8%	2.4%		2.7%	2.4%		2.9%	2.5%	
	悪化（増悪・死亡）率	n	69	59	0.168	41	43	0.362	28	16	0.427
		平均	3.9%	3.5%		3.7%	3.4%		4.2%	3.7%	
再入院	6週内同病院入院率	n	69	59	0.249	41	43	0.253	28	16	0.392
		平均	8.4%	7.5%		9.1%	7.9%		7.5%	6.5%	
	6週内同病院予期せぬ再入院率	n	70	59	0.564	41	43	0.766	29	16	0.346
		平均	1.1%	1.2%		1.2%	1.2%		0.9%	1.1%	

指標でも有意性が見られない。ただし平均在院日数は，統計的有意性まではないものの，管理者業績評価に利用している病院群の方が短い様子が窺われる結果となっている。さらに医療の結果に関する業績との関係については，退院時転帰でも再入院状況でも，いずれの業績指標でも関係性はないようである。

図表11-4 事業計画の業績評価利用と病院業績

事業計画と病院業績			（参考）業績評価での活用		
業績指標			無	有	p値
採算性	医業利益率	n	117	15	0.000
		平　均	−3.7%	4.5%	
	病床当たり医業利益（千円）	n	116	15	0.000
		平　均	−809	899	
	黒字病院割合	n	117	15	0.001
		平　均	39.3%	86.7%	
病棟稼動	病床利用率	n	117	15	0.523
		平　均	64.5%	66.6%	
	平均在院日数（参考）	n	117	15	0.122
		平　均	13.59	12.81	
	疾患構成補正後平均在院日数	n	116	15	0.139
		平　均	13.39	12.87	
重要治療	病床当たり手術有患者数	n	117	15	0.673
		平　均	7.33	7.59	
	病床当たり手術/化学療法/放射線療法有患者数	n	117	15	0.847
		平　均	8.89	9.05	
退院時転帰	改善（治癒・軽快・寛解）率	n	114	15	0.972
		平　均	81.8%	81.9%	
	医療資源最大投入傷病による死亡率	n	116	15	0.522
		平　均	2.7%	2.5%	
	悪化（増悪・死亡）率	n	116	15	0.953
		平　均	3.8%	3.8%	
再入院	6週内同病再入院率	n	116	15	0.993
		平　均	8.0%	8.0%	
	6週内同病予期せぬ再入院率	n	117	15	0.557
		平　均	1.1%	1.0%	

4 考察とまとめ

　事業計画上で設定されている計画事項間の大半の因果関係の考慮度が高い病院群の方が，黒字病院割合の観点を中心に，採算性がやや良い様子が窺われた[2]。事業計画上の設定事項間の因果関係をしっかりと考慮することは，採算性の確保に貢献していることが示唆される。ただし公私別に見ると，広義の私的病院群ではこの傾向が見られない一方，広義の公的病院群ではこの傾向がより明確になり，この示唆は広義の公的病院群におけるものと考えられる。

　また因果関係考慮度が高い病院群の方が，病床利用率が有意に高かった。事業計画上の設定事項間の因果関係をしっかりと考慮することは，病棟の稼働状況の向上に寄与することが示唆される。ただし，広義の公私病院群別に見ると，広義の公的病院群のみで有意差が確認された。また病院群全体では有意差が見られなかった重要治療行為実施状況についても，広義の公的病院群では有意差が見られた。広義の公的病院群では，事業計画での本格的な因果関係の考慮が生産性の向上に役立つことが示唆される。

　さらに，因果関係考慮度の高い病院群の方が，退院時転帰でも再入院状況でも，結果が良い様子が窺われた。事業計画上の設定事項間の因果関係をしっかりと考慮することは，医療の結果の向上に繋がることが示唆される。広義の公私病院群別に見たところ，広義の公的病院群では同様の傾向が見られ，この示唆は，病院群全般というよりも広義の公的病院群におけるものと考えられる。

　次に，事業計画をトップ経営層が経営状況の分析のためにしっかりと利用している病院の方が，黒字病院割合で見た場合には，広義の私的病院群を中心に有意に採算がよく，事業計画の積極的な分析的利用は，採算性の確保（黒字維持）に貢献していることが示唆される[3]。また有意性まではないが，医業利益率などで見ても利用度が高い病院群の方が採算が良い傾向は見られ，分析的利用は採算業績に良い効果をもたらしている可能性が高い。さらに病棟稼働や重要治療行為実施状況は，広義の公的病院群では，分析的利用度の高い病院群の方が，病床当たり手術有患者数が有意に多く，手術以外も含む重要治療行為の実施有患者数も多い。また平均在院日数が有意に短く，病床利用率もある程度

高い様子が窺われた。広義の公的病院群では，事業計画の積極的な分析的利用が，生産性・効率性の向上に役立つことが示唆される。加えて退院時転帰及び再入院状況は，分析的利用度の高い病院群の方が有意によく，事業計画を分析的にしっかりと利用することは，医療の結果の向上に資することが示唆された。また公私別に見た場合にも，指標により多少異なるが，公私両病院群とも，事業計画の積極的な分析的利用は，医療の結果の向上に資する様子が窺われる。

　一方，事業計画を現場への働きかけのためにしっかりと利用しても，採算性の向上には特に繋がるわけではなさそうである。しかし事業計画の働きかけ的利用度が高い病院群の方が，病床利用率と病床当たり手術有患者数は有意に大きく，トップ経営層が現場への働きかけのために事業計画をしっかりと利用することは，病棟稼働状況や重要治療行為実施状況の向上には役立つことが示唆される。ただしこうした傾向は広義の公的病院群では見られる一方で広義の私的病院群では見られず，事業計画の積極的な働きかけ的利用の生産性への効果は，広義の公的病院群におけるものと考えられる。さらに，働きかけ的利用度は退院時転帰及び再入院とは関係が見られず，事業計画を現場への働きかけに利用する程度は，医療の結果の向上に資するわけではないが，悪影響を及ぼすわけでもない様子が窺われた。

　次に，事業計画を管理者の業績評価に利用している病院群の方が，いずれの採算指標でも有意に採算が良く，業績評価での利用は採算性の向上に寄与していることが示唆される。ただし，事業計画を業績評価に利用している病院群と利用していない病院群のそれぞれにおける広義の私的病院の割合は53.3％と33.3％であり，業績評価利用病院群の方が，全般に採算性が良い広義の私的病院の割合が高い。そのため，業績評価利用による効果か広義の私的病院割合の違いによる差かという疑念がありうる。しかしながら，そもそも広義の私的病院の採算が全般によいのは，業績評価を実施しているからという面もある。また広義の私的病院群のみを対象とした公私構成割合の影響を受けていない本書第2章の研究において，損益による管理者業績評価が有意に採算性向上に効果を持っていた。こうした点を踏まえると，本分析結果のすべてが事業計画の業績評価利用に起因するわけではないものの，事業計画の業績評価での利用による効果も大きいと考えられる。

また事業計画の管理者業績評価での利用は，病棟稼働や重要治療行為実施状況には有意な差をもたらしておらず，効率性や生産性には特に効果は見られないようである。さらに退院時転帰で見ても再入院状況で見ても有意差はなく，業績評価利用は医療の結果の向上に資するわけではないが悪影響を及ぼすわけでもないことが示唆される。

本研究により，病院においても，積極的あるいは本格的な事業計画による目標管理は，客観的な財務業績に良い効果をもたらしている可能性が高いこと，また広義の公的病院群を中心に生産性・効率性業績を向上させていると推察されることが明らかになった。さらに，医療の結果と関係する退院時転帰や再入院状況についても，広義の公的病院群を中心に，積極的・本格的な事業計画管理は，良い効果をもたらしているか，少なくとも悪影響を及ぼしていることはないと考えられることも明らかとなった。加えて，事業計画の管理者業績評価での利用は採算業績の向上には効果を有していると考えられることも判明した。ただし医療の結果（質）は多様な要素からなっており，本章の研究では医療の質のすべての要素を検証できているわけではない点には留意が必要である。

（注）

1　質問票では，計画事項間の因果関係として，「ある計画事項の実現のためにはその前提として別のある計画事項の実現が必要であるといった計画事項間の相互関係」と定義している。

2　ちなみに，因果関係考慮度が高い病院群と低い病院群のそれぞれにおける広義の私的病院の割合は33.8％と37.5％であり，両病院群の公私構成割合はほぼ同じである。したがって，考慮度が高い病院群の方が採算性が良いのは，全般に採算性が良い広義の私的病院の割合が高いからではない。

3　ちなみに，分析的利用度が高い病院群と低い病院群のそれぞれにおける広義の私的病院の割合は35.6％と34.1％であり，両病院群の公私構成割合はほぼ同じである。したがって，分析的利用度が高い病院群の方が採算性が良いのは，全般に採算性が良い広義の私的病院の割合が高いからではない。

補論2

業務実績指標管理の採算改善効果の検証
――事業計画等での管理事項の適切性の検証

1 問題意識

　事業計画やBSCでは，病床利用率や平均在院日数，手術件数などが目標管理されることが多い（荒井，2013a，第3章）。DPC関連病院を対象とした2012年調査からは，病床利用（稼働）率は91.4％（医療法人限定では93.8％），平均在院日数は75.1％（医療法人限定では89.6％）の病院で事業計画において目標値が設定されている。また，DPC対象（急性期）病院に限定しない病院を経営している医療法人を対象とした2010年調査によれば，病床利用（稼働）率は89.4％，平均在院日数は73.8％の病院で事業計画により管理されている。どちらの調査においても，手術件数については調査項目に含まれていなかったが，その他記載欄に計画管理している指標として挙げている病院が多く見られた。なお手術件数は人事考課の一部としての実績評価（業績評価）としても利用されていることがある（本書補論1参照）。

　しかしこうした業務実績指標[1]の向上が損益の改善につながっているのかどうかは，病院を経営する医療法人を対象としては，これまで検証されていない。次節で紹介するように，業務実績指標と採算性との関係性についての研究は，これまで一定程度実施されてきてはいるものの，国公立病院を中心とした研究であり，医療法人を対象とした研究は基本的に見られない。そこで，本章では，病院を経営する医療法人を対象として，業務実績指標と採算性との関係を分析し，事業計画等で管理されることの多い主要な業務実績指標の管理は採算性向上に繋がっているのかを検証する。

2 先行研究

　まず，筆者自身，病床利用率や平均在院日数，手術件数などの業務実績指標と採算性との関係をこれまでも分析してきた。荒井（2013a，補論 1 ）は，これら業務実績指標の向上と採算性との関係性を整理している。しかしそこでは，公立病院（荒井，2013c）や国立病院（荒井，2012）を対象とした分析や，質問票調査に回答した国公立から医療法人まで含むDPC対象病院群全体及びその病院群を広義の公的病院群（国公立大学病院，国立病院，公立病院，日赤・済生会・社会保険・厚生連等の狭義の公的病院）と広義の私的病院群（医療法人病院，社会福祉法人等のその他の私的病院）とに分けた分析（荒井，2013d）に止まっており，サンプル数の限界から医療法人に限定した分析は実施できなかった。

　ただし，唯一，平均在院日数（補正前及び補正後）と採算性（医業利益率及び病床当たり医業利益）との関係性についてのみは，荒井（2013a，補論 1 ）の脚注において，2007年度の病院経営医療法人のデータを対象に分析したことがある。それによれば，補正後平均在院日数の場合には，病床当たり利益との相関については，有意に極めて弱い負の相関が確認された。つまり平均在院日数が短いほど採算性がよいことが判明した。

　また，筆者によるもの以外の同様の研究も，厚生連病院を対象とした鳥邊（2012）[2]，済生会病院を対象とした西野（2012），国立大学附属病院を対象とした川渕（2005）[3]，国立病院を対象とした衣笠（2007），中川ほか（2010），下村・久保（2011）のように，広義の公的病院を対象とした研究となっており，医療法人病院を対象とした研究は見られない。例えば西野（2012）は，済生会のDPC対象病院で財務及び質データが得られる37病院を対象として，医療の質と病院経営の質の関係性を研究したものであるが，その一環として，本補論で対象とする手術件数などの業務実績指標と採算性との関係についても分析している。そこでは，外科手術件数及びがん退院患者数からなる疾患アウトカムと医業利益率や経常利益率等が有意に弱い正の相関関係にあることが確認されている。なお荒井（2013a，補論 1 ）で指摘したように，国立病院を対象とした衣笠（2007），中川ほか（2010），下村・久保（2011）は，人件費対収益比率など

補論２　業務実績指標管理の採算改善効果の検証　215

の財務実績指標と採算性との関係についての研究であり，平均在院日数などの
業務実績指標との関係を検証したものではない[4]。

　荒井（2013a，補論１）後に実施された同様の研究も，データ入手の困難性か
ら，基本的には公立病院（荒井，2014a；石橋，2016；前田，2016[5]）か国立病院
（荒井，2014b；平岡2014）を対象としたものとなっている。例えば石橋（2016）
は，公立病院群を対象に，2008年度と2013年度の間の経常損益の増減額に与え
る各勘定科目及びその構成要因の増減額の影響を重回帰分析により検証した研
究であり，基本的には財務実績指標と採算性の関係に関する研究である。ただ
しその中に患者数や平均在院日数という業務実績指標も若干含まれており，１
日平均入院患者数は有意に経常損益にプラスの効果を有していること，平均在
院日数の増加はマイナスの標準偏回帰係数を有するものの有意ではないことが
確認されている。

　また平岡（2014）は，国立病院機構下の病院群を対象に医療の質と経営の質
の関係性を研究したものであるが，そのうちDPC対象病院に限定した分析に
おいては病床利用率及び平均在院日数と採算性に関する分析が含まれている。
病床利用率と償却前医業利益率に中程度の正の相関が有意に見られることと，
平均在院日数と償却金利前経常利益率に弱い負の相関が有意に見られること
（償却前医業利益率とは極めて弱い負の相関があるが有意性なし）が確認されている。

　国公立病院以外を対象とした研究としては，日赤病院を対象とした羽田
（2015）と，質問票調査に回答した多様な開設者を含むDPC対象病院群全体及
びその病院群を公的な病院群と私的な病院群とに分けた分析（荒井，2016f）に
限定されている。羽田（2015）は，日赤92病院を対象に，修正医業利益率の水
準により病院を３群にわけ，本補論で対象とする各種業務実績指標を含む変数
の平均値に３群間で有意な差が見られるかを分散分析により５年度分にわたっ
て検証している。本補論と関係する業務実績変数についてみると，すべての年
度において５％有意で，利益率のより高い病院群の方が，100床当たり新入院
患者数，100床当たり手術件数，病床利用率が高かった。また平均在院日数は，
すべての年度において有意な差が確認されなかった。

　このように，分析手法や分析対象指標，対象年度はそれぞれ異なるが，本研
究で対象とする業務実績指標と同一あるいは類似する指標と採算性との関係を

分析した先行研究は，ある程度見られる。しかしながら，国公立病院，国立大学病院，狭義の公的病院（日赤・済生会・厚生連）に限定されており，医療法人の病院を対象とした分析は見られない。

そこで本研究では，医療法人を対象として分析する。

3 研究方法

本補論では，まずは単純な相関分析（無相関検定）を実施する。その上で，類似する既存研究において，重回帰分析がしばしば用いられていることから，採算指標を目的変数（被説明変数）とし業務実績指標を説明変数とする重回帰分析による検証を試みる。その際には，医療法人の採算指標は，多角経営類型や法人規模から有意な影響を受けていることが荒井（2017a，g）より明らかとなっているため[6]，これらの変数を説明変数に加えることで[7]，これらの影響を統制しつつ業務実績指標と採算性との関係を分析する。

3.1 分析対象病院群

医療法人が各都道府県・政令市及び地方厚生局に毎期提出している財務諸表を含む事業報告書等の2013年度分（2014年決算分）について，病院を経営する医療法人に限定して収集しデータベース化した。その結果，2013年度の医療法人病院の85.6％を網羅する4,192の病院経営医療法人の損益データが利用可能となった。

当事業報告書等DBに収載されている病院を経営する医療法人のうち，病院に関しては1つのみ経営する法人で，その唯一の病院がDPCデータを提供している病院である法人は264法人（病院）であった。ここでの「病院に関しては1つのみ経営する法人」には，病院以外に，診療所1つ，老健1つ，診療所と老健1つずつを併営する法人も含めた。病院・診療所型，病院・老健型，病院・診療所・老健型の法人であっても，1つずつの組み合わせの場合には，病院の収益規模が法人全体の収益規模の9割前後を占めていて（荒井，2017a），法人の利益を病院の利益と見なしても大きな問題はないと考えられる一方[8]，病院のみ型に限定する場合よりも分析対象病院数を多く確保できるからである。

補論2　業務実績指標管理の採算改善効果の検証　217

　なお，DPCデータ提供病院を唯一の病院として経営する法人を抽出したの
は，DPCデータ提供病院であれば，中央社会保険医療協議会のDPC評価分科
会による「DPC影響評価報告」から，平均在院日数や病床利用率，手術実施
度に関する個別病院データが，医療法人病院であっても利用可能であるためで
ある。またDPCデータ提供病院であれば，急性期病院という類似機能病院群
を対象とした分析ともなり，データの病院間での比較の妥当性が相対的に高く，
クロスセクション分析である本研究にとって望ましいという利点もある。

　本研究では，こうして抽出された264病院（法人）のうち，まだ包括払いで
ないDPC準備病院やDPCデータ提出に協力する出来高病院を除いた，正式に
DPC別包括払い制となっているDPC対象病院群（したがって支払い方式が統制さ
れた病院群）を対象とする。また，DPCデータの収集対象であるDPC算定病床
が病院の総病床の6割以上を占めている病院（DPC算定病床が非DPC算定病床の
少なくとも1.5倍でDPCデータが病院全体をある程度代理すると考えられる病院）に
限定する。その結果，分析対象となりうる病院として，129病院が存在した。

3.2　分析対象指標

　分析対象指標として，採算指標に関しては，本来業務事業利益率と総病床当
たり本来業務事業利益を用いる。事業報告書等には，本来業務事業利益のほか
に，事業利益や経常利益，当期純利益なども存在する。しかし附帯業務事業の
利益も含む事業利益よりも，本来業務事業利益の方が，病院事業の利益をより
純粋に反映するため，病院内の業務実績指標と病院の採算性の関係を分析する
本研究の目的にとっては好ましいからである[9]。なお，本来業務事業には，病
院事業のほかに診療所事業と老健事業も含まれる。本来であれば病院事業利益
のみを分析対象としたいところであるが，本来業務3事業のセグメント別損益
は開示されていないため，利用できない。ただし先述のように，診療所や老健
を1つ併営する法人であっても，基本的には法人全体に占める収益規模は1割
前後に止まると考えられるため，本来業務事業利益を用いても大きな問題はな
いと考えられる。

　なお，前節で抽出した分析対象129病院のうち，本来業務の利益と附帯業務
等の利益を区分記載していないため，本来業務事業利益のデータがない病院が

2つ見られた。そのため，最終的には127病院が，基本的な分析対象病院となった。

　また，会計期間の変更か倒産か理由は不明であるが，12ヶ月未満の会計期間となっていった病院が1つ見られた。この病院については，病床当たり利益は12ヶ月分の利益を対象とする他病院と比較できないため（利益率に関しては12ヶ月未満であっても比率であるため大きな問題はない），病床当たり利益の分析に際しては対象外とした。さらに，両採算指標に対して，これまでの筆者の研究と同様に，0.1％水準で外れ値となるか検定（スミルノフ・グラブス検定）した結果，病床当たり利益では1病院が外れ値となった。そのため，病床当たり利益の分析においては，125病院が分析対象病院となっている（**図表補2-1**）。

図表補2-1 各指標の基本統計量

基本統計量	平均在院日数		病棟稼働	手術実施の程度		採算性		法人規模	多角経営類型	
	（参考）平均在院日数	補正後平均在院日数	病床利用率	病床当たり手術有患者数	（参考）手術実施割合	本来業務事業利益率	病床当たり本来業務利益（単位：千円）	事業収益額（単位：億円）	合計	127
n	127	126	127	127	127	127	125	127	病院のみ型	61
平　均	13.78	13.86	63.9%	7.74	42.3%	3.01%	796	46.9	病院/診療所型	24
中央値	13.89	13.76	62.8%	7.02	42.2%	3.05%	629	36.8	病院/老健型	22
標準偏差	2.74	2.40	12.6%	4.28	14.5%	4.08%	1,122	35.6	病院/診療所/老健型	20

　一方，業務実績指標としては，病床利用率と手術実施度と平均在院日数を用いる。

　病床利用率は，「DPC影響評価報告」で公表されている諸データから算出して利用する。具体的には，「DPC影響評価報告」上の補正なしの通常の平均在院日数に，その平均のベース（分母）となった総入院患者数（症例数）を乗じて年延入院患者数（年間ベースの総入院患者人日数）を算出し，病院の病床数に365日を乗じた値で割るという方法を取った。つまり，（DPC対象の総入院患者数×平均在院日数）÷（DPC算定病床数×年間入院日数）という算式を用いた。

　手術実施の程度を見る指標としては，「DPC影響評価報告」から算出できる

補論2　業務実績指標管理の採算改善効果の検証　219

病床当たり手術有患者数を利用する。筆者の先行研究では，同様に「DPC影響評価報告」から得られる手術実施入院患者割合（割合としての手術実施度）を利用してきたが，荒井（2014a）でも指摘したように，この指標は各病院での手術実施入院患者数が不変であったとしても総入院患者数が減少すれば高まるといった問題点を抱えている。そのため，今回はあくまでも参考までに分析対象とし，基本的には，量としての手術実施入院患者数自体を病床数により病院規模を統制した，病床当たり手術有患者数を利用することにした。

　平均在院日数としては，「DPC影響評価報告」から得られる，その病院の実際の疾患構成（DPC分類ミックス）と各疾患の実際の在院日数に基づいた，補正なしの通常の平均在院日数をまず利用する。しかし疾患の種類によって医療提供にかかる日数は必然的に異なるため，各病院に入院した患者群の疾患構成の違いに通常の平均在院日数は影響されており，各病院のプロセス効率性を十分には反映していない。そこで各病院の実際の疾患構成を全国平均の疾患構成に変更した上で各病院の実際の疾患別在院日数を適用して算定した，疾患構成補正後の平均在院日数も利用する。この補正後平均在院日数は，診療プロセスの効率性をより反映した指標となっている。

　補正後平均在院日数は，病院間での比較や本研究のようなクロスセクションデータ（同一時期の病院群データ）を用いた分析に際しては極めて重要な指標である。ただし，各病院にとっては，補正後平均在院日数は毎月継続的に算出してPDCA管理できる指標ではなく，年度終了後半年以上も後に結果を知らされる指標であるという問題がある。つまり事業計画により直接的に計画管理（少なくとも月次では）できる指標では必ずしもない[10]。もっとも，各病院での疾患構成割合が前年同月とほぼ同じである場合には（各病院での疾患構成割合は年々大きく変化するものではないと考えれば），各病院での通常の平均在院日数の前年同月比での短縮は，プロセス効率性の向上を反映したものとなり，疾患構成補正後平均在院日数の短縮にも通常はつながる。そのため，平均在院日数の短い疾患に焦点を当てた集患など疾患構成割合の変更という方法以外の，例えば診療プロトコルの開発や修正といった方法による平均在院日数の管理を通じて，疾患構成補正後平均在院日数を管理するということも可能である。

　以上の各業務実績指標に対して，採算指標と同様に外れ値検定を実施したと

ころ，疾患構成補正後の平均在院日数に関してのみは外れ値となる病院が1つ見られた。そのため，各分析対象指標の基本（記述）統計量は，**図表 補2-1**のとおりであった。

4 分析結果

まず採算指標と業務実績指標との単純な相関関係の分析を試みた。病床利用率と採算指標との関係を分析すると，病床当たり利益では有意に，極めて弱い正の相関が見られ，病床利用率が高いほど採算性がよい傾向が確認された。また5％水準では有意でないものの，利益率でも極めて弱い正の相関が見られた。

図表 補 2-2 業務実績指標と採算指標の相関関係

業務指標と利益の相関関係と無相関検定		(参考)平均在院日数	補正後平均在院日数	病床利用率	病床当たり手術有患者数	(参考)手術実施割合
本来業務事業利益率	n	127	126	127	127	127
	相関係数	−0.106	−0.267	0.151	0.117	−0.016
	p値	0.236	0.003	0.089	0.189	0.862
病床当たり本来業務事業利益	n	125	124	125	125	125
	相関係数	−0.158	−0.359	0.215	0.202	0.045
	p値	0.078	0.000	0.016	0.024	0.616

また手術実施の程度と採算性との関係については，病床当たり手術有患者数で分析した場合には，病床当たり利益と極めて弱いものの有意な正の相関が確認された。一方，手術実施入院患者割合で分析した場合には，どちらの採算指標とも相関は見られなかった。

さらに平均在院日数については，疾患構成を補正しない各病院の平均在院日数そのものと病床当たり利益とには極めて弱い負の相関が見られ，平均在院日数が短いほど採算性が良いことが示唆されているが，5％水準では有意ではない。一方，各病院の疾患構成の違いを補正した後の平均在院日数と採算指標との関係を分析すると，どちらの採算指標でも，弱い負の相関が有意に見られ，平均在院日数が短いほど採算性が良いという傾向が確認された。

補論2　業務実績指標管理の採算改善効果の検証　221

　次に，本研究で主たる業務実績指標として取り上げた，補正後平均在院日数，病床利用率，病床当たり手術有患者数の3指標を説明変数とし，本来業務事業利益率及び病床当たり本来業務事業利益額をそれぞれ目的変数とする2つの重回帰分析を試みた。その際，採算性に有意な影響を有することが明らかになっている法人の多角経営類型と経済規模も説明変数に加えることで，これらの要因の影響を統制しつつ分析した。**図表補2-3**及び**図表補2-4**は，各重回帰分析で利用する業務及び採算の各指標間の相関係数である。利益率を目的変数とする分析に際しては126病院，利益額を目的変数とする分析に際しては124病院が分析対象となっている[11]。

図表補 2-3　利益率を目的変数とする重回帰分析で利用する変数間の相関係数

変数間の相関係数	補正後平均在院日数	病床利用率	病床当たり手術有患者数	事業収益規模	病院/診療所型ダミー	病院/老健型ダミー	病院/診療所/老健型ダミー	本来業務事業利益率
疾患構成補正後平均在院日数	1.000	—	—	—	—	—	—	—
病床利用率	−0.246	1.000	—	—	—	—	—	—
病床当たり手術有患者数	−0.479	0.306	1.000	—	—	—	—	—
事業収益規模	−0.146	0.201	0.152	1.000	—	—	—	—
病院/診療所型ダミー	−0.129	0.121	0.094	0.045	1.000	—	—	—
病院/老健型ダミー	0.159	−0.171	−0.155	0.012	−0.223	1.000	—	—
病院/診療所/老健型ダミー	0.020	0.076	−0.038	0.254	−0.211	−0.200	1.000	—
本来業務事業利益率	−0.267	0.145	0.129	−0.109	−0.103	0.018	0.042	1.000

| 図表補 2-4 | 病床当たり利益額を目的変数とする重回帰分析で利用する変数間の相関係数 |

変数間の相関係数	補正後平均在院日数	病床利用率	病床当たり手術有患者数	事業収益規模	病院/診療所型ダミー	病院/老健型ダミー	病院/診療所/老健型ダミー	病床当たり本来業務事業利益
疾患構成補正後平均在院日数	1.000	—	—	—	—	—	—	—
病床利用率	−0.241	1.000	—	—	—	—	—	—
病床当たり手術有患者数	−0.476	0.295	1.000	—	—	—	—	—
事業収益規模	−0.146	0.215	0.157	1.000	—	—	—	—
病院/診療所型ダミー	−0.130	0.132	0.099	0.041	1.000	—	—	—
病院/老健型ダミー	0.160	−0.165	−0.152	0.008	−0.228	1.000	—	—
病院/診療所/老健型ダミー	−0.001	0.077	−0.036	0.271	−0.208	−0.198	1.000	—
病床当たり本来業務事業利益	−0.359	0.208	0.216	−0.081	−0.019	0.041	0.090	1.000

　まず，多重共線性の有無を判断するために分散拡大係数（VIF）を計算したが，どちらの採算指標を目的変数とした重回帰分析においても，いずれの説明変数についてもVIFは10未満であり，多重共線性があるとはいえない（**図表補2-5及び図表補2-6**）。

　本来業務事業利益率を目的変数とした重回帰分析の結果は**図表補2-5**のとおりであり，モデル全体は5％水準で有意であった。補正後平均在院日数は利益率に対して有意な負の影響を与えている一方，病床利用率及び病床当たり手術有患者数は有意な影響を与えていない。ただし病床利用率は正の影響を与えている可能性は窺われる。

　また病床当たり本来業務事業利益を目的変数とした重回帰分析の結果は**図表補2-6**のとおりで，モデル全体は1％水準で有意であった。補正後平均在院日数は病床当たり利益額に対して有意な負の影響を与えている一方，病床利用率は有意な正の影響を与えている。また，病床当たり手術有患者数は，有意な影響を与えていない。

補論2　業務実績指標管理の採算改善効果の検証　223

図表 補 2-5　本来業務事業利益率を目的変数とする重回帰分析

重回帰分析変数	偏回帰係数	標準誤差	標準偏回帰係数	t値	p値	VIF	目的変数：本来業務事業利益率	
疾患構成補正後平均在院日数	−0.005	0.002	−0.289	−2.914	0.004	1.339	決定係数	0.135
病床利用率	0.042	0.030	0.132	1.423	0.157	1.173		
病床当たり手術有患者数	0.000	0.001	0.006	0.057	0.955	1.386	自由度調整済み決定係数	0.083
事業収益規模（単位：億円）	−0.000	0.000	−0.195	−2.112	0.037	1.159		
病院/診療所型ダミー	−0.012	0.009	−0.113	−1.225	0.223	1.163	ダービン＝ワトソン比	2.008
病院/老健型ダミー	0.009	0.010	0.080	0.856	0.394	1.192		
病院/診療所/老健型ダミー	0.009	0.011	0.080	0.834	0.406	1.239	F値	2.621
定数項	0.079	0.034	—	2.348	0.021	—	p値	0.015

図表 補 2-6　病床当たり本来業務事業利益を目的変数とする重回帰分析

重回帰分析変数	偏回帰係数	標準誤差	標準偏回帰係数	t値	p値	VIF	目的変数：病床当たり本来業務事業利益（単位：千円）	
疾患構成補正後平均在院日数	−160	44	−0.346	−3.638	0.000	1.334	決定係数	0.215
病床利用率	1,492	789	0.168	1.891	0.061	1.171		
病床当たり手術有患者数	18	25	0.070	0.724	0.470	1.379	自由度調整済み決定係数	0.167
事業収益規模（単位：億円）	−6.97	2.75	−0.226	−2.531	0.013	1.175		
病院/診療所型ダミー	−30	249	−0.011	−0.121	0.904	1.167	ダービン＝ワトソン比	1.934
病院/老健型ダミー	486	260	0.168	1.870	0.064	1.189		
病院/診療所/老健型ダミー	526	282	0.171	1.864	0.065	1.246	F値	4.534
定数項	2,078	890	—	2.336	0.021	—	p値	0.000

5 考察とまとめ

　事業計画等では，病床利用率や平均在院日数，手術件数などに目標を設定して，採算の確保・向上を1つの目的として管理していることが多い。急性期を担うDPC対象病院を経営する医療法人において，こうした業務実績指標への目標設定・管理は，単純な相関関係を見た場合には，基本的に適切であるように見えることが明らかとなった。入院・外来別の損益データが利用できないなどのデータ制約もあり，いずれの入院診療に関わる業務実績指標も，極めて弱い相関に止まってはいるものの，その指標の改善は採算性の向上に資することが示唆された。

　一方で，重回帰分析を用いてより厳密に検証してみると，補正後平均在院日数については両採算指標の向上に有意に関係していることが確認された。また病床利用率についても，病床当たり利益額の向上には有意に関係していること，利益率の向上には有意には関係していないものの，向上と関係している可能性が窺えることが確認された[12]。ただし病床当たり手術有患者数については，採算性の向上に関係していることが確認できなかった。これらの業務実績指標の改善による採算性の向上に関する通説の検証という観点から，これまでも公立DPC対象病院群などを対象に同様の研究をしてきたが，今回の研究により，医療法人のDPC対象病院群では，補正後平均在院日数の短縮や病床利用率の向上は採算性の向上につながると考えられることが明らかとなった。

　なお，病床当たり手術有患者数については，重回帰分析では有意性が確認されなかったが，このことはより多くの手術を実施することは採算性の向上につながらないということを意味するものではないことには注意が必要である。今回のデータでも，病床当たり手術有患者数と病床当たり本来業務事業利益との相関係数の無相関検定では有意な正の相関が確認されているし，いくつもの先行研究を整理した荒井（2016f）でも，病床当たり手術有患者数と採算指標との相関係数に有意性が確認される場合には，弱いながらも常に正の相関関係にあった。本補論の最後で述べるように，本研究はいくつかの制約のあるデータに基づく分析であり，他要因（外来や非DPC算定病床などの損益状況）の影響を

補論2　業務実績指標管理の採算改善効果の検証　225

十分に排除できていないために，病床当たり手術有患者数と採算指標との有意な関係性が見えてこないだけの可能性もある[13]。

　次に，平均在院日数に関しては，在院日数の短縮による入院診療の効率化は，一般に，1日当たり平均診療単価の向上をもたらす一方で早期退院による短縮した日数分の包括収入の減少を伴うため，年間入院実患者数が同じであれば損益は悪化する可能性がある。そのため，平均在院日数と採算性に関する通説も増患が伴うか否かにより割れてきたが，今回の分析対象となった医療法人のDPC対象病院群では，補正後の平均在院日数の短縮により採算性を向上させることができており，平均在院日数を短縮して入院診療プロセスの効率化を進めると同時に，増患にも成功していると考えられる。

　ただし入院診療プロセスを効率化してより早期に患者を退院させると自動的に新たな患者が増えるという因果関係は想定しづらいし，逆に患者が増えると自動的に診療プロセスが効率化するわけでもない。プロセスの効率化により患者がどんどん退院するために，病床利用率を高めようとして診療所や消防署に一生懸命に営業活動をする結果として患者数が増えるのであって，プロセス効率化により自動的に新たな患者が増えることはない。また，病床利用率がすでに高い病院において，増える患者を入院させるために診療プロセスの効率化を図るということは当然あるが，患者増によりプロセスの効率化が自動的に実現するわけではなく，診療プロトコルの開発・修正や診療プロトコルによる管理，退院先との連携・調整といった診療プロセスをマネジメントする能力によって実現するのである。つまり，平均在院日数短縮化と増患とには直接的な因果関係があるわけではなく，集患営業能力や診療プロセス管理能力という病院のマネジメント能力が基盤としてあると考えられる。

　なお，筆者による先行研究（荒井，2013a，補論1）では，どの病院群でも，疾患構成の補正がない一般的な平均在院日数と採算性とは無相関である一方，プロセス効率性をより適切に表す補正後平均在院日数と採算性には，国立DPC関連病院群，DPC対象私的病院群，医療法人DPC関連病院群では共通して負の相関が見られ，補正後平均在院日数の短縮は採算性の向上に寄与していた[14]。今回の研究でも，医療法人DPC対象病院群において，利益率でも病床当たり利益でも，補正前の平均在院日数では5％水準で有意には相関が見られ

ない一方で，補正後の平均在院日数では有意な相関が見られ，採算性に影響を与える効率性に関わる業務実績指標としては，補正した平均在院日数がより適切であることが窺える結果であった[15]。

　さらに，病床利用率については，単純な相関分析だけでなく重回帰分析に基づいた場合でも，利益額の向上に貢献することが確認された。先行研究を整理した荒井（2016f）での結論どおり，また通説どおり，病床利用率の向上は採算性の向上につながっている可能性が高い。より多くの患者を入院させて病棟の稼働状況を高めれば，採算性が向上するということである。

　最後に本研究の限界に言及しておく。本研究では，入院・外来別の損益データがないため，入院診療の業務実績指標と採算指標との関係性分析に際して入院に限定した損益を利用できておらず，そのため外来診療等の損益に与える影響を統制できていない。また，DPC対象病院といえどもすべての病床がDPC算定病床となっているわけでは必ずしもなく，今回の分析ではDPC算定病床が総病床の6割以上を占める病院に限定したものの，非DPC算定病床がある病院も含まれており，DPC算定病床が病院全体の業務実績をある程度代理しているという仮定に基づいている。加えて，診療所及び老健の財務的影響は，平均的には法人全体の1割程度で病院と比べてかなり小さいとはいえ，法人によっては大きめの影響を与えている可能性はあるが，統制できていない。

　本研究は，こうしたいくつかのデータ制約の下での分析であるという限界を有しているものの，これまで分析対象とされてこなかった医療法人の病院を対象として，事業計画やBSCで設定管理されることが多い主要な業務実績指標と採算性との関係を明らかにしたことの価値は大きい。

(注) ————————

1　本補論において業務実績指標とは，手術実施状況や病床活用状況などの業務内容に関わる非金銭的な数量指標であり，収益・費用・損益という財務内容そのものに関わる金銭的な数量指標である財務実績指標と対置して用いている。

2　厚生連病院の一般病床中心の病院群を対象に，主として財務実績指標と経常利益率との関係を分析した研究であるが，その一環として本補論に関わる平均在院日数との関係が分析されており，重回帰分析の結果，平均在院日数の短縮は有意に経常利益率を向上させることが明らかにされている。

補論2　業務実績指標管理の採算改善効果の検証　227

3　業務実績指標と採算性との関係に関する分析を中心とした研究ではないが，国立大学附属病院を対象にいくつかの経営指標と医業利益率との関係を分析しており，本補論と関連する業務実績指標に関するものとしては，患者1人1日当たり放射線撮影治療件数（入院）が多いほど採算性がよいことを確認している。

4　収益から費用を控除したものが利益であるため，収益に占める各種費用割合が高いと採算が悪くなるという関係は定義から導かれる論理的な関係である。そのため病院経営に関する研究においてより重要であるのは，財務実績指標と採算性との関係ではなく，業務実績指標と採算性との関係であると筆者は考えている。

5　公立病院群を対象に，医業利益率が黒字の病院群と赤字の病院群との間で給与費等の費用構成に違いがあるのかをその比率の中央値で比較した研究であり，財務実績指標と採算性の関係に関する研究である。

6　本来業務事業利益率には，病院のみ型（1.37％），病院・診療所型（2.63％），病院・老健型（3.40％），病院・診療所・老健型（3.13％）に分類される多角経営4類型により，分散分析（Welch検定）に基づくと，有意な差（有意確率0.000）が確認されている。また荒井（2017a）は，10億円未満（0.18％），10億円台（2.75％），20億円台（3.55％），30億円台（3.90％），40億円台（4.45％），50億円以上80億円未満（3.44％），80億円以上（1.62％），に事業収益額規模を区分して分散分析（Welch検定）を実施し，医療法人の経済規模により本来業務事業利益率に有意な差（有意確率0.000）があることを明らかにしている。なお，一般病床，療養病床，精神病床という病床種類の構成割合（8割以上）を基準とした病床種類類型によって，採算性が異なることが伝統的に指摘されているが，本研究の分析対象病院はDPC対象病院（医療法人）であるため，基本的に急性期一般病床がほとんどであることから，病床種類類型の統制は必要性がない。

7　多角経営4類型の変数は，病院・診療所型ダミー，病院・老健型ダミー，病院・診療所・老健型ダミーの各ダミー変数に変換して分析した。一方，医療法人の規模変数としての事業収益額（単位：千円）は，そのままの変数を分析に用いた。本補論の分析対象病院群における多角経営4類型別の度数と事業収益額の基本統計量は**図表 補2-1**のとおりである。

8　平均在院日数，病床利用率，手術実施度という本研究で分析対象とする業務実績指標はいずれも入院診療に関するものであるが，中央社会保険医療協議会の『医療経済実態調査』によれば，本研究の分析対象年度である2013年度の「一般病院（集計2）」の医療法人の入院診療収益は病院全体収益の3分の2程度（67.7％）である。そのため，入院業務実績と病院損益との相関分析に際しては，3分の1程度を占める入院診療以外の業務からの病院損益への影響が含まれている。こうした制約を考えると，病院の収益規模が法人全体の収益規模の9割前後であれば，その他の制約よりも弱いとさえいえる。

9　財務活動による収益・費用を含む経常利益や，当期の特別収益・特別損失を含む当期純利益よりも，本来業務事業利益の方が，平均在院日数等の病院業務実績指標と採算性との関係性を分析する上ではより望ましいことは明らかであろう。

10　ただし前年度の全国平均の疾患構成割合が分かれば（中医協DPC評価分科会がこの情報を早めに公表すれば），今年度も同じ構成割合と仮定して各病院で毎月算定することは可能であるため，疾患構成補正後平均在院日数は事業計画による月次管理がまったく不可能なわけではない。

11　そのため，**図表 補2-3**及び**図表 補2-4**と**図表 補2-2**の同一の2変数間の相関係数は，若干異なっている。

12　2つの重回帰分析の結果を比較すると，病床利用率に限らず，変数全般に関して，利益「率」の向上よりも利益「額」の向上への影響度の方が大きい。これは，各変数の向

上が採算性向上（利益増加）に関係している場合でも，利益「額」は少しの利益増加でも必ず向上するのに対して，利益「率」は少しの利益増加では同時に収益額が増加する場合には必ずしも向上するとは限らず（費用減による利益増加の場合には必ず利益率が向上するが），逆に率としては悪化すること（大きな収益額の増加が伴われている場合）もあるからではないかと考えられる。

13 逆に，平均在院日数や病床利用率は，採算指標とももともと強い関係性があるために，こうしたデータ制約にも関わらず，有意な関係性が確認されているといえるかもしれない。

14 荒井（2013a）後の研究である経年変化分で分析した公立病院群対象の荒井（2014a）及び国立病院群対象の荒井（2014b）では，疾患構成補正前及び補正後の両平均在院日数ともに，採算性と無相関であった。なお荒井以外の先行研究でも，通常の平均在院日数と採算性との関係は分析されており，厚生連病院を対象とした鳥邊（2012）では有意な負の相関が確認されているが，公立病院を対象とした石橋（2016）や日赤病院を対象とした羽田（2015）では負の相関が見られるが有意でなく，また国立病院を対象とした平岡（2014）では負の相関が見られるが採算指標によって有意であったり有意でなかったりしている。しかし荒井以外の先行研究では，疾患構成補正後の平均在院日数と採算性との関係はまったく分析されておらず，その状況は明らかでないため，補正前と補正後の平均在院日数による違いは明らかでない。

15 なお採算性に影響する効率性に関わる業務実績指標の適切性という点に関していえば，公立病院を対象とした荒井（2014a）での結果と同様に，手術実施件数（量）としての手術実施度は採算性と有意な正の相関が見られる一方で，手術実施患者割合としての手術実施度は無相関という結果であった（**図表補2-2**）。手術実施患者割合という指標は上述のように問題を抱えており，少なくとも採算性との関係を見るための手術実施度の指標としては，やはり適切でないようである。

終　章

管理会計の有効性
── 本書の検証結果のまとめ

　病院経営環境の変化によって，病院でも採算確保・利益獲得の重要性が高ま
り，病棟等の生産性の向上による採算の改善や，サービスごとの採算管理の必
要性が高まってきた。しかも効率的な経営による採算管理と同時に，医療の質
を維持・向上することも求められている。こうした質が高く効率的な医療の推
進のために，管理会計の活用が考えられ，実際に，一定程度活用が始まってい
る。しかしながら，営利企業中心に発展してきた管理会計が，組織の主目的や
従業員の意識が異なる非営利セクターである病院界でも有効であるかは，従来
十分に明らかにされていない。そこで本書では，質が高く効率的な医療の実現
に向けて，管理会計が病院でも本当に有効なのか，またより有効にする実践は
あるのか，検証を試みた。またその際，採算改善という財務的効果だけではな
く，医療の結果（質）やその実現に至るプロセスに関わる効果（影響）につい
ても検証を試みた。

　本章では，これまでの各章の分析結果及び考察を簡単に整理しつつ，本書の
検証結果を総括する。

　まず第２章では，法人内の各施設事業や病院施設内の各部門という責任セン
ター別の損益把握と損益による責任センター管理者の業績評価（損益業績管理）
は，医業利益率の改善をもたらすと考えられることが明らかとなった。

　しかし現状では，損益結果の管理者業績評価での活用自体は，病院界では十
分なされていない。ただし第３章の結果より，損益目標を事前に設定したり，
損益分岐分析により患者数などの業務量で損益目標達成水準を示したり，予算
管理により収益・費用・損益の事前合意と進捗管理可能性を高めることにより，
損益計算結果が管理者業績評価に活用される可能性が高くなることが明らかと

なった。つまり，損益結果の管理者業績評価での利用促進に，これらの管理会計実践が有効であることが確認された。おそらく，これらの実践は，業績評価される医療職である管理者側の損益による業績評価への抵抗感を和らげる効果を持っているからではないか，と考えられる。

　また経営多角化が進み，各施設事業別の損益計算管理を適切に実施することが課題となる中，第4章では，施設事業別損益計算に期待されることの多い各種目的について，採算管理や長期経営計画策定を中心に，いずれの目的にもある程度の効果が得られていることが判明した。また，トップ経営層が損益計算の利用度を高めることや，損益目標を設定すること，管理者業績評価に損益計算結果を活用すること，損益分岐分析を実施することにより，施設事業別損益計算の各種目的の効果を高めることができると考えられることも判明した。特に原価管理目的や経営管理意識向上目的では，トップ経営層のより積極的な活用や損益目標設定などの管理会計実践を伴うことが，ある程度の効果をもたらす上で極めて重要であることが明らかとなった。

　さらに，より徹底した損益管理が求められる経営環境になり，病院施設全体としてだけでなく各診療科などの部門別の損益計算管理の実践が求められる中，第5章第2節の研究からは，部門別損益計算に期待されることの多い各種目的について，採算管理や経営管理意識向上を中心に，ある程度効果が得られていることが明らかとなった。また，ほとんどの病院で目的とされている3つの主要目的（採算管理，原価管理，経営管理意識向上）に関して，通常医療職であるトップ経営者や現場部門長が損益計算の結果情報の活用担当者に含まれると，いずれの目的の効果も高まることが示唆された。加えて，より多様な管理職種が計算結果の活用を担当することは，経営管理意識向上や採算管理の効果向上に有効であることも示唆された。つまり医療職管理者やより多様な管理職種が活用することが，部門別損益計算管理の効果を高めることが判明した。

　また第3節の研究から，部門別損益計算の実施は，医業利益率や病床当たり医業利益という客観的な採算指標の向上に効果を持っていることが，広義の公的病院群や公立病院群に限定した場合も含めて，確認された。その際，退院時転帰や再入院状況という医療の結果に悪影響はないことも確認された。また部門別損益計算は，病棟利用状況を改善したり手術などの重要治療行為の実施を

促進したりすると考えられることも判明した。さらに実施している場合にも，月次と高頻度で損益を把握しPDCAを回している方が，採算改善効果が高い傾向が確認された。その際，高頻度なPDCA管理は，病棟の稼働や重要治療行為の実施も改善・促進しつつも，医療の結果に悪影響はもたらしていないことも確認された。また，損益計算の利用度を高めることで，重要治療行為の実施が促進され，採算性の向上効果が高まる一方で，医療の結果に悪い影響を及ぼす可能性は少ないことも確認された。加えて，部門別損益分岐分析の実施が財務業績によい効果をもたらしていること，また部門別損益分岐分析をただ実施するだけでなくより積極的に利用することで，採算性向上効果が高まることも判明した。

　しかしこれらの研究は，特定時点でのクロスセクションデータに基づく検証であり，各病院における部門別損益計算導入前後の採算指標の経年的な推移による検証ではない。そこで，第6章では，経年的な財務データの利用可能性のため公立病院群に限定されるものの，経年的な分析を試み，病院の法形態に依存せずほとんどの病院において導入による採算改善効果が見られ，部門別損益計算が採算改善に有効なことが強く示唆された。また，その際，導入により医療の結果が悪化するという傾向は見られないことも明らかとなった。

　次に，第7章では，責任センター別の損益を管理する伝統的な管理会計手法である予算管理の採算改善効果と医療結果等への影響状況について検証した。まず第2節の研究では，部門別収益予算管理は，客観的な採算指標の改善をもたらしていること，その際，医療の結果に悪影響がもたらされることはないと考えられることが確認された。

　また第3節の研究では，病院全体予算管理のより積極的な利用は，採算性の向上に一定の効果がありそうであるものの，一部を除き統計的には十分な結果でないことが判明した。営利企業とは異なり，公立病院を中心に非営利組織である病院では，必ずしも採算性を向上させるように予算が編成されていないためではないかと考えられる。すなわち前年度実績ベースの予算編成がなされ，採算改善を目指して厳しめの目標を設定しているわけではないため，予算管理の徹底により，採算性の現状維持にはつながるものの採算性の向上には十分に貢献していないのではないかと考えられる。

一方，月次という高頻度の予算実績差異管理と予算管理業績の病院長評価での利用という予算管理実践は，採算性の向上に有意に効果があることが判明した。高頻度の予算実績差異の把握は，病院経営管理者層に採算状況を高頻度に認識させて彼らの採算管理意識全般を高めることにつながり，病院全体予算の管理機能のより積極的な利用だけでなく，サービス単位の採算改善など他の多様な採算改善活動に積極的に取り組むことを促しうる。また病院長業績評価での利用は，採算性により評価される状況を生むため病院長の採算管理意識全般が高まり，予算管理に止まらない採算管理全般への病院長のより積極的な関与をもたらしうる。こうした結果，高頻度の予算実績差異管理や病院長業績評価での予算利用は，前年度と同程度の採算性に止まることにつながりかねない予算損益の達成だけでなく，それを超える採算性の向上を実現しているのではないかと考えられる。なお，予算管理機能の利用度を高めたり，予算実績差異把握を高頻度で行ったり，病院長業績評価に利用したりしても，医療の結果には悪影響が及んでいないことも確認された。

このように第7章では病院全体予算管理の結果を病院長の業績評価に利用することは採算改善に有効であることが確認されたが，現状ではそもそも十分に業績評価に利用されていない。しかし第8章の結果より，現場病院施設主導で予算を編成したり，予算編成に際して本部施設間で活発に対話したり，予算への戦略の反映度を高めたり，現場施設管理者層が予算実績差異の主たる利用層となることにより，病院長業績評価に予算が利用される可能性が高くなることが判明した。つまり，病院長業績評価での予算利用の促進に，これらの管理会計実践が有効であることが示唆された。おそらく，これらの実践は，業績評価される病院長の予算管理結果による業績評価への納得感を高める効果を持っているからではないかと考えられる。また，法人本部による病院施設への働きかけ的利用に予算を積極的に活用している法人の方が，病院長業績評価での予算活用がよくなされていることも判明した。これは，予算管理の実効性を高めたいという業績評価する法人本部側の意思の強さを反映しているものと考えられる。

以上のように，各施設や施設内各部門という責任センター別の管理会計実践は，基本的にいずれも採算改善管理に有効であることが検証された。こうした

終　章　管理会計の有効性　233

責任センター別管理会計による採算管理をより徹底するためには，稼働率の向上だけでなく，個々のDPCサービスの採算を改善する必要もあり，そのためDPCサービス別の管理会計実践が実際に見られるが，第9章ではそうした実践の有効性も確認された。まず第2節では，DPCサービス別損益計算に基づく管理は，採算改善に有効であり，また病床の効率的利用にも有効であるとともに，退院時転帰などの医療の結果に悪影響をもたらさないことが確認された。また第3節でも，DPCサービス別採算管理活動の活発化により，採算性を向上させることができる一方で，医療の結果が悪化することもないことが確認された。さらに第4節では，DPCサービス価値企画活動は，費用対効果としての価値の向上に，一定程度効果を有していることが確認された。特にDPC別損益計算を伴う本格的な価値企画の場合，採算性や病床利用効率性を向上させつつ，同時に医療の結果も向上させており，その効果が特に大きくなることも判明した。

　加えて，機能の分化と連携をより強化する政策が推進されているため，より効果的な戦略的な経営が必要となっており，BSCをより有効に活用することが課題となっているが，第10章ではBSCの効果を高める実践が明らかにされた。具体的には，第2節では，病院経営医療法人において，戦略マップの積極的な活用は，使命等や戦略の浸透及び明確化ならびに医療の質や患者満足の向上に良い効果をもたらすことが確認された。またBSCの結果に基づく高頻度の対策検討会は，戦略の明確化及び浸透ならびに医療の質の向上や患者数・収入の増加に効果があることも確認された。さらに管理者業績評価でのBSCの利用は，戦略の浸透や職員の経営意識醸成に効果があることが判明した。

　また第3節では，DPC対象病院において，戦略マップの積極的な活用は，使命等の浸透や戦略の明確化及び浸透という組織目標への現場職員の方向づけに関わる事項に効果を有しており，また職員間の対話の促進や職員満足の向上にも効果があることが確認された。またカスケードの強い徹底は，戦略の明確化及び浸透に加えて，職員間の対話の促進や患者数・収入の増加にも有効であることが判明した。さらに，BSCの本質的な要素である因果関係考慮の徹底は，組織目標への職員の方向づけに関わる使命等及び戦略の浸透，組織成果を向上させるプロセスで重要となる職員間の対話の促進や職員の経営管理意識の醸成

ならびに職員満足の向上，そして医療の質や患者満足の向上及び増患・増収という各側面の組織成果の向上に，有効であることが確認された。

　最後に第11章では，今日ではほとんどの病院で活用されている事業を総合的に計画管理する伝統的な管理会計手法である事業計画について，この手法による各種効果を高めると考えられる各実践の有効性が確認された。具体的には，まず，事業計画上で設定されている計画事項間の因果関係をしっかりと考慮することは，採算確保や病棟稼働状況の向上に有効であり，また医療の結果の向上にも有効であることが確認された。またトップ経営層が事業計画を経営状況の分析のためにしっかりと利用することは，採算確保や医療結果の向上に有効であること，さらにトップ経営層が事業計画を現場への働きかけのためにしっかりと利用することは，病棟稼働状況や重要治療行為実施状況の向上に有効であること，が明らかとなった。加えて，事業計画の管理者業績評価での利用は，採算性の向上に効果を有していると考えられることも判明した。

　なお本書では，以上の効果検証に加えて，補論1として，採算改善効果が高いと検証された損益結果による管理者業績評価の実態を質的に詳細に明らかにした。また補論2として，BSCや事業計画において採算改善目的で目標管理されることの多い業務実績指標が実際に損益改善につながっているのかを病院経営医療法人を対象に明らかにした。いずれも，従来ほとんど明らかにされてこなかった領域であり，学術的な価値は高い。

　以上，本書での検証結果を総括すると，責任センター別損益業績管理は損益改善等に有効であり，また損益結果の管理者業績評価での利用など，いくつかの管理会計実践がその効果をより高めることが検証された。また，より徹底した損益管理に重要なサービス別損益管理も，損益改善等に有効であることが検証された。さらに，BSCや事業計画のような戦略遂行管理のための管理会計も，その実践方法によりその効果を高められることが検証された。加えて，こうした各種管理会計実践によって医療の結果などに悪影響がもたらされることはないことも確認された。すなわち，病院においても管理会計は効果を有しており，管理会計は経営環境変化に伴う時代の要請に病院が対応していくための有効な経営管理手段であることが明らかとなった。本書の知見は，病院実務にとって大きな貢献であるといえるだろう。

終　章　管理会計の有効性　235

　これまで管理会計と組織業績との関係性に関する研究は，基本的に営利企業を対象に行われてきた。またその関係性の研究は，基本的に財務的業績との関係性に限定されてきた。本書により，非営利セクターの病院を対象に，財務業績だけでなく医療の結果などの非財務的な業績面も含めて，初めて本格的・総合的に管理会計と組織業績との関係性の研究が実施された。こうした点からは，病院実務への貢献だけでなく，管理会計学への学術的貢献も大きい。

　ただし本書の研究にも，いくつかの限界があることも最後に指摘しておく。本書の研究では，管理会計実践による財務・非財務の多様な組織業績への影響を見ているものの，管理会計実践が組織成員の心身の健康状態に与える影響（従業員の疲弊）などまでは評価できていない。また，医療の結果には多様な側面があり，本書で選択した退院時転帰などの指標が医療の結果のすべての側面を網羅しているとはいえない。

237

［参考文献］

Ⅰ．和文文献

荒井耕（2005）『医療バランスト・スコアカード：英米の展開と日本の挑戦』中央経済社（日本原価計算研究学会・学会賞受賞）.

荒井耕（2007）『医療原価計算：先駆的な英米医療界からの示唆』中央経済社（日本会計研究学会・太田黒澤賞受賞）.

荒井耕（2009）『病院原価計算：医療制度適応への経営改革』中央経済社（日本管理会計学会・文献賞受賞）.

荒井耕（2011a）『医療サービス価値企画：診療プロトコル開発による費用対成果の追求』中央経済社.

荒井耕（2011b）「医療界における管理会計制度の有効性に関する定量的検証：管理会計の病院業績への貢献」『會計』第179巻第6号pp.52-66.

荒井耕（2011c）「事例研究：経営多角化医療法人における責任センター別管理会計」『税経通信』第66巻第13号pp.24-29.

荒井耕（2012）「手術実施度および平均在院日数と採算性との相関関係：国立DPC関連病院群での検証」『病院』第71巻第9号pp.730-733.

荒井耕（2013a）『病院管理会計：持続的経営による地域医療への貢献』中央経済社（日本公認会計士協会・学術賞―MCS賞受賞）.

荒井耕（2013b）「経済教室　医療効率化への課題⑦　病院の部門業績管理を」日本経済新聞2013年11月20日朝刊31面.

荒井耕（2013c）「公立DPC関連病院における業務実績と採算性との相関関係の分析：採算改善を巡る諸見解の検証」『会計検査研究』第48号pp.23-34.

荒井耕（2013d）「DPC対象病院における業務実績と採算性との相関関係の分析：採算改善を巡る諸見解の検証」『経理研究』第56号pp.338-346.

荒井耕（2013e）「医療界における責任センター別管理会計の実態」『會計』第184巻第2号pp.42-56.

荒井耕（2014a）「公立DPC関連病院における業務実績及び採算性の経年変化の相関関係の分析」『会計検査研究』第49号pp.55-65.

荒井耕（2014b）「国立DPC関連病院における業務実績及び採算性の経年変化の相関関係の分析」『公営企業』3月号pp.14-20.

荒井耕（2014c）「部門別損益業績管理と医療サービス価値企画の関係性についての定量的検証：責任会計による提供プロセスマネジメントの促進」『會計』第185巻第6号pp.16-26.

荒井耕（2015a）「公立病院における質および採算・原価の経年変化の相関分析：医療界の伝統的二律背反観の検証」『企業会計』第67巻第6号pp.52-60.

荒井耕（2015b）「DPC関連病院における価値企画の効果：医療サービス価値企画の有効性評価」『會計』第187巻第6号pp.71-85.

荒井耕（2015c）「DPC関連病院における事業計画の組織業績への効果と影響」『一橋商学論叢』第10巻第1号pp.2-17.

荒井耕（2016a）「DPC対象病院における予算管理の実態：質問票調査に基づく現状把握」『一橋商学論叢』第11巻第1号pp.12-31.

荒井耕（2016b）「医療法人での財務業績管理と人事考課・報酬との連動に関する事例研究：部門階層での連動状況」『税経通信』3月号pp.164-171.

荒井耕（2016c）「医療法人におけるバランスト・スコアカードの実態：質問票調査に基づく定量的把握」『原価計算研究』第40巻第1号pp.110-121.

荒井耕（2016d）「病院界における管理会計活用の公私差」『會計』第190巻第3号pp.69-82.

荒井耕（2016e）「DPC対象病院における予算管理機能の利用状況―機能利用度を高める予算管理実務―」『会計検査研究』第54号pp.39-50.

荒井耕（2016f）「医療分野における管理会計の活用：計数的マネジメントを通じた合意形成」（第5章，pp.169-201）樫谷隆夫編著・財務省財務総合政策研究所編『公共部門のマネジメント：合意形成をめざして』同文舘出版.

荒井耕（2016g）「効果を高める医療法人のBSC実践」『企業会計』第68巻第6号pp.129-133.

荒井耕（2016h）「医療機関における部門の財務的業績による部門長評価・報酬連動の実態：8法人インタビュー調査を基に」『経理研究』第59号pp.271-283.

荒井耕（2017a）「医療法人の事業報告書等を活用した『医療経済実態』把握の有用性―既存の公的類似調査の適切な補完―」一橋大学大学院商学研究科ワーキングペーパーNo.146修正／追加.〈http://hermes-ir.lib.hit-u.ac.jp/rs/handle/10086/28979〉

荒井耕（2017b）「DPC対象病院におけるバランスト・スコアカードの実態：質問票調査に基づく定量的把握」『産業経理』第76巻第4号pp.35-47.

荒井耕（2017c）「DPC対象病院における部門別損益計算・管理の実態：質問票調査に基づく現状把握」『一橋商学論叢』第12巻第2号pp.10-25.

荒井耕（2017d）「病院界におけるバランスト・スコアカードの効果を高める実践：因果関係考慮の重要性」『原価計算研究』第41巻第2号pp.73-83.

荒井耕（2017e）「公立病院における部門別原価計算の採算改善効果の検証：経年的分析に基づく有効性評価」『會計』第192巻第3号pp.42-55.

荒井耕（2017f）「病院における予算管理の採算性向上効果」『企業会計』第69巻第10号pp.123-128.

荒井耕（2017g）「経済教室　診療報酬改定の基礎データ」日本経済新聞2017年12月25日朝刊13面.

荒井耕（2018a）「医療福祉事業における管理会計の活用―経済環境変化による必要性の高まりと現状―」『會計』第193巻第2号pp.80-92.

荒井耕（2018b）「病院におけるサービス別採算管理の有効性評価」『企業会計』第70巻第7号pp.125-129.

荒井耕（2018c）「病院経営医療法人の財務的な健全性に関する実態分析―多角経営類型に着目して―」一橋大学大学院経営管理研究科ワーキングペーパーNo.147.〈http://hermes-ir.lib.hit-u.ac.jp/rs/handle/10086/29569〉

荒井耕（2018d）「医療法人における業務指標管理の採算性向上への有効性評価―事業計画等

での管理事項の適切性の検証―」『経理研究』第60号pp.187-197.

荒井耕（2018e）「病院経営医療法人における事業計画の特徴・利用状況と業績評価活用：BSC的性質の有用性」『會計』第194巻第4号pp.25-39.

荒井耕（2019a）「病院経営医療法人における資産の有効活用度の実態―多角経営類型別の資産利用の効率性分析―」一橋大学大学院経営管理研究科ワーキングペーパーNo.149.〈http://hermes-ir.lib.hit-u.ac.jp/rs/handle/10086/29768〉

荒井耕（2019b）「DPC対象病院における部門別損益計算・管理の有効性評価―採算性向上効果と医療結果等への影響の検証―」『会計検査研究』第60号（予定）.

荒井耕（2019c）「病院経営医療法人における管理会計実践：多角経営類型により異なる実施状況」『産業経理』第78巻第4号pp.83-95.

荒井耕・古井健太郎・渡邊亮・阪口博政・横谷進（2016）「診療プロセス管理の財務的観点からの重要性：病院管理職の認識に基づいて」『医療マネジメント学会雑誌』第16巻第4号pp.209-212.

荒井耕・阪口博政（2015）「DPC関連病院における管理会計の効果と影響：原価計算及び収益予算の有効性評価」『会計検査研究』第52巻pp.71-83.

荒井耕・阪口博政・渡邊亮・古井健太郎（2017）「DPC疾患群別費用及び採算に関する病院の認識と実態についての調査」『日本医療・病院管理学会誌』第54巻第2号pp.37-43.

荒井耕・尻無濱芳崇（2011）「医療法人における管理会計制度の導入状況」『病院』第70巻第10号pp.777-782.

荒井耕・尻無濱芳崇（2012）「医療法人における原価計算利用方法の実態」『原価計算研究』第36巻第2号pp.104-114.

荒井耕・尻無濱芳崇（2013）「医療法人における管理会計実践の法人規模別状況」『原価計算研究』第37巻第2号pp.55-65.

荒井耕・尻無濱芳崇（2014）「医療法人における予算管理の実態：質問票調査に基づく現状把握」『産業経理』第74巻第3号pp.70-84.

荒井耕・尻無濱芳崇（2015）「医療法人における予算の管理者業績評価での活用状況：予算管理実態との関係性」『原価計算研究』第39巻第1号pp.145-155.

荒井耕・尻無濱芳崇・岡田幸彦（2014）「医療法人における責任センター別損益業績管理による財務業績改善に関する検証」『会計プログレス』第15号pp.14-25.

荒井耕・渡邊亮・阪口博政（2013）「DPC関連病院における管理会計の活用状況」『産業経理』第73巻第3号pp.77-89.

石橋賢治（2016）「公立病院改革プランの経営の効率化に影響を与えた要因―自治体の直営病院に着目して―」『日本医療・病院管理学会誌』第53巻第1号pp.7-18.

井上秀一（2014）「医療機関のマネジメントコントロールシステムにおけるミドルの役割―ある中規模病院を対象とした事例研究―」『日本医療経営学会誌』第8巻第1号pp.29-36.

岩佐嘉美（2014）「自治体病院におけるバランスト・スコアカード導入と財務指標の相関関係：BSC導入前後における財務指標の変化」『日本医療経営学会誌』第8巻第1号pp.5-19.

大塚良治（2008）「病院における経営管理システムの展開―予算管理活用に係る課題」『広島国際大学医療経営学論叢』第1号pp.21-36.

大野昌幸・込山克司・多田博和ほか（2008）「なぜBSCを導入したのか：当院の進むべき方向は」『日赤醫學』第60巻第2号pp.468-471.

岡田幸彦（2010）「わが国サービス産業における原価情報の利用に関する現状と課題」『原価計算研究』第34巻第1号pp.44-55.

岡本清・廣本敏郎・尾畑裕・挽文子（2008）『管理会計　第2版』中央経済社.

奥野佐千子・高野洋子・村中千栄子ほか（2011）「バランスト・スコアカードによる病院組織の活性化」『日赤醫學』第62巻第2号pp.288-297.

上總康行（1993）『管理会計論』新世社.

加登豊・松尾貴巳・梶原武久編（2010）『管理会計研究のフロンティア』中央経済社.

川渕孝一（2005）「国立大学の法人化が促す新たな病院経営」『国立大学財務・経営センター大学財務経営研究』第2号pp79-97.

衣笠陽子（2007）「医療機関の赤字経営とその意味」『管理会計学』第15巻第2号pp.93-108.

衣笠陽子（2012）「病院経営における管理会計の機能—病院予算を中軸とした総合管理—」『管理会計学』第20巻第2号pp.3-18.

衣笠陽子（2013a）『医療管理会計—医療の質を高める管理会計の構築を目指して』中央経済社.

衣笠陽子（2013b）「医療管理会計を機能させる要件について考える」『産業経理』第73巻第3号pp.176-191.

厚生労働省（2010）『労働統計年報　平成22年』.

厚生労働省（2011）『医療施設動態調査（平成22年11月末概数）』.

厚生労働省（2013）『制度別都道府県別　推計新規入院件数，推計平均在院日数及び推計1入院当たり医療費』.

古城資久（2003）「病院経営セミナー　病院を活性化させる医師の賃金制度改革（後編）」『日経ヘルスケア21』第159号pp.99-106.

小寺俊樹・堀心一・岩尾聡士（2013）「医療法人の経営状態と機能的側面からみた医療の質との関係」『日本医療・病院管理学会誌』第50巻第4号pp.265-274.

阪口博政・荒井耕・渡邊亮（2015）「医療法人における予算管理の事例研究」『原価計算研究』第39巻第2号pp.24-34.

阪口博政・渡邊亮・荒井耕（2015）「医療機関における責任センター別原価計算に基づいた予算管理に関する考察—6病院へのインタビュー調査を通して」『医療と社会』第25巻第1号pp.141-154.

佐治文隆・小関萬里（2014）「自治体病院における業績給反映人事評価制度に対する職員満足度の検討」『日本医療マネジメント学会雑誌』第15巻第1号pp.44-49.

産労総合研究所（2015）「人事考課制度導入に関する実態調査」『病院羅針盤』第68号（10月15日号）pp.29-39.

下村欣也・久保亮一（2011）「病院経営におけるコスト構造の定量分析」『日本医療・病院管理学会誌』第48巻第3号pp.5-12.

総務省（2012）『2010年人口推計』.

総務省（2015）「新公立病院改革ガイドライン」http://www.soumu.go.jp/main_content/000382135.pdf（2016年6月15日参照）.

総務省自治財政局（2002-2016）『地方公営企業年鑑 第48集～第62集（平成12年度～26年度）』.

中央社会保険医療協議会（2015）『第20回 医療経済実態調査報告』.

中央社会保険医療協議会・基本問題小委員会（2015）「平成28年度改定に向けたDPC制度（DPC/PDPS）の対応について 検討結果」http://www.mhlw.go.jp/file/05-Shingikai-12404000-Hokenkyoku-Iryouka/0000106486.pdf（2017年2月26日参照）.

中央社会保険医療協議会・DPC評価分科会（2009-2015）「平成20～26年度DPC導入の影響評価に係る調査「退院患者調査」」http://www.mhlw.go.jp/stf/shingi/shingi-chuo.html?tid=128164（2017年2月26日参照）.

中央社会保険医療協議会・DPC評価分科会（2018）「平成28年度DPC導入の影響評価に係る調査「退院患者調査」の結果報告について」https://www.mhlw.go.jp/stf/shingi2/0000196043.html（2018年9月22日参照）.

鳥邊晋司（2012）「厚生連病院に見る重要業績評価指標の実証分析」『病院』第71巻第5号pp.388-393.

内閣府（2016）「公立病院改革の経済・財政効果について—『地方公営企業年鑑』による個票データを用いた分析」http://www5.cao.go.jp/keizai3/2016/08seisakukadai10-0.pdf（2017年2月19日参照）.

中川義章ほか（2010）「人件費をベースとした新たな病院経営指標を用いた国立病院機構における5年間の分析」『日本医療マネジメント学会雑誌』第11巻第1号pp.15-23.

西野正人（2012）「医療の質と病院経営の質の関係性についての研究—済生会病院における実証分析—」『商大ビジネスレビュー』第2巻第1号pp.193-208.

日経BP社（2012a）「吉田病院（北海道旭川市）業績重視も自己アピールを加味 ポイントは被評価者への細やかなケア」『日経ヘルスケア』第275号pp.38-41.

日経BP社（2012b）「済生会福岡総合病院（福岡市中央区）他職種が医師管理職を評価 理念の浸透やチーム意識向上に効果あり」『日経ヘルスケア』第275号pp.42-45.

日本医療労働組合連合会（2014）「看護職員の労働実態調査報告書」『医療労働』1月臨時増刊号.

羽田明浩（2015）「病院経営における競争優位の源泉の検証—病院経営の戦略グループ間移動障壁の探求—」『日本医療・病院管理学会誌』第52巻第4号pp.17-24.

平岡紀代美（2014）「医療の質と経営の質との関係性—国立病院機構病院における実証分析—」『商大ビジネスレビュー』第4巻第2号pp.193-212.

福嶋誠宣・米満洋己・新井康平・梶原武久（2013）「経営計画が企業業績に与える影響」『管理会計学』第21巻第2号pp.3-21.

藤原靖也・松尾貴巳（2013）「医療組織の業績管理における非財務情報の補完的効果」『原価計算研究』第37巻第2号pp.66-74.

前田瞬（2016）「医業利益率に影響を及ぼす医業費用項目の比較—DPC導入の自治体病院を事例に—」『産研論集』第50号pp.99-104.

吉田栄介・福島一矩・妹尾剛好（2012）『日本的管理会計の探求』中央経済社.

渡邊亮・荒井耕・阪口博政（2015）「医療機関におけるバランスト・スコアカードの活用状況：DPC/PDPS導入病院を対象とした質問票調査を通じて」『メルコ管理会計研究』第7巻第2号pp.15-24.

Ⅱ. 英文文献

Abernethy, M.A. and J.U. Stoelwinder (1991) Budget use, task uncertainty, system goal orientation and subunit performance: A test of the 'fit' hypothesis in not-for-profit hospitals. *Accounting, Organizations and Society* 16 (2) pp.105-120.

Abernethy, M.A. and J.U. Stoelwinder (1995) The role of professional control in the management of complex organizations. *Accounting, Organizations and Society* 20 (1) pp.1-17.

Anthony, R.N. and D.W. Young (2003) *Management Control in Nonprofit Organizations*, 7th ed., McGraw-Hill.

Brickley, J.A. and R.L. Van Horm (2002) Managerial incentives in nonprofit organizations: evidence from hospitals. *Journal of Law and Economics* 45 (1) pp.227-249.

Cagwin, D. and M.J. Bouwman (2002) The association between activity-based costing and improvement in financial performance. *Management Accounting Research* 13 (1) pp.1-39.

Chu, H.L., C.C. Wang and Y.T. Dai (2009) A study of a nursing department performance measurement system: Using the balanced scorecard and the analytic hierarchy process. *Nursing Economics* 27 (6) pp.401-407.

Eldenburg, L. and R. Krishnan (2003) Public versus private governance: A study of incentives and operational performance. *Journal of Accounting and Economics* 35 (3) pp.377-404.

Eldenburg, L. and R. Krishnan (2007) Management accounting and control in health care: An economic perspective, in C.S.Chapman, A.G. Hopwood and M.D. Shields (eds.), *Handbook of Management Accounting Research*, Elsevier. pp.859-883.

Eldenburg, L. and R. Krishnan (2008) The influence of ownership of accounting information expenditures. *Contemporary Accounting Research* 25 (3) pp.739-772.

Franco-Santos, M., L. Lucianetti and M. Bourne (2012) Contemporary performance measurement systems: A review of their consequences and a framework for research. *Management Accounting Research* 23 (2) pp.79-119.

Govindarajan, V. (1984) Appropriateness of accounting data in performance evaluation: An empirical examination of environmental uncertainty as an intervening variable. *Accounting, Organizations and Society* 9 (2) pp.125-135.

Govindarajan, V. and A.K. Gupta (1985) Linking control systems to business unit strategy: Impact on performance. *Accounting, Organizations and Society* 10 (1) pp.828-853.

Lambert, R.A. and D.F. Larcker (1995) The prospective payment system, hospital efficiency, and compensation contracts for senior-level administrators. *Journal of Accounting and Public Policy* 14 pp.1-31.

Lin, Z.J., Z.B. Yu and L.Q. Zhang (2014) Performance outcomes of balanced scorecard application in hospital administration in China. *China Economic Review* 30 pp.1-15.

Meliones, J. N. (2000) Saving money, saving lives. *Harvard Business Review* 78 (6) pp.57-

67.

Naranjo-Gil, D. (2009) Strategic performance in hospitals: The use of the balanced scorecard by nurse managers. *Health Care Management Review* 34 (2) pp.161-170.

Roomkin, M.J. and B.A. Weisbrod (1999) Managerial compensation and incentives in for-profit and non-profit hospitals. *Journal of Law, Economics and Organizations* 15 (3) pp.750-781.

索　引

欧文

BSC······ 4, 37, 42, 43, 44, 46, 48, 60, 177, 185, 213

BSC階層······························· 181, 187

DPC···································· 2, 160

DPC影響評価報告····· 89, 108, 117, 122, 133, 157, 163, 198, 217, 218

DPC関連病院···· 13, 106, 120, 156, 166, 198, 213

DPCサービス······· 2, 155, 158, 160, 166, 233

DPC対象病院······· 13, 80, 88, 120, 130, 161, 166, 185, 215, 217, 224

DPC別包括払い制度········ 2, 166, 173, 176, 185, 217

PDCA····················· 101, 139, 219, 231

あ行

アウトプット単位····························· 2

赤字経営····························· 53, 55

赤字病院割合····························· 123

医業利益率··· 89, 93, 107, 110, 123, 133, 158, 163, 172, 198, 202

医師·························· 38, 40, 50, 56

1日平均患者数························ 108, 110

一部適用····························· 107, 113

一般病床····························· 25, 69

医療アウトカム評価事業··············· 140

医療技術······························· 3

医療機能····························· 3, 14

医療経済実態調査··············· 30, 105, 227

医療圏····························· 3, 14

医療資源最大投入傷病による死亡率
····························· 158, 204

医療職······· 14, 31, 35, 88, 143, 145, 152, 230

医療水準····························· 3, 63

医療提供プロセスの効率性····· 90, 124, 166, 172

医療の結果······ 80, 88, 90, 94, 106, 108, 112, 114, 120, 123, 129, 133, 136, 155, 163, 166, 174, 175, 199, 204, 230

医療の質····················· 179, 182, 186, 193

医療の質の評価・公表等推進事業······· 141

医療法人····· 4, 14, 17, 68, 152, 178, 213, 216, 224

因果関係考慮···· 145, 179, 184, 188, 189, 193

因果関係の考慮度··· 189, 191, 200, 202, 209

院内での働きかけ機能··············· 131, 136

か行

開示階層範囲····························· 132, 136

階層間連動度····························· 188

価格······································· 1

各種目的····························· 70, 73

カスケードの徹底性············ 187, 191, 193

価値企画············· 2, 3, 7, 13, 155, 166, 174

価値の向上····························· 174

活動の活発度····························· 162

活用担当者····························· 82, 85

患者数···················· 38, 54, 57, 58, 60

患者数・収入··············· 179, 184, 186, 193

患者満足··············· 179, 182, 186, 193

管理会計····························· 5, 115

管理会計実践度····························· 19, 28

管理機能の利用度··············· 130, 134, 138

管理職種····························· 80, 82, 85

帰属意識··············· 53, 80, 146, 197

機能の分化····························· 177

狭義の価値企画············ 168, 170, 172, 176

業績指標····························· 89

業績データ……………………………… 88, 121

業績評価…… 6, 17, 31, 34, 35, 37, 41, 70, 75,
　85, 132, 136, 139, 143, 145, 147, 151, 152,
　179, 181, 182, 184, 186, 194, 202, 206, 210,
　229

業務実績指標……… 213, 215, 218, 224, 226

金銭的動機……………………………………… 45

金銭的報酬………………… 54, 55, 62, 147

黒字病院割合………………… 123, 158, 202

クロスセクション……………… 105, 217, 219

経営意識醸成……………… 180, 184, 186

経営管理意識…… 53, 62, 72, 76, 82, 84, 107,
　113, 116, 168, 194, 230

経営多角化……………………………………… 4

経営分析…………………………… 69, 92

計画外再入院率… 90, 94, 112, 117, 133, 163

計画事項………………………………… 200

計画事項間の因果関係……… 200, 202, 211

経年的変化…………………………… 105

決算賞与………………… 42, 46, 52, 59

原価管理…………………… 71, 82, 85

権限委譲………………… 4, 17, 62, 177

現場職員の方向づけ………… 179, 186, 191

効果事項…………………………… 186

広義の価値企画……………… 168, 176

厚生連病院……………………………… 226

公的病院……… 85, 89, 94, 115, 122, 161, 165,
　167, 169, 202, 209, 214

公立病院…… 89, 94, 105, 115, 121, 130, 138,
　141, 215

国立大学附属病院…………………… 227

国立病院……………………………… 214

さ 行

在院日数…………………………… 174

採算…………………………… 166, 174

採算管理意識………………… 138, 152

採算偏重…………………………… 152

最上位視点…………………………… 184

差異情報の主たる利用層… 132, 136, 146,
149

済生会病院……………………………… 214

再入院状況……… 90, 124, 129, 156, 169, 199,
　204

差異把握頻度………………… 132, 136, 138

財務実績指標………………… 215, 226

財務視点…………………………… 184

財務諸表の開示請求………………… 121

財務的業績……… 38, 41, 43, 47, 50, 56, 62

財務偏重…………………………… 63

サービス設計………………………… 3

事業規模…………………………… 25

事業計画……… 48, 54, 56, 57, 132, 145, 149,
　179, 197, 213

事業報告書等………… 29, 32, 68, 152, 216

資源最大投入傷病による死亡率……… 124

資産利益率…………………………… 140

質………………………………… 3, 14

疾患構成補正後の平均在院日数…… 90, 95,
　125, 170, 172, 219, 222, 224, 228

実施頻度…………………………… 92, 97

実入院患者数………………… 108, 110

私的病院…… 85, 89, 115, 122, 161, 164, 167,
　169, 202, 209, 214

使命等の浸透……………… 179, 186, 191

社会的な牽制………………… 55, 59

集患営業能力…………………………… 225

集権的管理…………………………… 149

重要治療行為実施状況…… 90, 95, 100, 125,
　129, 156, 199, 202, 230

手術件数……… 38, 55, 57, 60, 125, 213, 228

手術実施患者割合…………… 219, 220, 228

手術実施度………… 217, 219, 227, 228

賞与………… 37, 42, 49, 52, 59, 61, 62, 147

職員間の対話の促進…… 180, 184, 186, 193

職員関連事項………………… 186, 191

職員満足…………………………… 186, 191

新公立病院改革ガイドライン………… 105

人事権…………………………… 146

人事考課…………………… 37, 42, 50, 56

診断群分類……………………………………… 2
進捗管理………………………………………… 33
診療単価…… 1, 56, 57, 58, 60, 100, 103, 108, 173
診療プロセス管理能力………………………… 225
診療プロセスの効率化………………………… 225
診療プロトコル………… 168, 176, 219, 225
診療報酬………………………………………… 1, 116
成果指標…………………………………… 179, 188
精神病床…………………………………… 21, 69
責任センター……… 17, 28, 31, 155, 181, 229
絶対評価…………………………………… 45, 48, 58
前年度実績ベース……………………………… 138
全部適用………………………… 107, 113, 115
戦略……………………………………………… 4
戦略遂行手法…………………………… 180, 184
戦略的経営……………………………………… 177
戦略の目標……………………………… 179, 188
戦略の浸透……………………………… 177, 182, 186
戦略の明確化………… 179, 184, 186, 191
戦略反映度……………… 132, 136, 146, 149
戦略マップ……………………… 179, 186, 196
戦略マップ活用への積極性……… 180, 182, 186, 189, 191
相対評価…………………………………… 58, 64
組織業績………………………………………… 5
組織成果………………… 181, 182, 186, 193
損益把握頻度……………………………… 80, 101
損益分岐分析…… 33, 71, 75, 80, 92, 98, 101, 103, 229
損益目標設定…………… 33, 70, 73, 229, 230

た 行

退院時転帰……… 90, 112, 123, 129, 133, 156, 163, 166, 169, 199, 204
退院時転帰悪化率…… 90, 94, 112, 116, 124, 133, 158, 163, 170, 204
退院時転帰改善率…… 90, 112, 116, 123, 133, 163, 170
対策検討会……………………………… 180, 182

対話度……………………… 132, 136, 146, 148
多角経営類型…………… 32, 68, 216, 221
地域医療構想………………………………… 177
地方公営企業年鑑…… 89, 106, 121, 130, 161
地方独立行政法人…………………… 107, 117
中央社会保険医療協議会…… 1, 30, 102, 217, 227
出来高換算収益……………………… 168, 176
出来高払い制度……………………… 2, 176, 185
動機付け…………………… 53, 55, 59, 63
投資……………………………………………… 3
導入告知効果……………………… 107, 113
トップダウン…… 43, 47, 49, 51, 56, 62, 148

な 行

納得性……… 33, 87, 144, 145, 151, 179, 232
日赤病院………………………………………… 215
年俸…………………………………… 41, 45
延入院患者数……………………… 108, 110

は 行

パス…………………………………………… 176
働きかけ的利用… 4, 7, 14, 65, 69, 70, 73, 92, 136, 147, 149, 201, 206, 210
非医師…………………………… 40, 42, 56
非営利…… 5, 7, 14, 63, 80, 108, 122, 123, 129, 138, 184, 197, 229
非金銭的な業務量指標…… 38, 47, 50, 51, 56, 58, 62
非財務…………………… 14, 41, 62, 145
非財務視点…………………………………… 184
費目間最適配分機能……………… 130, 134
病院…………………………………………… 13
病院・診療所・老健型………… 68, 216, 227
病院・診療所型…………… 68, 216, 227
病院・老健型…………… 68, 216, 227
病院グループ………………………………… 102
病院経営管理指標………………………… 123
病院全体予算……………… 130, 143, 147
病院のみ型…………………………… 68, 227

病床当たり医業利益········· 89, 93, 107, 110, 123, 133, 158, 163, 198, 202
病床当たり手術／化学療法／放射線療法有患者数········· 91, 125
病床当たり手術有患者数······· 90, 125, 204, 219, 220, 222, 224
病床当たり本来業務事業利益······ 217, 222
病床稼働率······························· 44, 48, 57
病床種類類型····················· 32, 69, 227
病床利用率····· 58, 90, 95, 100, 124, 158, 202, 206, 213, 217, 218, 220, 222, 224, 227
費用対成果····················· 13, 174, 176
病棟利用状況······ 90, 95, 124, 129, 156, 199, 230
副作用························· 88, 101, 139, 152
部門······································· 81
部門業績··································· 41
部門別損益目標管理····················· 7
プロセス························· 80, 88, 120
プロセス効率性··················· 170, 219
分権的管理····························· 149
分析的利用········· 70, 92, 147, 201, 204, 209
平均在院日数········· 25, 47, 57, 90, 100, 108, 110, 125, 158, 166, 168, 204, 213, 217, 219, 220, 227, 228
包括・出来高差··················· 168, 174, 176
包括収益····················· 168, 176
法形態····················· 106, 113, 115
報酬連動··················37, 41, 56
法人規模····················· 216

ボトムアップ····························· 148
本格的な価値企画·············· 168, 172, 174
本部経営管理機能····················· 102
本来業務····················· 19, 29, 68, 217
本来業務事業利益率············· 217, 222, 227

ま行

目的事項································· 85
目標値····················· 43, 47, 55
目標値水準········· 49, 51, 56, 57, 60, 62, 151

や行

予期せぬ再入院率········· 103, 117, 124, 134, 170, 204
予算····· 33, 37, 42, 45, 48, 52, 60, 85, 88, 119, 138, 143, 152, 229
予算管理実践····················· 148, 152
予算進捗管理機能··················· 131, 134
予算スラック··························· 49
予算の各種管理機能··················· 130
予算編成主導············· 131, 136, 146, 148

ら行

利用度····················· 70, 73, 80, 92, 97, 101
利用方法····················· 70, 92, 103
療養病床····················· 25, 69
連携····················· 3, 4, 14, 177, 225
6週内同病再入院率······· 103, 117, 124, 134, 170, 206

《著者紹介》

荒井　耕（あらい　こう）

一橋大学大学院経営管理研究科教授
1971年　東京都生まれ
1994年　一橋大学商学部卒業
2001年　富士総合研究所勤務を経て，一橋大学大学院商学研究科博士課程修了　博士（商学）取得
　　　　大阪市立大学大学院経営学研究科専任講師，助教授，准教授を経て，
2008年　一橋大学大学院商学研究科准教授
2012年　一橋大学大学院商学研究科教授，現在に至る
専門分野：管理会計，原価計算，医療管理会計，公会計

[主要著書・論文]
『医療バランスト・スコアカード：英米の展開と日本の挑戦』中央経済社，2005年5月（日本原価計算
　研究学会　学会賞受賞）．
『医療原価計算：先駆的な英米医療界からの示唆』中央経済社，2007年2月（日本会計研究学会太田・
　黒澤賞受賞）．
『病院原価計算：医療制度適応への経営改革』中央経済社，2009年1月（日本管理会計学会・文献賞受賞）．
『医療サービス価値企画：診療プロトコル開発による費用対成果の追求』中央経済社，2011年7月．
『病院管理会計：持続的経営による地域医療への貢献』中央経済社，2013年11月（日本公認会計士協会
　学術賞－MCS賞受賞）．
Reforming Hospital Costing Practices in Japan: An Implentation Study, *Financial Accountability &*
Management, Vol. 22, No 4, November 2006.

病院管理会計の効果検証
：質が高く効率的な医療の実現に向けて

2019年9月20日　第1版第1刷発行

著　者　荒　　井　　　　耕
発行者　山　　本　　　　継
発行所　㈱中　央　経　済　社
発売元　㈱中央経済グループ
　　　　パ　ブ　リ　ッ　シ　ン　グ

〒101-0051　東京都千代田区神田神保町1-31-2
電話　03（3293）3371（編集代表）
　　　03（3293）3381（営業代表）
http://www.chuokeizai.co.jp/
印刷／三　英　印　刷　㈱
製本／誠　　製　　本　　㈱

© 2019
Printed in Japan

＊頁の「欠落」や「順序違い」などがありましたらお取り替えいた
しますので発売元までご送付ください。（送料小社負担）
ISBN978-4-502-31801-6　C3034

JCOPY〈出版者著作権管理機構委託出版物〉本書を無断で複写複製（コピー）することは，
著作権法上の例外を除き，禁じられています。本書をコピーされる場合は事前に出版者著
作権管理機構（JCOPY）の許諾を受けてください。
　JCOPY〈http://www.jcopy.or.jp　eメール：info@jcopy.or.jp〉

会計と会計学の到達点を理論的に総括し、
現時点での成果を将来に引き継ぐ

体系現代会計学 全12巻

■総編集者■

斎藤静樹(主幹)・安藤英義・伊藤邦雄・大塚宗春

北村敬子・谷　武幸・平松一夫

■各巻書名および責任編集者■

第1巻　企業会計の基礎概念────────── 斎藤静樹・徳賀芳弘

第2巻　企業会計の計算構造──────── 北村敬子・新田忠誓・柴　健次

第3巻　会計情報の有用性──────── 伊藤邦雄・桜井久勝

第4巻　会計基準のコンバージェンス──────── 平松一夫・辻山栄子

第5巻　企業会計と法制度──────── 安藤英義・古賀智敏・田中建二

第6巻　財務報告のフロンティア──────── 広瀬義州・藤井秀樹

第7巻　会計監査と企業統治──────── 千代田邦夫・鳥羽至英

第8巻　会計と会計学の歴史──────── 千葉準一・中野常男

第9巻　政府と非営利組織の会計──────── 大塚宗春・黒川行治

第10巻　業績管理会計──────── 谷　武幸・小林啓孝・小倉　昇

第11巻　戦略管理会計──────── 淺田孝幸・伊藤嘉博

第12巻　日本企業の管理会計システム──────── 廣本敏郎・加登　豊・岡野　浩

中央経済社